ROUTE WELTUMRUNDUNG
Edinburgh
Siegerland-Flughafen
Marrakesch
Accra
Ondangwa
Kapstadt
Kigali
Addis Abeba
Chennai
Singapur
Cilacap
Perth
Sydney
Port Moresby
Davao
Nagasaki

FLY & HELP

ABENTEUER WELTUMRUNDUNG

Aus dem Logbuch des Privatpiloten
Reiner Meutsch

WILDERNESS
SAFARIS

Inhaltsverzeichnis

KENNON
REMOVE BEFORE

Alles begann mit einer Idee.

Abenteuerlich sollte es in jedem Fall werden – wegweisend für alles, was danach kommt – und es sollte etwas mit Fliegen zu tun haben. Ich hatte mir in den Kopf gesetzt, einmal in meinem Leben als Pilot die Welt zu umrunden: über Wüsten und Bergketten, Flusstäler und riesige Wälder, über Weltmeere und einsame Inseln, Vulkane und Gletscher. Eine Reise durch Zeitzonen und Kulturen. Über dreißig Jahre schwelte dieser Traum in mir. Im Sommer 2008 nahm die Idee Gestalt an und ich begann mit den Planungen meiner Weltumrundung. Arbeitstitel: FLY & HELP.

Immer wieder werde ich gefragt, was mich dazu bewogen hat. Die Beweggründe sind vielfältig. Zum einen denke ich dabei an meinen Vater, der leider viel zu früh starb und nicht die Gelegenheit hatte, all die Orte zu sehen, von denen er geträumt hat. Diese Reise symbolisiert für mich unsere Verbundenheit. Zum anderen reicht meine Leidenschaft für das Fliegen weit zurück. Bei den Heeresfliegern der Bundeswehr begann ich eine Berufspilotenausbildung, musste aber leider damals wegen eines Rückenleidens abbrechen. Vor ein paar Jahren bot sich mir die Chance, den Pilotenschein zu machen und ich erlangte mit Feuereifer diverse Lizenzen für Flächenflugzeuge und Hubschrauber. Meine berufliche Situation versetzte mich zudem in die glückliche Lage, eine Auszeit nehmen zu können.

Aus dem Abenteuergedanken von einst wuchs zusätzlich der Wunsch in mir, etwas an die Menschen zurückzugeben, deren Länder ich in meinen Touristiker-Jahren besucht hatte. Deshalb gründete ich 2009 die Reiner-Meutsch-Stiftung-FLY & HELP. Den Flug um die Welt sehe ich als Auftakt einer langfristigen Bildungskampagne. Mein Ziel ist es, in den kommenden 25 Jahren Spendengelder für Schul- und Hilfsprojekte zu akquirieren, die Kindern in Entwicklungsländern ihr Recht auf Bildung ermöglichen. Lesen, Schreiben und Rechnen zu lernen, ist in vielen Regionen der Welt noch immer nicht selbstverständlich. Der Erlös dieses Buches kommt daher den Hilfsprojekten der FLY & HELP-Stiftung zugute.

Den fliegerischen Part dieses Mammutprojektes konnte ich nur mit Unterstützung stemmen. Ich suchte nach einem Co-Piloten, der erfahren ist und mit dem ich mich menschlich so gut verstehe, dass wir wochenlang gemeinsam auf engsten Raum verbringen können. Gefunden habe ich ihn in Arnim Stief, einem Ferry-Piloten und Fluglehrer, der auf 35 Jahre Flugpraxis zurückblickt. Gemeinsam tüftelten wir monatelang an einer Route entlang der ersten fünf FLY & HELP-Hilfsprojekte, die uns zugleich Landungen an faszinierenden Orten ermöglichen sollte. Mehr als 100.000 Flugkilometer Wegstrecke sind dabei zusammengekommen.

Am 10. Januar 2010 war es soweit! Punkt 13 Uhr starteten wir mit der Piper Cheyenne, Kennzeichen N191MA, in eisigem Schnee vom nordrhein-westfälischen Siegerlandflughafen mit Kurs gen Afrika. Das Abenteuer begann!

Meine persönlichen Erfahrungen aus dieser außergewöhnlichen und herausfordernden Weltumrundung habe ich hier festgehalten und aus Tausenden von Fotos, die auf der Reise entstanden sind, die schönsten Motive für Sie ausgewählt. Es sind Momentaufnahmen von Begegnung mit Menschen, die zu Freunden geworden sind, von atemberaubenden Landschaften und intensiven Erkundungstouren durch ferne Länder und aufregende Metropolen – mitten im Geschehen fotografiert oder aus dem Cockpit der Piper in schwindelerregender Höhe.

Lehnen Sie sich zurück und lassen Sie sich inspirieren von Eindrücken aus unzähligen Ländern auf fünf Kontinenten.

Herzlichst, Ihr

Reiner Meutsch

Spanien
Marokko
Mauretanien
Guinea-Bissau
Ghana
Kamerun
Namibia
Südafrika
Botswana
Sambia
Ruanda
Äthiopien
Jemen
Oman

Etappe 1

Etappe 1

Vom Siegerland bis in den Oman

Abschied nehmen – Willkommen in Afrika – Wüsten und Dschungel – Grenzenlose Herzlichkeit – Löwen, Elefanten und Pinguine – Strahlende Kinderaugen – Präsidentenempfang – Arabische Nächte

Siegerlandflughafen (EDGS) –
50° 42' 27.57'' N, 8° 4' 58.69'' E

Sabadell (LELL) –
41° 33' 0'' N, 2° 6' 0'' E

Distanz:
752 NM

Flugzeit:
3 Stunden

Spanien

Fläche:	504.645 km²
Einwohner:	45.556.000 = 90 je km²
Hauptstadt:	Madrid
Amtssprache:	Spanisch
Währung:	Euro

Start in ein Abenteuer:

Die erste Etappe der Weltumrundung

Nur selten gibt es Zitate, die mir selbst nach vielen Jahren nicht mehr aus dem Kopf gehen wollen. Ein Plädoyer des US-Unternehmers Henry Ford ist ein solches Zitat: „Hör nicht auf die Vernunft, wenn du einen Traum verwirklichen willst", heißt es da. Je länger ich über diesen Satz nachdenke, desto mehr glaube ich, einen Leitspruch für die kommenden Monate gefunden zu haben. Eine Weltumrundung, davon habe ich schon seit vielen Jahren geträumt. Dass es jetzt, hier und heute endlich Wirklichkeit werden soll, erscheint mir noch immer irreal.

Meinen klaren Kopf verdanke ich an diesem kalten Wintermorgen wohl den eisigen Temperaturen. Schneebedeckte Landschaften, so weit das Auge reicht. Umso mehr gerührt bin ich, dass trotzdem weit über 100 Freunde, Bekannte und Familienmitglieder gekommen sind, um mir am Flughafen „Adieu" zu sagen. Viele Gäste bringen kleine Geschenke und Glücksbringer mit, die nun mit mir zusammen einmal um die Welt reisen werden. Das Mitbringsel des 7-jährigen Jonah beeindruckt mich besonders: „Hier, zwei Feuersteine für dich. Falls du mal Feuer machen musst und kein Feuerzeug dabei hast."

Warme Gedanken sind an diesem frostigen Tag keine schlechte Idee. Das findet auch Arnim, mein Co-Pilot und Weggefährte, der mich auf der Tour meines Lebens begleiten wird. Nur noch gedämpft nehmen wir den Jubel der vielen Menschen wahr, als wir schließlich um 12:45 Uhr die Einstiegstür unserer Piper Cheyenne von innen verriegeln. Ein Moment der Stille. Innehalten. Durchatmen. Ein kurzes Gefühl von Wehmut, dann laufen die Motoren an. Jonah winkt begeistert, als unsere Maschine auf Piste 13 langsam in Startposition rollt. „Hör nicht auf die Vernunft, wenn du einen Traum verwirklichen willst."

Wenige Minuten später schweben wir bereits auf 17.000 Fuß Höhe (1.000 Fuß sind etwa 300 Meter). Einen guten Flug wünschen uns die Fluglotsen in Langen. Und unser Siegerländer Tower-Mitarbeiter Gunnar ergänzt: „Kommt gut wieder nach Hause!" Vor uns liegen fünf Kontinente, 77 Länder und 100.000 Flugkilometer in fünf Etappen.

Als sich wenige Stunden später die Sonne am Horizont neigt, erreichen wir das erste Ziel unserer langen Reise: die Stadt Sabadell, 20 Kilometer nordwestlich von Barcelona. Schon in den Goldenen Zwanzigern wurde der alte Flugplatz von Piloten angesteuert. Internationalen Linienverkehr gibt es hier heute nicht mehr. Wer die Welt zu Luft entdecken will, startet in der Regel in „El Prat", dem großen Flughafen von Barcelona. Die Hauptstadt Kataloniens ist an diesem Abend einen Rundgang wert. Viel Schlaf werden wir allerdings nicht bekommen – schon am nächsten Morgen soll es weitergehen nach Marokko.

Unser Flug über die Alpen

Sabadell (LELL) – 41° 33′ 0″ N, 2° 6′ 0″ E | Marrakesch (GMMX) – 31° 38′ 7″ N, 8° 0′ 1″ W | Distanz: 800 NM | Flugzeit: 3,5 Stunden

Marokko

Fläche:	458.730 km²
Einwohner:	31.606.000 = 69 je km²
Hauptstadt:	Ar-Rabat (Rabat)
Amtssprache:	Arabisch
Währung:	Dirham

Spanien
Marokko
Mauretanien
Guinea-Bissau
Ghana
Kamerun
Namibia
Südafrika
Botswana
Sambia
Ruanda
Äthiopien
Jemen
Oman

Tausend Trommeln rufen: Afrika

Ein starker Kaffee im Hotel und ein paar frische Churros: Typisch spanisch verabschiedet sich Europa an diesem Morgen von uns. Früh um 6 Uhr hat der Wecker geklingelt, noch lange bevor im geschäftigen Barcelona die morgendliche Rush Hour beginnt. Als wir pünktlich um 10:30 Uhr vom Flugplatz Sabadell in unserer Cheyenne abheben, erstrahlt die katalanische Metropole im Glanz der fahlen Morgensonne. Der Hafen, die weltberühmte Kathedrale und die Torre Agbar, die viel gefeierte „Gurke" – alles scheint zum Greifen nah.

Wir drehen ab gen Süden, passieren das verschneite spanische Hochland, überfliegen Valencia, nehmen Kurs auf Malaga. Wie an einer Perlenkette reihen sich hier an der Costa del Sol die Hotels aneinander. Während am Boden unzählige Urlauber den warmen andalusischen Winter genießen, heißt es für uns nun langsam Abschied nehmen. In der Ferne türmen sich bereits die Felsen von Gibraltar auf – das Tor in eine andere Welt, nach Afrika. Arnim und ich umarmen uns vor Freude. Wie sehr haben wir diesem farbenfrohen und abwechslungsreichen Kontinent entgegengefiebert!

Jetzt scheint sich die Landschaft fast minütlich zu ändern. War der Norden Marokkos eben noch geprägt von sattem Grün, sind es nun die kargen Landstriche und das vorbeiziehende Atlas-Gebirge, die das Bild dominieren. Vorbei führt die Route an der Königsstadt Fès und der größten Stadt Marokkos, Casablanca, wo sich die riesige Hassan-II.-Moschee mit ihren über 200 Meter hohen Minaretten in den Himmel erhebt. Während wir staunen, rauscht bereits ein freundliches „salem aleikum" durch unsere Headsets – die Flugleitstelle Marrakesch heißt uns willkommen.

Per Taxi geht es später in die labyrinthartige Altstadt der sagenumwobenen Metropole Marrakeschs. Bereits 1985 wurde diese zum Weltkulturerbe der UNESCO erklärt. Zu Recht, denn das mystisch-orientalische Flair der vielen kleinen Gassen nimmt auch uns sofort gefangen. Bei einem typisch marokkanischen Essen lassen wir am späten Abend die vergangenen Stunden Revue passieren. Es gibt Zwiebelsuppe, Couscous und zum Nachtisch leckere Feigen. Dazu wird natürlich frischer Pfefferminze serviert. Bei sternenklarem Himmel sind die Temperaturen mittlerweile auf den Gefrierpunkt gesunken.

Köstlichkeiten vom Markt in Marrakesch

Auge in Auge mit der Kobra

Von Schlangen und Bundeskanzlern:

1.001 Eindrücke in Marokko

Im Gegensatz zu vielen anderen Regionen Nordafrikas gehört ein Großteil der marokkanischen Bevölkerung der Gemeinschaft der Berber an. Heute werde ich die Gelegenheit haben, für ein paar Stunden in den Lebensalltag und die Traditionen der Berber einzutauchen. Gleich morgens habe ich deshalb einen VW-Bus mit Fahrer organisiert, der uns an den Fuß des Atlas-Gebirges ins Ourika-Tal bringen soll. Es gilt als eines der schönsten und am besten erhaltenen Täler des Landes – ich bin voller Vorfreude.

Die zweistündige Fahrt führt uns auf bis zu 1.700 Höhenmeter hinauf. Anfänglich sind die Straßen noch geteert, verändern sich aber rasch in unwegsame Lehmpisten, auf denen das von den Berghängen fließende Schmelzwasser unseren Weg quert. Immer wieder müssen wir ins Flussbett ausweichen, da Teile der Straße weggespült sind. Für uns ein kleines Abenteuer, für unseren Fahrer Abdullah ganz normaler Alltag. Stolz erzählt er von seinen sechs Kindern und den zehn Enkeln. 180 Euro, so viel verdient Abdullah im Monat – für marokkanische Verhältnisse gehört er damit bereits zur oberen Mittelschicht.

Am späten Vormittag erreichen wir schließlich das Dorf Ourika. Vorbei führt die Fahrt an kleinen Werkstätten, Gasthäusern und handgefertigten Lehmhütten. Kaum ausgestiegen, lädt uns Mohammed, ein Schmied, zum gemeinsamen Tee ein. Wie Helmut Kohl sich denn als Kanzler so macht, möchte er wissen. Von Angela Merkel hat er bis heute noch nie etwas gehört.

Vom malerischen Ourika-Tal aus fahren wir nachmittags zurück ins pulsierende Marrakesch, direkt zum Djemaa el Fna, dem Platz der Geköpften – ein Sinnbild für den Mythos von 1.001 Nacht. So viele Gaukler, Schlangenbeschwörer, Kartenleser, Geschichtenerzähler und Musiker habe ich noch nie auf einmal gesehen. Ein Gewirr aus Hunderten von Menschen säumt den Platz, drängt sich dicht um die Essensstände und bewundert die Darbietungen der Künstler. Ein Schlangenbeschwörer legt mir eine Schlange um den Hals und spielt mit der Flöte, bis eine Kobra aus seinem Korb emporsteigt. Knapp 30 Zentimeter vor meinem Gesicht hält sie inne. Mir steht der Schweiß auf der Stirn.

Erst als der Muezzin zum Gebet ruft, wird es für einen kurzen Moment still. Der Himmel ist feuerrot und ich bin ergriffen von der einzigartigen Stimmung auf dem Platz, wo früher die Köpfe der Hingerichteten aufgebahrt wurden. Nach einem kurzen Abstecher zur Koutoubia-Moschee, einer der ältesten Moscheen Marokkos, erreichen wir schließlich unser Hotel.

Djemaa el Fna bei Sonnenuntergang

Auf dem Fischmarkt in Marrakesch

Marrakesch (GMMX) – 31° 38′ 7″ N, 8° 0′ 1″ W

Nouakchott (GQNN) – 18° 4′ 42″ N, 15° 58′ 28″ W

Distanz: 951 NM

Flugzeit: 4 Stunden

Mauretanien

Fläche:	1.030.700 km²
Einwohner:	3.215.000 = 3,1 je km²
Hauptstadt:	Nuwahsut (Nouakchott)
Amtssprache:	Arabisch
Währung:	Ouguiya

Zwischen Sandsturm und Bestechung:

Die riskante Landung in Nouakchott

Als wir morgens in Marrakesch unsere Piper besteigen, strahlt die Sonne bereits kräftig vom blassblauen Himmel. Frühlingshafte 15 Grad zeigt das Thermometer – für europäische Verhältnisse sind selbst die Wintertage in Marokko noch angenehm mild. Zum Durchatmen bleibt dennoch kaum Zeit, der Start vom Flugplatz Marrakesch-Menara verlangt unsere volle Aufmerksamkeit. Über 4.000 Meter ragt das Atlas-Gebirge hier gen Himmel, wir müssen also schnell an Höhe gewinnen. Der Ausblick entschädigt für die Mühe allemal: Das majestätisch anmutende Felsmassiv erinnert mich an die schneebedeckten Alpen.

Von Marrakesch aus nehmen wir zunächst Kurs auf Agadir – immer dem Seenebel entgegen, der sich, vom Atlantik kommend, langsam auflöst. Kurz vor der Hafenstadt schwenken wir nach Süden ab, um nur wenig später bereits die Ausläufer der Westsahara zu erreichen. Es ist wolkenlos, die Luft ist klar, die Wüste schier endlos. Fast 100 Kilometer weit können wir blicken, Kamelkarawanen kreuzen unseren Weg. In der Ferne: eine sattgrüne Oase, umrahmt von kleinen Lehmhütten. Mich erinnert das an Monumentalfilme wie „Flug des Phoenix“ und „Lawrence von Arabien“. Der Funk der Fluglotsen ist nun seit fast einer Stunde still. Auch Arnim und ich reden kaum, wir genießen einfach diese großartige Landschaft. Mehr als 30 Jahre habe ich schon den Wunsch gehabt, einmal in meinem Leben die Sahara zu überfliegen. Nun endlich ist der Moment gekommen, es ist gigantisch!

Nach rund 3,5 Stunden Flugzeit nähern wir uns dem heutigen Tagesziel: Nouakchott im Süden Mauretaniens. Der Tower informiert uns über heftigen Seitenwind und eine Sicht von unter zwei Kilometern bei 38 Grad Außentemperatur. Die Information kommt gerade noch rechtzeitig: Nur wenig später stecken wir bereits mitten in einem heftigen Sandsturm, der Landeanflug erfordert höchste Konzentration. Ich bin erleichtert, als wir unsere Cheyenne gegen 14 Uhr sicher und pünktlich auf dem Flughafen der größten Stadt Mauretaniens zum Stehen bekommen. 1.600 Kilometer Flug über die Sahara liegen jetzt hinter uns – die bislang eindrucksvollste Etappe unserer Weltumrundung.

Dass in Mauretanien auch zwei Jahre nach dem Militärputsch noch immer ein anderer Wind weht, bekommen wir gleich am Flughafen von Nouakchott zu spüren. 100 Euro in bar sollen wir umgehend an das Militär bezahlen, nur so könne garantiert werden, dass unserem Flugzeug nichts passiert. Sollten wir auf diese Sicherheitsmaßnahme verzichten, könnte es sein, dass morgen einige Löcher im Flugzeug sind! Ich verhandle und hoffe, dass in den nächsten zwei Tagen Standzeit nichts passiert.

In den Straßen der mauretanischen Metropole bestimmen Sandwege und vermummte Menschen das Alltagsbild. Nicht nur Frauen, auch Männer verhüllen hier ihre Gesichter. Viele wirken arm, in ihren Augen erkenne ich kein fröhliches Strahlen. Mir fallen die Boatpeople ein, denn Nouakchott liegt direkt am Atlantik. Auf den gefährlichen Bootstouren der professionellen Schlepperbanden lassen Jahr für Jahr unzählige Menschen ihr Leben – dabei wollen sie doch nur eins: ein besseres Leben ohne Hunger und Zukunftsangst. Hunger gehört auch in Mauretanien noch immer zum Alltagsbild. Als wir in einem kleinen Straßenrestaurant zu Abend essen, betteln uns Kinder um die Essensreste an. Wir begnügen uns mit der Hälfte, die andere Hälfte geben wir den Kindern. Arnim und ich schämen uns. Einem der vielen kleinen Kinder gebe ich ein wenig Geld – nur Minuten später bin ich von unzähligen weiteren Kindern umringt, die mich flehend um weiteres Geld anbetteln.

Noch am Abend beschließen wir, unseren Aufenthalt in Nouakchott von zwei Nächten auf eine zu verkürzen. Vor allem um unser Flugzeug habe ich Angst. Über unsere Flugleitstelle und die Koordinierungsstelle in Afrika wollen wir versuchen, morgen das Land in Richtung Bissau zu verlassen. Nicht unriskant: Für Guinea-Bissau liegt schon seit Längerem eine Reisewarnung des Auswärtigen Amtes vor.

In den Straßen Nouakchotts

Spanien
Marokko
Mauretanien
Guinea-Bissau
Ghana
Kamerun
Namibia
Südafrika
Botswana
Sambia
Ruanda
Äthiopien
Jemen
Oman

Angst vor Entführungen:

Das Auswärtige Amt warnt

Heute Morgen erreichte uns eine Nachricht des Auswärtigen Amtes, die uns vor geplanten Entführungen in Nouakchott und ganz Mauretanien warnt. Die Al-Qaida im Maghreb (AQiM) würde gezielt nach Deutschen suchen. Man rät uns, nicht in der Nacht unterwegs zu sein und uns in der Nähe von Militär und Polizei aufzuhalten. Unseren Plan, das Land einen Tag früher als angedacht zu verlassen, müssen wir aufgeben. Entsprechend der Routenplanung hätten die Einreisegenehmigungen für Mauretanien, Senegal, Gambia und Guinea-Bissau geändert werden müssen – in der kurzen Zeit einfach unmöglich. Bis zum Abflug am nächsten Tag werden wir uns deshalb nur innerhalb der Stadt und deren Randbezirken aufhalten.

Schon vormittags brennt die Sonne erbarmungslos vom wolkenlosen Himmel. Auf dem orientalischen Markt im Stadtzentrum herrscht dennoch eine rege Geschäftigkeit. Händler und Besucher suchen Schutz unter den Schatten spendenden Marktständen, handeln, feilschen. An einem der Stände treffen wir Omar Ka, einen Nomaden. Er ist mit seiner Familie vom Norden des Landes gen Südwesten in die Nähe der Stadt gezogen. Die Armut trieb ihn hierher. Seine Frau war 13 Jahre alt, als sie heirateten. Heute ist er 30, ihre beiden Kinder sind sechs und elf Jahre alt. Obwohl seine Familie mit nur 100 Euro im Monat auskommen muss, lädt er uns auf einen frischen Pfefferminztee ein – Gastfreundschaft wird in der mauretanischen Kultur großgeschrieben. In gebrochenem Englisch, das er sich selbst beigebracht hat, erzählt er uns von seinem Land, seinem Alltag, seiner Familie. Erst vor Kurzem ist sein Cousin bei dem Versuch, illegal die Grenze nach Marokko zu überqueren, ums Leben gekommen. Wie Omar Ka hatte auch er einen großen Traum: einmal Europa besuchen, nur ein einziges Mal.

Die drückende Hitze treibt uns am Nachmittag in Richtung Meer. Auf direktem Weg bringt uns Ahmet, unser Fahrer, zum Hafen der mauretanischen Hauptstadt. Die Docks sind gesäumt von alten Fischerbooten, viele wirken morsch, fast museal. Und dennoch: Für die vielen Menschen, die hier im „Fishers Port" und auf dem angrenzenden Markt arbeiten, sind sie von unschätzbarem Wert. Das gilt auch für die zahlreichen alten deutschen Autos, die wir auf den Straßen sehen. Gefühlt ist jedes dritte Auto hier ein 190er Mercedes Diesel.

Nouakchott (GQNN) –
18° 4′ 42″ N, 15° 58′ 28″ W

Bissau (GGOV) –
11° 51′ 33″ N, 15° 35′ 44″ W

Distanz:
451 NM

Flugzeit:
2 Stunden

Raus aus Mauretanien:

Ohne Passkontrolle weiter

Als am frühen Morgen der Muezzin zum Gebet ruft und die ersten Sonnenstrahlen den Himmel über Nouackchott erhellen, machen wir uns auf den Weg zum Flughafen. Auf die Pass- und Gepäckkontrolle warten wir vergeblich. Denn obwohl vor Terroranschlägen und bevorstehenden Entführungen gewarnt wird, bleiben die Schalter unbesetzt. Stattdessen bringt uns ein Beschäftigter der Flugabfertigung direkt zu unserer Piper. Ich bin erleichtert: Dem Flugzeug ist nichts passiert, die 100 Euro Sicherheitsgebühr scheinen ihren Zweck erfüllt zu haben. Um 9:30 Uhr heben wir endlich ab – Gott sei Dank ist alles gut gegangen.

Über den Senegal hinweg, fliegen wir nun in Richtung Guinea-Bissau. Die Landschaft unter uns wirkt wie ausgewechselt: Eben noch karge Wüste, jetzt fruchtbares Land. In schillernden Grüntönen leuchtet der 160 Kilometer lange Küstenstreifen, trichterartige Flussmündungen reichen bis weit ins Landesinnere. Nach insgesamt zwei Flugstunden setzt unsere Piper auf dem Flughafen Bissalance auf. Zehn Kilometer sind es von hier bis in die Hauptstadt Bissau – das Abenteuer Westafrika kann beginnen.

In unserer Unterkunft machen wir am Abend Bekanntschaft mit Di, der uns von seinem Leben in Guinea-Bissau erzählt. Der 27-Jährige lebt mit seinen zwei Brüdern und der Schwester noch zu Hause bei seiner Mutter. Als Christen gehören sie einer Glaubensminderheit an: Nur 10 Prozent der Einwohner Guinea-Bissaus haben christlichen Glauben, die überwiegende Mehrheit sind Muslime oder Anhänger von Naturreligionen.

Politisch ist das Land seit einem blutigen Militärputsch instabil, vor Reisen insbesondere in den Norden des Landes wird vonseiten des Auswärtigen Amtes gewarnt. Di erzählt uns, dass der Präsident und zahlreiche Anhänger seiner Partei von aufgebrachten Militärs ermordet wurden. Ausstehende Lohnzahlungen hätten die angespannte Situation eskalieren lassen. So sehr er sein Land auch liebt: Sobald er genug Geld angespart hat, möchte er im Ausland studieren. Ein Wunsch, den viele junge Leute hier haben – Guinea-Bissau gilt als eines der ärmsten Länder weltweit.

Guinea-Bissau

Fläche:	36.125 km²
Einwohner:	1.575.000 = 44 je km²
Hauptstadt:	Bissau
Amtssprache:	Portugiesisch
Währung:	CFA-Franc

Die Attraktion des Tages:

Zwei Langnasen in Afrika

An Bord eines Taxis fahren wir nach dem Frühstück raus aufs Land. Di möchte uns spontan „sein" Guinea-Bissau zeigen. Unser Gefährt: ein über 30 Jahre alter 190er Mercedes, vermutlich vor etlichen Jahren von Europa aus nach Afrika exportiert. Viel funktioniert nicht mehr an dem Wagen, aber immerhin läuft der Motor noch. Schon die Fahrt raus aus der Hauptstadt ist für mich beeindruckend: Männer wie Frauen sind in auffällig bunte Kleider gehüllt, ein tolles Farbenspiel.

Rund 60 Kilometer hinter der Stadtgrenze halten wir in einem Dorf der Region Prabis – sehr zur Freude der vielen Kinder, die im Nu einen Kreis um uns bilden und unbedingt fotografiert werden möchten. So unbefangen die Kinder auch sind: Die Erwachsenen beäugen uns eher skeptisch, verhalten. Verständigen können wir uns kaum, Englisch oder Portugiesisch, die offizielle Amtssprache, spricht hier praktisch niemand. Di führt uns über die Straße hinweg zu einem typischen Wohnhaus: „So leben wir hier auf dem Land", sagt er und zeigt ins Innere. Die Familie lebt hier mit Schweinen, Hühnern und Enten in einem kleinen Raum, ein ausgewachsener Keiler trottet gerade ins Haus. Ich bin sprachlos, Di ist sichtlich erheitert.

„Das Gesicht eines Menschen zeigt, was in seinem Herzen ist."
(Weisheit der Haoussa aus Afrika)

Schon kurz hinter dem Dorf werden die Straßenverhältnisse zusehends schlechter. Mit heulendem Motor wühlt sich unser alter Benz durch riesige Schlaglöcher, Gebüsch und unwegsames Gelände. Immer wieder ziehen kleine Hütten an uns vorbei, neugierig schauen die Menschen zu uns herüber. „Bibini", schallt es uns von einer kleinen Gruppe von Kindern entgegen. „Bibini! Bibini!" Di erklärt, dass Weiße von den Bewohnern als „Bibini", das bedeutet "Langnasen", bezeichnet werden. Nur selten sind Weiße in diesem Gebiet unterwegs, sagt er uns. „Da seid ihr eine echte Attraktion!" Di gibt jetzt Gas, er will uns endlich an das Ziel seiner Reise bringen – den langgezogenen Mangrovenstrand im Süden von Biombo. Wenig später ist es geschafft: Nach insgesamt 90 Minuten (für 20 Kilometer) liegt ein wunderschöner, menschenleerer Naturstrand vor uns. Wellen plätschern heran, Vögel zwitschern, der Atlantikwind rauscht in den Blättern der Mangroven. Da geht mein Herz als Touristiker auf und mir schießen tolle Vermarktungsideen durch den Kopf!

Als am Nachmittag die Sonne immer stärker brennt, machen wir uns auf den Heimweg. Stetig begegnen uns auf den Straßen schwer bepackte Menschen, die Körbe voll Gemüse, Fisch und Obst durch die sengende Hitze tragen. Bis zu 20 Kilometer laufen sie zu Fuß bis zum nächsten Markt, um ihre Ware zu verkaufen.

„Bibini, Bibini!“ – Langnasen!

Bissau (GGOV) – 11° 51′ 33″ N, 15° 35′ 44″ W | Abidjan (DIAP) – 5° 15′ 41″ N, 3° 55′ 35″ W | Accra (DGGA) – 41° 33′ 0″ N, 2° 6′ 0″ W | Distanz: 1.100 NM | Flugzeit: 5,5 Stunden

Spanien
Marokko
Mauretanien
Guinea-Bissau
Ghana
Kamerun
Namibia
Südafrika
Botswana
Sambia
Ruanda
Äthiopien
Jemen
Oman

Ghana

Fläche: 238.537 km²
Einwohner: 23.351.000 = 98 je km²
Hauptstadt: Accra
Amtssprache: Englisch
Währung: Ghana-Cedi

Wie verhext: Keine Landefreigabe – kein Bargeld mehr

Nach zwei Tagen in Guinea-Bissau setzen wir unsere Reise heute fort. Ziel des Tages: die ghanaische Hauptstadt Accra, von Bissau aus etwa 5,5 Flugstunden entfernt. Noch am gestrigen Abend habe ich in unserer Unterkunft Passagen aus dem Buch ALLEINFLUG von Elli Beinhorn gelesen. Beinhorn sorgte in den frühen 1930er-Jahren für Furore. Als eine der ersten Deutschen überhaupt reiste sie völlig allein in einem Flugzeug, einer 40 PS starken KLEMM, durch die Welt. Auch Bissau gehörte damals zu ihren Zielen. Vor allem die Bissagos-Inseln hatten es ihr angetan, über die Strände des Archipels schrieb sie seinerzeit wahre Lobeshymnen. Für einen Zwischenstopp dort bleibt uns leider keine Zeit. Lediglich aus der Luft können wir das paradiesische Bild erahnen: sattes Grün zu Land, türkisblaues Wasser, weiß leuchtende Strände.

Für uns geht es weiter gen Südosten, hinweg über Guinea und Sierra Leone nach Liberia. Der Dschungel und das unwegsame Gelände nehmen nun kontinuierlich zu, auch die Luftfeuchtigkeit steigt beständig. Nur selten durchbrechen kleine Lichtungen mit Hütten das Dschungeldickicht, Straßen können wir kaum erkennen. Das Grün der Landschaft geht über in das Blau des afrikanischen Himmels, gigantische Wolkenfelder entstehen über dem Atlantik neben uns.

Am Funk bleibt es ruhig, Flugverkehr scheint es hier kaum zu geben. In Abidjan, der ehemaligen Hauptstadt der Elfenbeinküste, ist ein kurzer Tankstopp geplant. Die Landebahn kommt bereits in Sichtweite, als plötzlich der Funkkontakt zum Tower abbricht. Eilig versuchen wir, den Kontakt über alternative Frequenzen wieder herzustellen – doch ohne Erfolg. Plötzlich, nur noch 20 Meter vom geplanten Aufsetzpunkt entfernt, meldet sich der Tower-Lotse zurück. Technische Probleme seien schuld, die Landung aber dürften wir wie geplant durchführen. Unsere Piper bringen wir sicher zu Boden und steuern die uns zugewiesene Parkposition an. Schwülwarm ist es in Abidjan an diesem späten Mittag, knapp 28 Grad zeigt das Thermometer.

Nach rund zwei Stunden Aufenthalt heben wir ab in Richtung Ghana, umfliegen einige Wolkenfelder und passieren das bis zu 900 Meter hohe Hügelland von Ashanti. Der größte Teil unserer heutigen Route liegt jetzt hinter uns, Accra ist bald erreicht. Für Ausländer gelten in Ghana scharfe Einreisebedingungen. Bereits im Vorfeld musste Marissa, die Ehefrau von Arnim und Koordinatorin unserer Flüge, den Behörden einen Ansprechpartner nennen, der für uns bürgt. Ohne Bürgschaft keine Einreise. Fündig wurde Marissa im Internet: Kirstie Adu, Mitarbeiterin des Goethe-Instituts in Accra, erklärte sich spontan dazu bereit, eine solche Bürgschaft zu übernehmen. So fährt uns dann auch Kirstie, eine 1,45 Meter große Powerfrau, vom Flughafen Accra bis ins Hotel. Sie ist 30 Jahre alt, arbeitet seit einigen Jahren im Goethe-Institut und spricht fünf Sprachen fließend – eine tolle Leistung! Spontan bietet sie uns an, gemeinsam mit ihr und ihren ghanaischen Freunden an einem der nächsten Tage zu Abend zu essen. Gastfreundschaft wird in Afrika eben großgeschrieben.

Alles eine Frage der Balance

Die Träume liegen jenseits des Meeres

Spanien
Marokko
Mauretanien
Guinea-Bissau
Ghana
Kamerun
Namibia
Südafrika
Botswana
Sambia
Ruanda
Äthiopien
Jemen
Oman

Der heutige Tag macht uns um eine Erkenntnis reicher: Ohne Bargeld kommen wir in Afrika nicht weiter. Bislang konnten wir kein einziges Mal unsere Kreditkarte einsetzen. Die bittere Folge: Ausgerechnet jetzt, mitten in Ghana, geht uns das Bargeld aus. Mit den Restbeständen kommen wir maximal noch bis Angola, dann ist Schluss. Euros oder Dollar müssen her, nur wo kann uns geholfen werden?

Während wir noch überlegen, erhalten wir im Hotel in Accra eine E-Mail von Reinhard, dem Musiker der Ghana-Musikgruppe ADESA. Wir kennen uns von meiner Radio RPR1.Tour MEIN ABENTEUER 2008, die er mit seiner Band musikalisch begleitet hat. Seine Frau Charlotte (52) lebt in Accra und würde uns gerne ihre Stadt zeigen. Charlotte kommt uns wie gerufen. Wir fahren mit ihr von Bank zu Bank – doch Dollar oder Euros kann uns hier niemand auszahlen.

Schließlich beginnt sie, mit ihren ghanaischen Freunden zu telefonieren. Tatsächlich macht sie nur wenig später jemanden ausfindig, der weiß, wer uns helfen könnte. 2.000 Euro Bargeld reichen uns fürs Erste – in einem Land, in dem der durchschnittliche Monatslohn eines Arbeiters bei rund 50 Euro liegt, eine unermesslich hohe Summe. Doch wir haben Glück: Außerhalb Accras treffen wir uns vier Stunden später mit einem Bekannten von Charlotte, der uns zu unserer großen Überraschung genau diesen Betrag in bar bringt. Er verlangt keine Sicherheit, keine Unterschrift, nichts. Meine Frau in Deutschland wird ihm den Betrag natürlich umgehend erstatten. Auf dem Rückweg erzählt uns Charlotte von einem Schulprojekt außerhalb der Stadt, das sich intensiv um die Schulausbildung von Waisenkindern kümmert. Ich beschließe, hier über meine Stiftung FLY & HELP zu helfen. Morgen wollen wir uns die Schule genauer ansehen.

Gegensätze in Ghana:

Spione, Beerdigungen und ein neues Schulprojekt für FLY & HELP

Wie geplant, machen wir uns gleich morgens mit Charlotte auf den Weg ins Landesinnere. Unser erster Stopp führt uns zu einer traditionellen Kakaofabrik am Stadtrand von Accra. Eigentlich wollten wir einen Blick in die Produktionshallen werfen, doch: Fehlanzeige. Aus Angst vor Industriespionage haben die Verantwortlichen sämtliche Führungen abgesagt. Auch bei einer weiteren Fabrik etwas außerhalb der Hauptstadt versuchen wir unser Glück vergebens.

Bepackt mit reichlich Schokolade aus dem kleinen Fabrikladen setzen wir unsere Reise fort. Charlotte möchte uns nun unbedingt das Schulprojekt zeigen, von dem sie gestern bereits sprach. Draußen steigen die Temperaturen minütlich, das feucht-heiße Tropenklima macht uns zu schaffen. Umso mehr freut es mich, als wir nach zwei Stunden Fahrt Kokrobite erreichen. Charlotte führt uns direkt zu einem ehemaligen Wohnhaus, das der Besitzer vor Kurzem in eine Schule umgebaut hat. Bis zu 120 Kinder zwischen drei und zehn Jahren werden hier unterrichtet. Extra für uns stimmen die Kleinen einen fröhlichen Gesang an, als wir das Schulgebäude betreten.

In einem kleinen Büro lernen wir Philip Oizergi, den Besitzer der Schule, kennen. Gemeinsam mit sechs weiteren Männern aus dem Dorf kümmert sich der fünffache Familienvater um den Schulbetrieb. Vor allem Grundlagen der Mathematik und Rechtschreibung stehen auf dem Stundenplan. Vom Staat ist keine Unterstützung zu erwarten: Alle sieben arbeiten ehrenamtlich als Lehrer, einen Lohn für ihre Arbeit erhalten sie nicht. Ihr weniges Geld, etwa 50 Euro pro Monat, verdienen sie durch den Verkauf von selbst angebautem Getreide, Obst und Gemüse. Das Engagement von Philip und seinen Mitstreitern beeindruckt mich sehr – ich möchte unbedingt helfen. Zunächst wird die FLY & HELP Stiftung ihm 1.000 Euro für das Nötigste zur Verfügung stellen, im Laufe des Jahres dann strukturiert weitere Gelder, um den Schulbetrieb auf Dauer zu sichern.

„Das Auge des Herzen sieht vieles.“
(Weisheit der Swahili)

Auf der Rückfahrt nach Accra geraten wir mitten in eine Beerdigungszeremonie. Ein junger Mann wird zu Grabe getragen. Traditionell verabschieden die Angehörigen in diesem Teil Afrikas einen Toten mit einer Mischung aus Trauer und Volksfest. Und so verwandelt sich denn auch dieser bunt gekleidete Trauerzug urplötzlich in eine lachende, tanzende Menge, die singt und feiert. Ein bewegendes Bild! Nach wenigen Minuten verstummt die Menge wieder, die Traurigkeit kehrt zurück. So nah beieinander habe ich Freud und Leid lange nicht erlebt.

Lernen für eine bessere Zukunft

Accra (DGGA) – 5° 33′ 0″ N, 0° 13′ 0″ W | Jaunde (FKYS) – 3° 52′ 0″ N, 11° 31′ 0″ E | Distanz: 751 NM | Flugzeit: 3,5 Stunden

Grandioses Kamerun:

Zerklüftete Berge, Regenwald und saftiges Grün

Am frühen Morgen stehen wir auf dem Weg zum Flughafen im Stau – es ist Rush Hour. Langsam quält sich der Verkehr durch die Innenstadt der ghanaischen Hauptstadt. Eigentlich wollten wir um Punkt 8 Uhr in der Luft sein, um unseren rund dreieinhalbstündigen Flug nach Kamerun anzutreten. Daraus wird nun nichts: Erst um 10:30 Uhr heben wir vom Kotoka International Airport in Accra ab. Noch einmal sehen wir die Straßenzüge Accras unter uns – die Menschen dort haben wir in unser Herz geschlossen.

„Sehen ist anders als erzählt bekommen."
(Redewendung aus Kamerun)

Nach etwas mehr als drei Stunden Flug erreichen wir schließlich Kamerun. Ich fühle mich an den Hollywood-Film „King Kong" erinnert: zerklüftete Berge, Regenwälder, Dschungel, alles ist saftig grün. Mit dieser grandiosen Aussicht beginnen wir den Landeanflug auf Jaunde, die Hauptstadt des Landes. Zwischen den bis zu 1.000 Meter hohen Hügeln hilft uns das Instrumentenlandesystem beim Landeanflug, sodass wir sicher auf dem Rollfeld aufsetzen. Nach einem ersten Rundumblick sind wir überwältigt: Die Bäume sind bis zu 40 Meter hoch, ein Landschaftsbild wie gemalt liegt vor uns. Trotz der hohen Luftfeuchtigkeit empfinden wir die 28 Grad Lufttemperatur als sehr angenehm.

Wir wollen unbedingt mehr von diesem Land und seinen Menschen erfahren. Am Flughafen treffen wir den Taxifahrer David. Für 20 Euro bietet er uns eine dreistündige Tour durch die Stadt an. Stolz erzählt er uns, dass Kamerun Deutschland bei der Fußballweltmeisterschaft einmal 3:1 geschlagen hat. Wir wechseln zähneknirschend das Thema und er grinst. Zu unserer Überraschung fließt der Verkehr in Jaunde einigermaßen geordnet. Immer wieder winken uns Menschen beim Vorbeifahren zu. Ein tolles Gefühl der Verbundenheit!

Bevor wir in unserer Unterkunft einkehren, bringt uns David auf einen Abstecher in sein Dorf am Rande der Hauptstadt. Er möchte unbedingt, dass wir seine Söhne kennenlernen. Die Begrüßung dauert etwas länger als gedacht, denn er hat insgesamt neun Söhne! Das Besondere: Fünf von ihnen tragen ebenfalls den Namen David. Darauf ist er besonders stolz.

Kamerun

Fläche: 475.442 km²
Einwohner: 19.088.000 = 40 je km²
Hauptstadt: Yaoundé (Jaunde)
Amtssprache: Französisch, Englisch
Währung: CFA-Franc

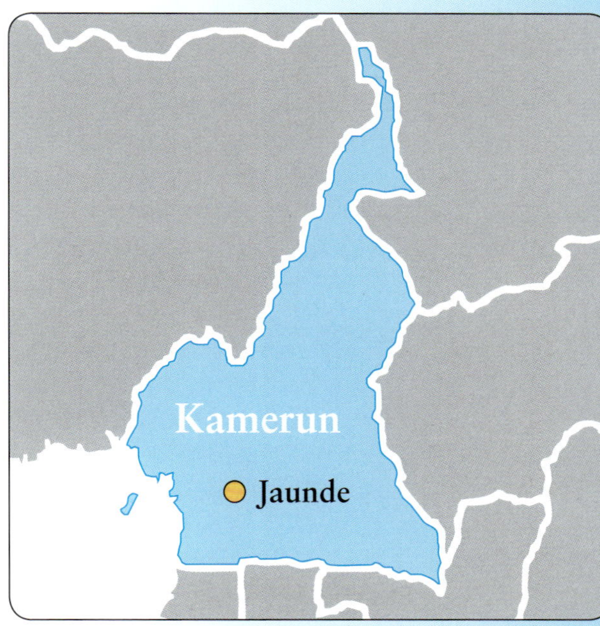

Jaunde (FKYS) – 3° 52′ 0″ N, 11° 31′ 0″ E
Luanda (FNLU) – 8° 50′ 0″ S, 13° 15′ 0″ E
Ondangwa (FYOA) – 17° 54′ 32.74″ S, 15° 58′ 32.74″ W
Distanz: 1.480 NM
Flugzeit: 7 Stunden

Spanien
Marokko
Mauretanien
Guinea-Bissau
Ghana
Kamerun
Namibia
Südafrika
Botswana
Sambia
Ruanda
Äthiopien
Jemen
Oman

Namibia

Fläche:	824.292 km²
Einwohner:	2.130.000 = 2,6 je km²
Hauptstadt:	Windhoek (Windhuk)
Amtssprache:	Englisch
Währung:	Namibia-Dollar

Afrika, wie es schöner kaum sein könnte:

Anflug auf Ondangwa im Sonnenuntergang

Heute steht der bislang längste Flug unserer Weltumrundung an: 1.480 Nautische Meilen oder 2.740 Kilometer, so weit ist unser Etappenziel Ondangwa in Namibia vom Flughafen in Jaunde entfernt. Bis 4 Uhr morgens hat Arnim den Flugplan ausgearbeitet und alle nötigen Vorkehrungen getroffen. Schon um 8 Uhr hebt unsere Cheyenne in der kamerunischen Hauptstadt ab. Der Regenwald rund um die Startbahn liegt noch im Nebel, nur die Kronen der Mammutbäume ragen heraus. Aufgrund der hohen, dicht bewachsenen Berge müssen wir sofort nach rechts abdrehen und steigen auf 21.000 Fuß.

Kilometer für Kilometer kommen wir nun dem Äquator näher – bis unser GPS plötzlich 00:00:00 anzeigt. Sekunden später springt die Anzeige auf S 00:00:04. Wir sind auf der südlichen Erdhalbkugel! In den nächsten zehn Monaten werden wir noch fünf Mal den Äquator überfliegen.

„Es gibt viele Sterne, aber nur eine Sonne."
(Weisheit aus der Kalahari)

Aufgrund der langen Strecke ist für den heutigen Flug ein Tankstopp in Luanda, der Hauptstadt Angolas, geplant. Es muss schnell gehen, da unser Zielflugplatz in Namibia bereits um 17 Uhr schließt, wir aber von dort noch weiter zur Lodge fliegen müssen. Aus den geplanten 60 Minuten Aufenthalt in Angola werden unerwartet plötzlich zwei Stunden – gefolgt von der Info, dass uns Namibia eine spätere Ankunft nicht erlaubt. Wieder ist es Marissa, Arnims Frau, die uns helfend unter die Arme greift: Von Deutschland aus tritt sie in Kontakt zur Einreisestelle in Namibia. Dank ihres Charmes schafft sie es, dass der Flugplatz für uns geöffnet bleibt!

Gegen 18:20 Uhr erreichen wir endlich den Eingangsflughafen Ondangwa in Namibia. Nun ist Eile geboten: Um 19:30 Uhr geht die Sonne unter, allerdings steht für uns noch der Weiterflug zur Mushara Outpost Lodge an. Bei Dunkelheit in der Wildnis zu landen wäre verantwortungslos, also machen alle Beteiligten jetzt ordentlich Tempo. Um exakt 19:10 Uhr starte ich das Triebwerk unserer Piper – nur fünf Minuten später und wir hätten eine unfreiwillige Zwischenübernachtung einlegen müssen. Bis zur Logde sind es noch knapp 170 Kilometer gen Süden. Von Norden kommend fliege ich unsere Cheyenne direkt über die Etosha-Pfanne und zeige Arnim die Eingangstore und die Wasserstellen mit den darum versammelten Tieren. Es herrscht kaum Wind und wir fliegen dem Sonnenuntergang entgegen, ganz nah über der fantastischen Landschaft. Was für ein Moment! Mir kommen nun doch die Tränen: Afrika, so wie man es sich vorstellt.

Es folgt der Anflug auf die Landebahn der Mokuti Lodge, rund sieben Kilometer von unserer Unterkunft entfernt. Nur 700 Meter der Bahn sind asphaltiert, dahinter folgt nur noch Sand.

Die Piper Cheyenne vor glutrotem Himmel

Ich bin hochkonzentriert und fliege links am Platz vorbei. Arnim soll sich noch einmal ein Bild von der Landebahn machen und sicherstellen, dass keine Wildtiere die Piste blockieren. Dann endlich starten wir den Endanflug, dabei immer die „Minimum Speed“ (Mindestgeschwindigkeit) im Auge. Schon auf den ersten zehn Metern der Landebahn bekommen wir Bodenkontakt – nach nur 500 Metern steht das Flugzeug. Willkommen in Namibia!

Spanien
Marokko
Mauretanien
Guinea-Bissau
Ghana
Kamerun
Namibia
Südafrika
Botswana
Sambia
Ruanda
Äthiopien
Jemen
Oman

Um den Schlaf gebracht:

Ein Löwe versetzt die Lodge in Aufruhr

Während ich das erste Mal nach 13Tagen bis 8 Uhr im Bett bleibe, ist Arnim schon seit 6 Uhr auf den Beinen. Er erkundet die Umgebung der Lodge. In unmittelbarer Nähe erstreckt sich über zehn Kilometer das Eingangstor zur Etosha-Pfanne. In diesem Jahr hat sich viel Wasser in der Senke angesammelt.

Bei einem gemeinsamen Essen lernen wir wenig später Marc Pampe kennen. Zusammen mit seiner Frau, einer Südafrikanerin, ist der 42-Jährige der Inhaber unserer Unterkunft. Marc stammt aus einer ehemals deutschen Kolonialfamilie, die im späten 19. Jahrhundert in Namibia (damals Deutsch-Südwestafrika) sesshaft wurde. Seit mittlerweile vier Generationen lebt seine Familie nun schon in dem Land.

Mit William, dem Wildführer, geht es anschließend hinaus in die Etosha-Pfanne. Das Territorium umfasst ein Gebiet von über 4.000 Quadratkilometern und ist der Lebensraum von rund 15.000 Zebras, 7.000 Giraffen, 4.000 Elefanten, 800 Löwen und Tausenden anderen Tieren. Nach den intensiven Regenfällen der vergangenen Wochen hat sich das Gebiet in eine sattgrüne Oase verwandelt.

Auf unserem Streifzug versperren uns Giraffen den Weg. Zuerst sind es nur drei, dann fünf, zehn und es werden immer mehr. Auch die zahlreichen Zebras lassen sich vom Motorengeräusch des Jeeps nicht stören. Ganz im Gegenteil: Immer mehr Tiere nähern sich uns, Springböcke, Kudus, Impalas, sogar Wildschweine. Wir machen Rast, stellen den Motor ab und genießen einfach nur. Arnim drückt es treffend aus: „Ich fühle mich wie im Jurassic Park“ – zum Glück geht es hier in Namibia dann aber doch etwas friedlicher zu als in dem Hollywood-Streifen. Vor angriffslustigen Tieren müssen wir zumindest nicht flüchten.

Um 2 Uhr nachts höre ich es zum ersten Mal, um 5 Uhr ist an Schlaf nicht mehr zu denken. Das durch Mark und Bein gehende Brüllen eines Löwen lässt alle Bewohner der Lodge aufschrecken. Er kann nur maximal 100 Meter entfernt sein – vielleicht ist er am lodgeeigenen Wasserloch? Das Gebiet außerhalb der Anlage wird vorsorglich gesperrt, ohne Begleitung darf nun keiner mehr raus.

Gemeinsam mit William begebe ich mich zum Wasserloch. Von dem Löwen ist hier weit und breit nichts zu sehen. Marc erzählt, dass er vor einigen Jahren beim Joggen eine Begegnung mit einer Löwenmutter hatte. 20 Meter trennten die beiden, Auge in Auge standen sie sich gegenüber. Beide hatten Angst. Nach einer Stunde haben seine Mitarbeiter ihn mit dem Jeep aufgenommen. Die Löwin hatte drei Junge, ihr Beschützerinstinkt machte sie unberechenbar.

Nachmittags fahren wir wieder hinaus in den Nationalpark. In der Nähe des großen Sees nähert sich plötzlich ein ausgewachsener Elefant dem Jeep bis auf wenige Meter. Uns stockt der Atem. Er beäugt uns, wir trauen uns kaum zu atmen und verhalten uns ganz leise. Nach fünf langen Minuten geht er langsam weiter. Dabei dreht er sich noch einmal um und hebt den Rüssel, als wollte er sich von uns verabschieden. Der Himmel hat sich inzwischen glutrot gefärbt, gemächlich wandert die Sonne dem Horizont entgegen. Es ist still, kein Wind geht, die Farben wirken wie gemalt … Afrika, Afrika.

Wildlife hautnah

Mokuti Lodge Airport (FYMO) – 17° 3' 0" E, 18° 48' 30" S
Windhoek (FYWH) – 22° 34' 12" S, 17° 5' 1" E
Distanz: 226 NM
Flugzeit: 1 Stunde

Traumkulisse in Namibia:

Von Mokuti nach Windhoek

Wie geplant heben wir um 9.30 Uhr unter Sichtflugregeln vom Flugplatz der Mokuti Lodge ab. Da sich trotz der 28 Grad warmen Luft noch keine Thermik aufgebaut hat, wähle ich eine Flughöhe von circa 2.000 Fuß über Grund – so können wir die schöne Landschaft unter uns noch einmal ausgiebig genießen. Nach den intensiven Regenfällen im Dezember und Januar hat sich dieser Teil Namibias in eine blühende Landschaft verwandelt. Sattes Grün so weit das Auge reicht, überall gelbe und rote Farbtupfer. Nur wenig später erreichen wir die gigantische Abrissplatte des Waterbergs. Mit 2.200 Metern ist dieser massive Tafelberg die höchste Erhebung der Region. Namibia, wie ich es noch nie zuvor gesehen habe.

Die namibische Hauptstadt Windhoek rückt nun immer näher. Beim Tower des internationalen Flughafens bitten wir um die Erlaubnis, den Stadtflughafen Eros anfliegen zu dürfen. Der Lotse erteilt uns sofort die Freigabe und verabschiedet sich auf Deutsch mit „Schöne Reise durch Namibia". Ganz in der Nähe des Towers, auf dem Stellplatz für unsere Cheyenne, empfängt uns winkend mein Freund Oliver Braun. Er ist ebenfalls Pilot.

Beim Abendessen in Joes Bierhaus erzählt uns der gebürtige Hesse, wie er im Jahr 2000 zum ersten Mal nach Namibia kam. Er war auf der Suche nach einer neuen Herausforderung und fand sie in der Gründung seines eigenen Unternehmens. Seitdem organisiert er Flugsafaris quer durch Namibia, Botswana, Sambia und Südafrika. Die hierfür notwendige Pilotenlizenz (CPL) hat er in Südafrika erworben.

Himba-Frau mit ihrem Kind in Windhoek

Windhoek (FYWH) – 22° 34′ 12″ S, 17° 5′ 1″ E | Kapstadt (FACT) – 33° 55′ 21.6″ S, 18° 25′ 0.08″ E | Distanz: 846 NM | Flugzeit: 4 Stunden

Südafrika

Fläche: 1.219.090 km²
Einwohner: 48.687.000 = 40 je km²
Hauptstadt: Tshwane (Pretoria)
Amtssprache: Englisch, Afrikaans, Ndebele, Setswana, Swati, Xhosa, Zulu
Währung: Rand

Spanien
Marokko
Mauretanien
Guinea-Bissau
Ghana
Kamerun
Namibia
Südafrika
Botswana
Sambia
Ruanda
Äthiopien
Jemen
Oman

Der südlichste Punkt unserer ersten Etappe:

Kapstadt

Am frühen Morgen starten wir pünktlich vom Windhoeker Stadtflughafen Eros. Hier gibt es auch ein Einkaufscenter namens „Eros-Center" – andernorts könnte die Namensgebung eventuell für Missverständnisse sorgen …

Nach 30 Minuten Flugzeit kommt die legendäre Wüste Namib in Sichtweite. Unendlich viele Dünen laufen vor unseren Augen sanft auf und ab, um sich nur kurz darauf in der Unendlichkeit der Wüste zu verlieren. Wieder habe ich Bilder vor Augen, denke an den Kinofilm „Der englische Patient" und an das Remake des Films „Der Flug der Phoenix". Beide Filme wurden hier in der Wüste Namib gedreht. In Soussusvlei türmen sich kurz darauf mit 380 Metern die höchsten Dünen der Welt vor uns auf. Naturwunder wie aus dem Bilderbuch. Ich mache eine Rundum-Kurve dicht über den Dünen, Arnim fotografiert und filmt. Eines Tages werden wir unseren Enkelkindern diese Aufnahmen zeigen, da sind wir uns sicher.

Hinter der ehemals deutschen Kolonie Lüderitz drehen wir nach Süden ab. Etwa 40 Minuten später erreichen wir den Fish River Canyon, nach dem Grand Canyon in Amerika die zweitgrößte Schlucht der Welt. Hunderte Meter tief wurden die Felsen von Flüssen ausgewaschen und freigelegt. Knapp über dem Canyon drehen wir eine weiträumige 360-Grad-Kurve: Fliegerherz, was willst du mehr! Trotz Außentemperaturen von über 30 Grad hat sich die Thermik noch nicht aufgebaut. Gut, dass wir so früh am Morgen gestartet sind.

Nur noch etwa zwei Stunden Flugzeit trennen uns jetzt von Kapstadt, dem südlichsten Ziel unserer ersten Etappe. Nachdem wir Buschmannland und den gigantischen Oranje-Fluss passiert haben, nimmt der Tower des Flughafens Kapstadt Funkkontakt zu uns auf: Wir haben Landefreigabe. Vor uns sind bereits die ersten Häuser der Kap-Metropole auszumachen, daneben der eindrucksvolle Tafelberg.

„Das Auge, das gereist ist, ist klug."
(Weisheit der Massai)

An der Waterfront in Kapstadt klingt unser Abend dann ganz entspannt aus. Köstlichkeiten aus Südafrika stehen auf der Speisekarte, den Blick hinüber zum Tafelberg gibt es kostenlos dazu.

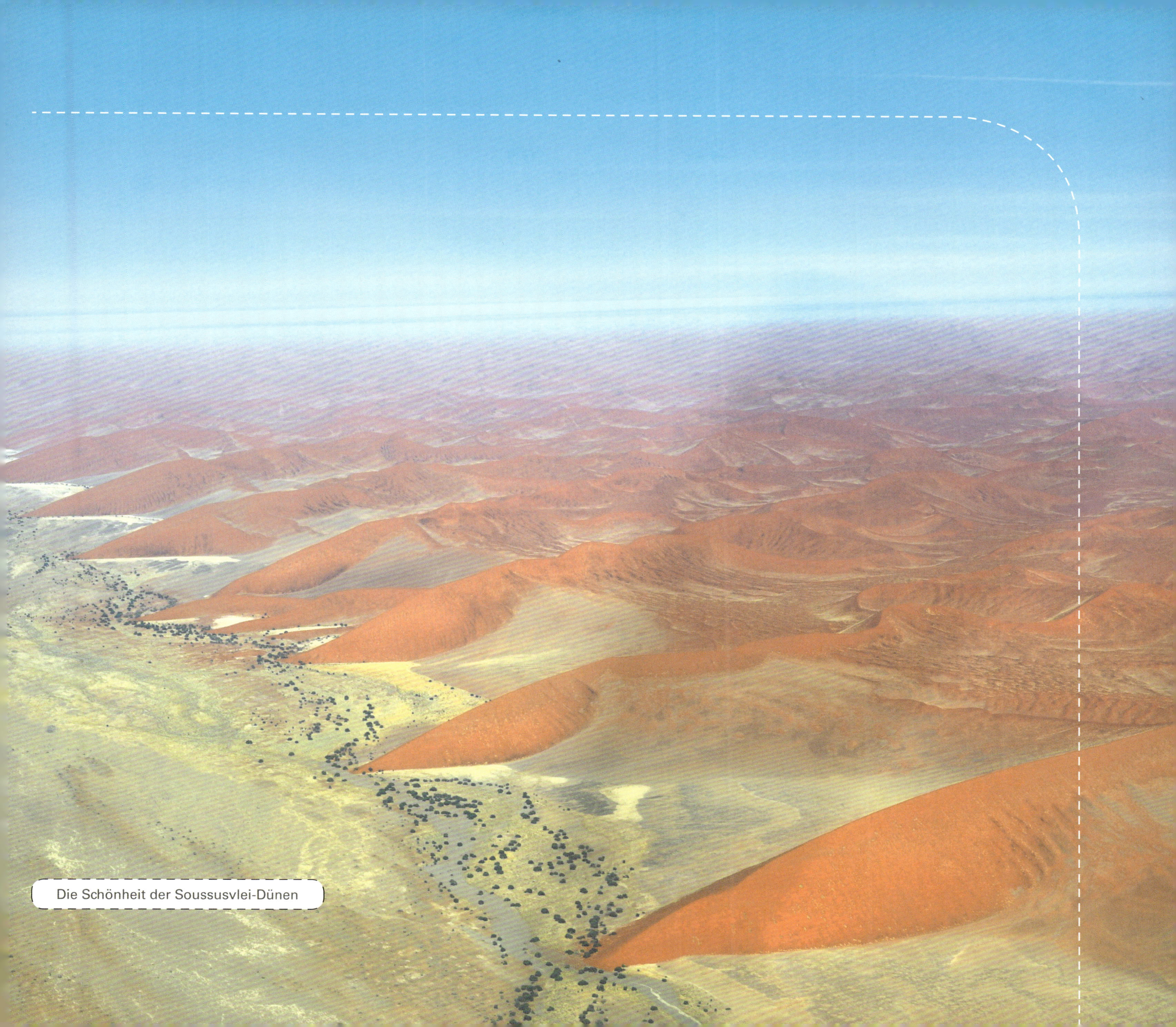

Die Schönheit der Soussusvlei-Dünen

Blick auf den wolkenverhangenen Tafelberg

Schweißgebadet am Chapman's Peak:

Ein Pilot mit Höhenangst

Von Kapstadt aus machen wir uns auf den Weg in die Hafenstadt Simons Town, wo sich eine von fünf Pinguinkolonien befindet. Gut 3.000 dieser kleinen, friedlichen Tiere haben sich hier niedergelassen. Das Meer wird hier derzeit von speziellen Guards überwacht, die die weitläufigen Strandabschnitte nach Haien absuchen. Erst vor drei Wochen gab es einen tödlichen Unfall – nun hat man Angst, dass die Touristen ausbleiben.

Es wird jetzt zunehmend neblig. Als wir plötzlich Schattenrisse in einer Nebelwand erkennen, treten wir auf die Bremse – gut so, denn die Schattenrisse entpuppen sich als eine große Gruppe von Pavianen, die gerade die Straße kreuzt. Nicht nur wir schauen etwas skeptisch, auch die Tiere haben einen kritischen Blick aufgesetzt. Die Weibchen mit ihren Jungen entschwinden zuerst im Dickicht neben der Straße, die Männchen folgen als Letztes.

Wenig später erreichen wir das Kap der Guten Hoffnung. Die Portugiesen wollten es ursprünglich übrigens Kap der Stürme nennen – erst Sir Francis Drake soll ihm den heutigen Namen gegeben haben. Der Wind weht kräftig an diesem sonnigen Sommertag. Bevor wir die Treppen zum hoch auf dem Fels errichteten Leuchtturm erklimmen, machen wir noch schnell ein Erinnerungsfoto. Immerhin stehen wir hier im südwestlichsten Teil Afrikas.

Weiter geht unsere Fahrt auf der Chapman's Peak, einer der schönsten Küstenstraßen der Welt. Sie führt steil am Berg Richtung Kapstadt hinauf. Ich sitze links und sehe, wie es Hunderte von Metern bergab geht. Leitplanken oder sonstige Schutzmaßnahmen? Fehlanzeige. Die Hitze, die Kurven, der Abgrund – mir wird schlecht! Was bin ich froh, als wir endlich Sea Point erreichen. Mich wundert wirklich, warum ich auf der Erde so anfällig bin, denn im Flieger oder Helikopter habe ich überhaupt keine Probleme. Aber schon beim Hinaufklettern einer Leiter überkommt mich diese verdammte Höhenangst. Verkehrte Welt.

Das Elend in den Townships:
12 Menschen auf 30 Quadratmetern

In Begleitung eines Safety-Piloten wollten wir heute früh eigentlich per Helikopter, einer Robinson 44, nach Stellenbosch fliegen. Doch das Wetter macht uns einen Strich durch die Rechnung: Über Nacht ist ein starker Sturm aufgezogen, bei Windgeschwindigkeiten der Stärke 9 ist an einen Start nicht zu denken.

Im Hotel komme ich mit Sammy, unserem 25-jährigen Fahrer, ins Gespräch. Er stammt aus Simbabwe und erzählt mir von seiner Familie, den Eltern und seinen neun Geschwistern. Aufgrund der Hungersnot in ihrem Land sind sie vor fünf Jahren nach Kapstadt gezogen. Wesentlich verbessert hat sich ihre Lage allerdings nicht: Hier, in der für Touristen so glanzvollen Metropole, wohnen sie nun im Township, dem Elendsviertel in der Nähe des Flughafens. Sammy lädt mich zu sich nach Hause ein. Ich habe Bedenken, zu viele schlimme Geschichten habe ich bereits gehört. Doch die Neugierde überwiegt. Ich vertraue dem jungen Mann, fast wirkt er ein wenig philosophisch auf mich.

Nach 15 Minuten Fahrt haben wir unser Ziel erreicht: eine Vorstadt der Trostlosigkeit. Ein stechend süßlicher Gestank von Müll liegt in Luft. Sammy bittet mich, meine Uhr und die Kamera im Wagen zu lassen. Es gibt keine Straßen, nur Gehwege, auf denen viele Menschen unterwegs sind. Ich fühle mich beobachtet. Katzen, Hunde, Kinder – alles läuft hier durcheinander. Die Behausungen sind aus Wellblech zusammengezimmert und werden von einer Art Kordel zusammengehalten. Die Ritzen sind provisorisch mit Pappe ausgefüllt. Das Haus, nein, die Hütte von Sammy und seiner Familie ist maximal 30 Quadratmeter groß: und das bei zwölf Leuten! Ich kann kaum glauben, was ich sehe. Zu allem Übel hat der Sturm ein Loch in die Außenwand gerissen. Behelfsweise haben sie ein Fass davor gestellt. Ein solches Elend habe ich noch nicht einmal in Guinea-Bissau oder Ghana gesehen. Welten prallen aufeinander – erst kurz zuvor habe ich mir die schillernde Einkaufspassage Victoria Wharf angeschaut, und nun das.

Sammys Vater Frederik ist mit 54 Jahren in meinem Alter. Er ist ausgebildeter Lehrer und stammt aus Khami, einer kleinen Stadt oberhalb des Matapos Nationalparks in Simbabwe. Zurzeit jobbt er als Tagelöhner im Hafen von Kapstadt. Das Wichtigste für ihn ist, dass seine erwachsenen Kinder Arbeit haben. Ihr schmales Familieneinkommen liegt bei circa 5.000 Rand, das entspricht etwa 500 Euro – und muss für zwölf Personen reichen. Wir unterhalten uns auf Englisch, Frederik klagt sein Leid. Seine Frau hingegen ist äußerst zurückhaltend. Sie spricht kein Englisch, nur ihren Heimatdialekt. Still reicht sie Wasser, Kaffee und ein Gebäck aus Kartoffeln.

An einer Wand hängt ein Kreuz – sie vertrauen auf Gott. Frederik kniet sich davor nieder und betet in seiner Muttersprache. Sammy sagt, dass er seines Bruders gedenkt, der im vergangenen Jahr gestorben ist. Die jüngeren Geschwister basteln währenddessen Spielsachen aus aufgesammelten Coca-Cola- und Fanta-Dosen, um sie später auf dem Cape Town Market zu verkaufen. Sie haben mitbekommen, dass ich Pilot bin, und basteln mir ein kleines Flugzeug. Ich gebe ihnen 20 Rand, etwa zwei Euro, aber sie wollen das Geld nicht annehmen. Es sei ein Geschenk, dafür nimmt man kein Geld! Draußen wirbelt der Wind Müll durch die Gassen, ein unwirtlicher Ort. Sammy und seine Familie werden noch lange in meinen Gedanken sein, das weiß ich schon heute.

Putzige Pinguine in Südafrika

Kapstadt (FACT) – 33° 55′ 21.6″ S, 18° 25′ 0.08″ E
Upington (FAUP) – 28° 27′ 0″ S, 21° 15′ 0″ E
Maun (FBMN) – 21° 46′ 0″ S, 24° 2′ 0″ E
Distanz: 1.100 NM
Flugzeit: 6,5 Stunden

Botswana

Fläche:	581.730 km²
Einwohner:	1.921.000 = 3,3 je km²
Hauptstadt:	Gaborone
Amtssprache:	Englisch
Währung:	Pula

Eine Bootstour durch das Okawango-Delta:

In der Hitze Botswanas

Bei angenehmen 25 Grad heben wir am Morgen von Kapstadt aus in Richtung Botswana ab. Ab heute ist der Kameramann Andreas Meißner mit an Bord. Er begleitet uns auf allen fünf Etappen für jeweils ein paar Wochen und dreht für eine TV-Reportage. Nach dem Start drehen wir mit unserer Piper Cheyenne eine letzte 180-Grad-Kurve über Kapstadt: Was für eine grandiose Aussicht auf den Tafelberg, die Waterfront, das WM-Fußballstadion und die Stadt! Doch es ist nicht alles Gold, was hier glänzt. Silbern schillern in der Nähe des Flughafens die Wellblechhütten der Townships. Wieder denke ich an Sammy und seine Leute. Ob sie auf dem Cape Town Market heute wohl genügend Spielzeuge verkaufen werden? Mir lässt der Besuch bei ihnen keine Ruhe.

Erst nach einem Tankstopp in Upington im nördlichen Landesteil komme ich wieder auf andere Gedanken. Vor uns erstreckt sich die legendäre Kalahari, die wir nun auf einer Länge von 600 Kilometern besonders tief überfliegen werden. Das extrem trockene und lebensfeindliche Rückzugsgebiet der San (bei uns eher als Buschmänner bekannt) ist in kräftiges Orange getaucht. Ein wirklich imposantes Naturschauspiel.

Nach weiteren zwei Stunden Flug öffnet sich vor uns das Okawango-Delta mit seinen unendlich weiten Sumpfgebieten und dem Moremi-Naturreservat. Große Herden von Büffeln, Elefanten, Zebras, Giraffen und Kudus haben hier ihren Lebensraum. Unter uns ziehen Elefanten vorüber, riesige Salzpfannen sind erkennbar. Das Okawango-Delta hat eine Ausdehnung von 16.000 Quadratkilometern und gilt unter Wissenschaftlern als absolut einzigartig. Schon vor 23 Jahren berichteten mir Abenteurer in der RPR1-Radiosendung MEIN ABENTEUER von diesem eindrucksvollen Binnendelta. Nun bin ich selbst da – und freue mich riesig, diese einmalige Szenerie mit eigenen Augen sehen zu dürfen. Nach insgesamt fünf Stunden landen wir schließlich auf dem Flugplatz im botswanischen Maun. Angekommen im Hotel, treffen wir Sam, der uns über einen Safari-Ausrichter einen ganztägigen Ausflug ins Okawango-Delta anbietet. Das wollen wir uns nicht entgehen lassen!

„Für jeden kommt der für ihn bestimmte Augenblick.“
(Weisheit der San, Kalahari)

Der Tag beginnt wie so oft in den letzten Wochen: sonnig und warm. Nach einer Stunde Fahrt im Jeep erreichen wir die Seen- und Sumpflandschaft des Okawango-Deltas. Unser Boot ist aus Holz gebaut, das hier geschlagen wurde. Bootsmann Tuwesi hat zehn Tage mit dem Einbaum gebraucht, um von seinem Heimatdorf hierher zu gelangen. Während der Saison fährt er Gäste durch das Delta.

Es ist eine wackelige Angelegenheit, bis wir jeweils zu zweit in den kleinen Booten sitzen. Tausende von Seerosen und Seelilien zieren die Wasseroberfläche. Es ist still. Sanft und lautlos schiebt Tuwesi das Kanu mit einem drei Meter langen Stock voran. Er erzählt, dass das Wasser hier nur etwa 1,5 Meter tief und sehr warm ist.

Nach zwei Stunden Flussfahrt begeben wir uns auf einen dreistündigen Fußmarsch durch die wunderschöne Landschaft. Bei 32 Grad ist das allerdings keine leichte Angelegenheit. Auch etwas Angst steigt in mir hoch, denn Tuwesi deutet auf die frischen Spuren auf unserem Weg: Löwen, Elefanten, Giraffen. Sie müssen gestern oder heute genau an dieser Stelle gewesen sein. Wir haben keine Waffen dabei. Arnim und ich scherzen, wer im Falle des Falles wohl als Erstes vom Löwen gefressen wird.

Flussfahrt auf dem Okawango

Maun (FBMN) – 21° 46' 0'' E, 18° 48' 30'' S

Ndola (FLND) – 12° 58' 30'' S, 28° 38' 30'' E

Distanz: 700 NM

Flugzeit: 3 Stunden

Sambia

Fläche:	752.614 km²
Einwohner:	11.920.000 = 15,8 je km²
Hauptstadt:	Lusaka
Amtssprache:	Englisch
Währung:	Kwacha

Spanien
Marokko
Mauretanien
Guinea-Bissau
Ghana
Kamerun
Namibia
Südafrika
Botswana
Sambia
Ruanda
Äthiopien
Jemen
Oman

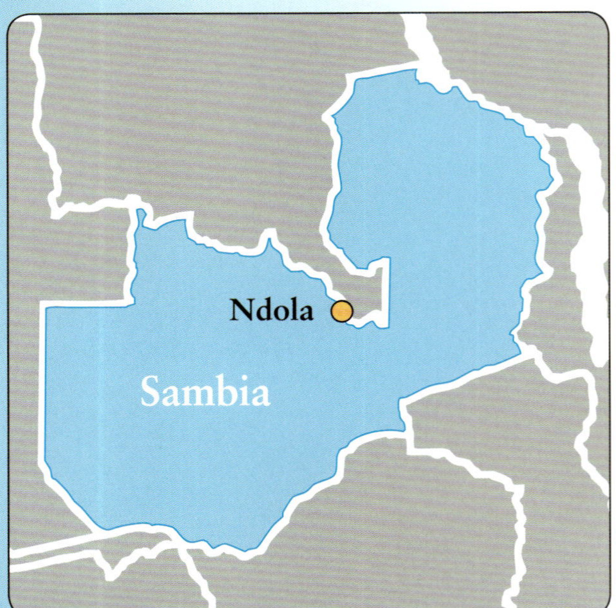

Dem Abgrund so nah:
Die tosenden Victoriafälle und ein Kinderkrankenhaus in Ndola

Von Botswana aus geht es heute weiter in Richtung Sambia. Um besonders viel von der Landschaft sehen zu können, bleiben wir nach dem Start auf niedriger Flughöhe. Der Anblick, der sich uns schon bald bietet, ist unglaublich: Auf gut 300 Kilometern Strecke wechseln sich Bäume, Sträucher, Wasserlöcher, Blumenwiesen und Grasflächen ab, immer und immer wieder. Wir fliegen auf rund 200 Metern Höhe, als plötzlich nacheinander zwei riesige Elefantenherden in Sichtweite kommen. Eine hat besonders viele Jungtiere dabei. Ich neige die Piper zur Seite, Arnim und ich staunen sprachlos. Schon Elli Beinhorn schrieb in ihrem Buch ALLEINFLUG: „Eine afrikanische Wunderwelt, dieses Botswana." Das können wir uneingeschränkt bestätigen.

Unsere Euphorie über die Elefantenherden ist noch nicht verklungen, da kündigt sich schon das nächste Highlight an. Bereits aus 30 Kilometern Entfernung ist der Sprühnebel der Victoriafälle an der Grenze zu Simbabwe zu sehen. Die Wasserfälle, seit 1989 Weltnaturerbe der UNESCO, erhielten ihren Namen einst zu Ehren der englischen Königin Victoria. Wir umfliegen die tosenden Wassermassen, deren Gischt in allen Farben des Regenbogens schillert. Allein schon die 110 Meter tiefe Felsschlucht, in die das Wasser stürzt, zieht uns in ihren Bann. Ich kenne die Niagarafälle, aber dieses Naturschauspiel auf 1,7 Kilometer Breite stellt alles in den Schatten. Die Victoriafälle gehören wirklich zu den spektakulärsten Wasserfällen der Welt. Bis zum Zielflughafen sind es nun noch zwei Flugstunden. Immer öfter ziehen jetzt kleine Siedlungen vorbei – eine kleine Wohltat, in Botswana war nämlich streckenweise von menschlichem Leben kaum etwas zu sehen.

In Ndola, der zweitgrößten Stadt Sambias, angekommen, fährt uns der Taxifahrer Ben ins Hotel. Stolz erzählt er während der Fahrt von seinen fünf Kindern. Vier Töchter und einen Sohn hat der 49-Jährige. Ich rede ihm ins Gewissen, dass eine fundierte Bildung nicht nur für seinen Sohn, den er bevorzugt behandelt, sondern auch für seine Töchter ungemein wichtig ist. So gerne möchte er uns sein Land und die Menschen dort zeigen. Wir freuen uns über das Angebot – morgen werden wir mit ihm auf einer fünfstündigen Tour das Land erkunden.

Pünktlich am frühen Morgen holt uns Ben mit seinem Taxi ab. Als Erstes besuchen wir gemeinsam eine benachbarte Grundschule für Drei- bis Neunjährige. Insgesamt lernen hier 1.900 Kinder auf beengtem Raum. Die Scheiben sind kaputt, die Möbel alt, die Lehrer aber trotzdem hoch motiviert. Solche Zustände in Deutschland? Undenkbar!

Weiter geht es zum einzigen Kinderkrankenhaus des Landes, dem Arthur Davison Children Hospital. Der leitende Arzt des Hospitals, Dr. Sam Phiri, zeigt uns die Kinder-HIV- und AIDS-Station. Ein Bild der Traurigkeit und Hoffnungslosigkeit offenbart sich. Die Mütter verweilen an den Bettchen ihrer todkranken Kinder, pro Raum sehen wir bestimmt 20 Menschen. Mir fällt eine Mutter auf, die ihr etwa zweijähriges, sehr krankes Kind im Arm hält. Wir erfahren, dass ungefähr 16 Prozent der Bevölkerung Sambias mit HIV infiziert oder bereits an AIDS erkrankt sind. Oftmals überträgt sich das Virus schon bei der Geburt auf das Kind. Im Krankenhaus selbst fehlt es an allem Erdenklichen. Medikamente gibt es kaum, gerade einmal sechs Ärzte kümmern sich um bis zu 350 Patienten. Ob es morgen in Ruanda anders sein wird? Ich zweifle.

Schicksale im Kinderkrankenhaus

Ndola (FLND) – 12° 58′ 30″ S, 28° 38′ 30″ E | Kigali (HRYR) – 1° 57′ 0″ S, 30° 4′ 0″ E | Distanz: 730 NM | Flugzeit: 3,5 Stunden

Ruanda

Fläche: 26.338 km²
Einwohner: 8.882.000 = 301 je km²
Hauptstadt: Kigali
Amtssprache: Englisch, Französisch, Kinyarwanda
Währung: Ruanda-Franc

Spanien
Marokko
Mauretanien
Guinea-Bissau
Ghana
Kamerun
Namibia
Südafrika
Botswana
Sambia
Ruanda
Äthiopien
Jemen
Oman

Ankunft in Ruanda:
Vorfreude auf unser erstes FLY & HELP-Projekt

Von Ndola aus nehmen wir an diesem Morgen Kurs in nordöstliche Richtung. Wir bleiben bewusst tief, um möglichst viel von der dichten, jahrhundertealten Urwald-Vegetation sehen zu können. Kilometer um Kilometer nähern wir uns nun dem Tanganjikasee im Nordosten Sambias. In der Länge dehnt sich der See fast so weit aus wie Deutschland von Nord nach Süd! In großer Tiefe werden noch immer unerforschte Fischarten vermutet. Eigentlich kann man kaum noch von einem See sprechen, denn es sieht aus, als läge ein Meer unter uns. Nördlich des Sees wechseln sich schroffe, kaum zugängliche Berglandschaften mit dichten Dschungelgebieten ab. Erinnerungen an die grüne Landschaft Kameruns werden wach. Nach drei Stunden Flug erreichen wir schließlich die Grenze zu Ruanda. Bis heute ist das Land geprägt von den schrecklichen Ereignissen des Jahres 1994. Ein Konflikt zwischen den Bevölkerungsgruppen der Hutu und der Tutsi eskalierte damals in einem Genozid, dem innerhalb von knapp 100 Tagen fast eine Million Menschen zum Opfer fielen. Etwa 75 Prozent der Tutsi-Minderheit wurden ausgelöscht. Die Aufarbeitung des Völkermordes stellt eine enorme Herausforderung für Ruanda dar.

„Verzeih und du wirst glücklich."
(Weisheit der Yorube, Afrika)

Am Flughafen Kigali werden wir mit einer herzlichen Umarmung von Richard (28 Jahre) empfangen. Höhepunkt unseres Aufenthalts wird der Besuch einer Schule in Nyinawimana sein. Dort, im Norden des Landes, unterstützen wir über die FLY & HELP Stiftung mit über 30.000 Euro den dringend notwendigen Ausbau der Schule. Noch auf dem Flughafen laden wir kiloweise Geschenke aus der Cheyenne. Aus Deutschland haben wir Spielsachen, Stifte, Weltkarten, Fußbälle und vieles mehr dabei. Unser Flugzeug wirkt plötzlich so leer.

Richard fährt uns ins Koordinationsbüro des Partnerlandes Rheinland-Pfalz und der Ruandahilfe. Seit 2005 unterstützt die Ruandahilfe Hachenburg mit einem eigenen Verein unter engagiertem Vorsitz von Dr. Henning Bläsig den Aufbau. Bei der Fahrt durch Kigali fällt mir eines besonders auf: Die ganze Stadt wirkt sauber, von Müll fast keine Spur. Wir erfahren, dass die Ordnung von ganz oben vorgeschrieben ist. Kurios: Es dürfen keine Plastiktüten ins Land eingeführt werden, das Betreten der Grünstreifen in der Straßenmitte ist verboten. Zuwiderhandlungen werden mit einem Bußgeld belegt.

Die Hoffnung auf eine friedliche Zukunft:

Ein bewegender Moment in der Gedenkstätte Gisozi

In der Nähe von Kigali besuchen wir die Gedenkstätte Gisozi, die an den Völkermord aus dem Jahr 1994 erinnert – ein sehr bewegender Moment. Für mich ist es unvorstellbar, wie Menschen untereinander so einen Hass entwickeln können. Richard, ein Tutsi, hat den Genozid damals nur knapp überlebt. Als 13-Jähriger flüchtete er mit Eltern und Geschwistern in einen angrenzenden Wald. Monatelang versteckten sie sich dort vor den marodierenden Hutu-Rebellen, die gezielt Jagd auf Tutsis machten. Männer, Frauen, Kinder – es wurde kein Unterschied gemacht.

Das Erlebte ist für Richard immer noch ganz nah. Tränen steigen ihm in die Augen, als er von den furchtbaren Geschehnissen erzählt. Fast seine gesamte Familie fiel dem Genozid zum Opfer, die Familie seiner Mutter wurde komplett ausgelöscht. Trotzdem blickt Richard heute nach vorne. Sein größter Wunsch ist es, seiner Schwester ein Studium zu ermöglichen. Seinen ganzen Verdienst und seine Ersparnisse gibt er ihr, damit sie sich den Traum von einem besseren Leben erfüllen kann – er liebt sie über alles.

Nach dem Besuch in Gisozi gehe ich wesentlich aufmerksamer durch Kigali. Mir fallen die vielen Menschen auf, denen die körperlichen Folgen des Krieges anzusehen sind – die seelischen können wir gar nicht ermessen. Aber: Sie haben überlebt!

Gezeichnet vom Leben

Voller Hoffnung auf eine gute Zukunft

Spanien
Marokko
Mauretanien
Guinea-Bissau
Ghana
Kamerun
Namibia
Südafrika
Botswana
Sambia
Ruanda
Äthiopien
Jemen
Oman

Unser Projekt in Ruanda:

Was für ein Tag in meinem Leben

Ich habe in der letzten Nacht kaum schlafen können. Heute besuchen wir endlich unser Hilfsprojekt in Ruanda, darauf freue ich mich bereits seit Monaten. Immer wieder habe ich mir schon zu Hause vorgestellt, wie die Kinder und Lehrer uns empfangen werden, wie weit der Ausbau der Schule vorangeschritten ist, so viele Fragen! Nun ist es endlich so weit.

Für mich ist das der Höhepunkt unserer ersten Etappe der Weltumrundung. Richard holt uns bereits frühmorgens ab, 100 Kilometer liegen vor uns. Ich hatte ja schon berichtet, dass ich außerhalb von Flugzeugen unter Höhenangst leide – und auch heute werde ich wieder auf die Probe gestellt. Es geht immer steiler bergauf, direkt neben der Piste tun sich tiefe Abhänge auf. Wieder gibt es keine Leitplanken – das Tempo ist trotzdem ziemlich rasant. Aber Richard ist ein guter Fahrer, ich fühle mich sicher. Entlang der Strecke zur kleinen Pfarrei Nyinawimana, in der die Schule steht, erstrecken sich Berge, Hügel und unendliche Reisfelder, auf denen Frauen und Männer bei tropischen Temperaturen schwer arbeiten.

Dann endlich kommen wir zur Pfarrei – mein Herz schlägt schneller. 1.300 Kinder bilden eine Gasse und bereiten uns einen herzlichen Empfang. Ich bin überwältigt und weiß gar nicht, wie mir geschieht. Ich sitze noch im Auto und muss kurz die Augen schließen. Dann steige ich aus und gehe auf die ersten Kinder zu. Es ist mucksmäuschenstill. Die Kinder beäugen mich etwas schüchtern. Am liebsten möchte ich jedes einzelne Kind persönlich begrüßen. Ich gehe auf die Ersten von ihnen zu, gebe ihnen die Hand, umarme sie, frage nach ihren Namen. Die Schüler sind alle zwischen vier und 14 Jahren alt, sehr höflich, aber auch sehr zurückhaltend.

Je mehr ich mit ihnen spreche, umso gelöster wird die Atmosphäre. Von allen Seiten kommen sie nun auf mich zu – sie lachen, kichern, berühren mich und schauen mich mit großen Augen an. Es ist schwer, diese Gefühle in Worte zu fassen, es ist einfach ein unbeschreiblicher Moment. Bald schon komme ich auf dem Schulhof kaum noch voran, so viele Kinder stehen um mich herum. Ich höre nur, dass irgendwo im Hintergrund ein Schülerchor zu singen beginnt. Eine Gruppe von Jungen und Mädchen führt passend dazu landestypische Tänze auf. Die Stimmung wird immer gelassener und die Neugierde besiegt die anfängliche Schüchternheit. Viele kleine Händchen greifen nach meinen Armen. Ich nehme einen kleinen Jungen auf den Arm und streiche ihm über die Wange. Wir werden nun von den Schülern fast erdrückt.

Viele Kinder sind ärmlich bekleidet und sind barfuß in die Schule gekommen. Sie kommen den weiten Weg aus den Bergdörfern hierher gelaufen, oft viele Kilometer. Insgesamt 2.699 Schülerinnen und Schüler werden in der Schule unterrichtet, 39 Lehrer gibt es. Die Klassen sind alle überfüllt, mehr als ein Unterricht in den Grundfächern Rechnen, Lesen und Schreiben ist nicht möglich. Und es drängen immer mehr Kinder von den Dörfern in die Schule. Obwohl viele Eltern kaum das Schulgeld (40 Cent im Monat) aufbringen können, schicken sie ihre Kinder hierher zum Lernen. Weil es ihnen einmal besser gehen soll.

Ruanda

Ruanda ist ein ostafrikanisches Land, das unter den Folgen zahlreicher kriegerischer Auseinandersetzungen der vergangenen Jahrzehnte zu leiden hat. Seit Jahren engagiert sich hier der Verein „Hilfe für Ruanda aus Hachenburg", um die Lebensbedingungen der Kinder und Jugendlichen zu verbessern. Mit der Unterstützung des Bundeslandes Rheinland-Pfalz wurde bereits viel erreicht: Neben einem Ausbau der medizinischen Versorgung konnten dank Spendengeldern auch Schulen und Waisenheime im Süden des Landes errichtet werden.

Mithilfe der Reiner-Meutsch-Stiftung FLY & HELP werden im Norden des Landes in der Pfarrei Nyinawimana der Ausbau und die Ausstattung einer Grundschule sowie die Errichtung von sanitären Anlagen finanziert. Die Bevölkerung der Pfarrei ist sehr jung, circa 50 Prozent der Bewohner sind unter 15 Jahren. Die Betreuer des Schulzentrums erleben die Auswirkungen der Kriege und HIV-Erkrankungen hier täglich: Viele Kinder sind Waisen, traumatisiert aufgrund des Völkermordes. Die Schule ist für die Kinder und Jugendlichen ein Ort der Geborgenheit und bietet ihnen die Chance, den Primarabschluss zu erlangen, der die Grundlage zur weiteren Berufsausbildung ist.

Herzliche Begrüßung in Nyinawimana

Gemeinsam mit seinen Lehrerkollegen zeigt uns Father Dion Mbomimpa stolz das Areal, auf dem gerade vier neue Klassenzimmer gebaut werden. Die Arbeiten sind immer noch im vollen Gange, auch an diesem Tag. In zwei Monaten soll hier alles fertig sein, der Rohbau steht bereits. Dank unserer Förderung werden die Kinder künftig mehr Platz in ihren Klassen haben und können so besser am Unterricht teilnehmen.

Nach der Führung folgt der offizielle Teil: Inmitten der riesigen Kinderschar werden Tische und Stühle aufgestellt – man bittet mich, in der Mitte Platz zu nehmen. Zuerst hält der Leiter der Provincia du Nord, zu der die Schule gehört, eine kurze Rede. Ihm folgt der Schulleiter Ndayizeye Anastase. Schließlich bin ich an der Reihe. Martin Jäger, der Entwicklungsleiter des Projektes, übersetzt meine Worte ins Französische, der Schulleiter übersetzt dann in die Landessprache Kinyarwanda. Den Mädchen und Jungen möchte ich auf den Weg geben, was sie alles erreichen können, wenn sie Rechnen, Lesen und Schreiben lernen. Ich verabschiede mich mit den Worten: „Mura Kosse Chane“ – Danke für eure Gastfreundschaft. Und ich führe fort: „I Mana ibahe umugisha“ – Gott beschütze euch alle. Die Kinder freuen sich sehr darüber und klatschen unaufhörlich. Sie beginnen wieder zu tanzen und fordern mich nun auf, mitzumachen. Da hält mich natürlich nichts mehr auf meinem Stuhl. Wir tanzen ausgelassen und auf allen Kindergesichtern kann ich ein breites, fröhliches Lachen sehen.

Schließlich begeben wir uns auf den 250-Kilometer-Weg gen Norden. Auf den schmalen, holprigen Straßen und Wegen aus Lehm kommen wir nur mühsam voran. Es geht bergauf, bergab, Felder ziehen vorbei, wir passieren kleine Waldgebiete. Die Freundlichkeit der Menschen fasziniert uns. Egal durch welches Dorf wir fahren: Immer wieder stehen Kinder am Straßenrand, die winken, hinter uns herlaufen und aufgeregt „Umzungu!“ rufen. So werden Weiße in diesem Teil Ruandas genannt. Arnim scherzt, ich hätte vom vielen Winken wahrscheinlich bald einen Wackelarm.

Der Besuch in Nyinawimana beschäftigt mich noch lange. Auf der fast sechsstündigen Fahrt gen Norden überlege ich immer wieder, wie wir den Schülerinnen und Schülern weiterhin mit unserer Stiftung FLY & HELP helfen können. Ich bin mir sicher, dass sie eines Tages aus eigener Kraft vorankommen, doch bis dahin möchte ich unbedingt unterstützend an ihrer Seite stehen. Nur das unsanft schaukelnde Auto holt mich immer wieder in die Realität zurück – die Straße ist nicht geteert, das Gelände wird immer unwegsamer. Über unzählige Höhenpässe geht es in die Nähe der Stadt Ruhengeri in den Volcanoes National Park. Ein unglaublich schöner, aber auch anstrengender Tag neigt sich dem Ende zu.

Gorillas im Nebel:

Besuch des Volcanoes National Park

Viel Schlaf habe ich in der letzten Nacht nicht bekommen. Noch vor Sonnenaufgang machen wir uns per Jeep auf den Weg zur Rangerstation im Volcanoes National Park. Hier, im Grenzgebiet von Ruanda, Kongo und Uganda, leben die letzten Berggorillas der Welt in freier Natur. Ihre Heimat sind die riesigen Urwälder, die sich um die fünf Vulkane des 135.000 Hektar großen Parks erstrecken.

Gut ausgerüstet macht sich unsere Gruppe auf den Weg ins Dickicht. Am Anfang und Ende geht je ein Sicherheitsmann mit Maschinengewehr. In der Mitte laufen der Ranger und wir alle hintereinander. Zunächst wandern wir nur über flache Felder, doch die Landschaft ändert sich rapide: Immer höher wird der Bewuchs, bis wir uns durch fast undurchdringliches Gelände kämpfen. Der Morgentau lässt die sattgrünen Blätter glänzen, Nebelschwaden ziehen durch den Wald, ungewohnte Geräusche rings um mich herum. Der Schweiß läuft mir den Rücken hinunter – und das, obwohl wir gerade erst 90 Minuten unterwegs sind. Hier war auch die Gorilla-Forscherin Dian Fossey, deren Leben im Film „Gorillas im Nebel“ erzählt wird.

Plötzlich hebt der Ranger die Hand – das Zeichen, dass wir nun langsamer gehen sollen. Wir schleichen fast, schieben vorsichtig die Äste aus dem Weg, ich traue mich kaum zu atmen. Vollkommen unerwartet tut sich vor uns eine Lichtung auf – und ich stehe nur knapp fünf Meter von einem Silberrücken entfernt. Er ist der Anführer einer 19 Mitglieder zählenden Gorilla-Familie namens Kwitonda. Der Ranger kann die Gruppe dank GPS relativ gut orten. Alle fünf Berggorilla-Familien, die im Volcanoes National Park leben, sind mit diesen Sendern ausgestattet. Damit sollen sie nicht nur auf Touren leichter auffindbar sein. Die Sender dienen vor allem dazu, die Tiere zu überwachen und sie so vor Wilderern zu schützen.

Längst hat uns der Silberrücken entdeckt, keinen Moment lässt er uns aus den Augen. Wir sind so fasziniert, dass wir das Rascheln hinter uns erst gar nicht wahrnehmen. Plötzlich richtet sich nur einen Meter hinter uns ein Gorilla-Weibchen auf: Sie schlägt sich mit den Fäusten auf die Brust, es hört sich an, als würde jemand auf eine Trommel einschlagen – dieses Geräusch entsteht durch das Aufblasen des Brustkorbs mit einer bestimmten Atemtechnik. Das Kleine neben ihr macht es seiner Mutter gleich nach.

Unser Ranger ruft leise, aber bestimmend: „Back, back, back!“ Wir gehen langsam und leicht gebeugt rückwärts. Wir dürfen keine schnellen, unkontrollierten Bewegungen machen, ansonsten könnte der Gorilla das als Angriff werten und sein Junges verteidigen. Der Ranger „spricht“ mit den Tieren und versucht, sie zu beruhigen. Tatsächlich trottet das Weibchen nach einer Weile zu ihrer Familie zurück. Ich bin absolut fasziniert und komme aus dem Staunen gar nicht mehr raus.

Die vergangenen Tage in Ruanda haben mich tief beeindruckt, eine große Verbundenheit zu den Menschen ist entstanden. Wir bedanken uns bei Schwester Agnes, die uns im Gästehaus ihres Ordens aufgenommen hat. Wie ich es gewohnt bin, umarme ich sie und küsse sie rechts und links auf die Wange. Mein Verhalten macht sie ganz verlegen und ihr kommen die Tränen. Damit hatte ich nicht gerechnet.

Kigali (HRYR) –
1° 57′ 0″ S, 30° 4′ 0″ W

Addis Abeba (HAAB) –
9° 1′ 0″ N, 38° 45′ 30″ E

Distanz:
860 NM

Flugzeit:
4 Stunden

Äthiopien

Fläche: 1.127.127 km²
Einwohner: 88.013.491 = 72 je km²
Hauptstadt: Addis Abeba
Amtssprache: Amharisch
Währung: Äthiopischer Birr

Spanien
Marokko
Mauretanien
Guinea-Bissau
Ghana
Kamerun
Namibia
Südafrika
Botswana
Sambia
Ruanda
Äthiopien
Jemen
Oman

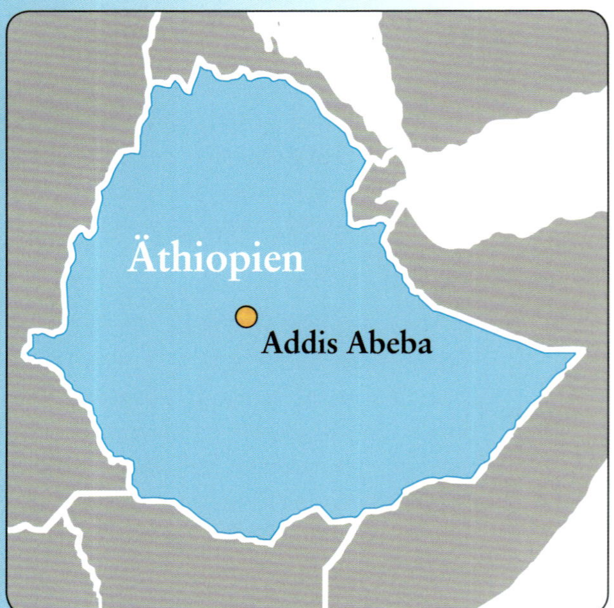

Aus heiterem Himmel:

Der Anruf des Präsidenten

Von Kigali aus fliegen wir anschließend weiter nach Äthiopien. Knapp vier Stunden wird der Flug in die Hauptstadt Addis Abeba dauern. Beeindruckend ist vor allem die Überquerung des ruandischen Hochgebirges. Links zieht der riesige Victoriasee vorbei. Über Tansania geht es weiter nach Uganda. Wir fliegen tief, um die schöne afrikanische Landschaft genießen zu können. Kurz bevor wir die Äquatorgrenze erreichen, bildet sich vor uns eine schwere Gewitterfront. Wir steigen auf 23.000 Fuß, um dem Schlechtwettergebiet auszuweichen. Hoch über den Wolken springt die GPS-Anzeige von S (Süd) wieder auf Nord (N) um – wir verlassen die südliche Erdhalbkugel.

Der Landeanflug auf Addis Abeba ist spektakulär. Arnim navigiert, ich fliege. Mithilfe des GPS umgehen wir einige Berge, um die auf 2.500 Metern gelegene Metropole anzusteuern. Auf den Tankwagen warten wir nach Landung zunächst vergebens. Zwei Stunden dauert es, bis das Auftanken beginnt. Die Zeit überbrücken wir damit, unsere Jeans auf der Tragfläche der Piper zum Trocknen auszulegen. Die Ordensschwestern im Gästehaus bei Kigali hatten sie extra für uns gewaschen, aber keine Zeit mehr zum Trocknen gehabt. Bezogen auf die Gesamtfläche ist Äthiopien rund dreimal so groß wie Deutschland. Viele Menschen leben hier in bitterer Armut – Dürreperioden, Hungersnöte und Bürgerkriege haben dem Land schwer zugesetzt. Armut hat in Äthiopien viele Gesichter: ausgemergelte Körper, zerlumpte Kleider, bettelnde Kinder und am Straßenrand liegende alte und kranke Menschen. Ein schockierendes Bild!

Ephraim fährt uns im Taxi auf den fast 3.000 Meter hohen Berg Entoto. Überall begegnen uns völlig verarmte Menschen. Nicht nur für Essen und Trinken fehlt es an Geld, auch zum Anziehen haben sie so gut wie nichts. Einem Vater, der mit seinen Kindern am Wegrand sitzt, geben wir etwas Geld. Dann umringen uns plötzlich mehr als 20 Kinder und singen ein Lied für Arnim und mich. Sie wollen dafür nichts haben, sie betteln nicht. An einem kleinen Straßenstand trinke ich einen Kaffee für umgerechnet einen Cent. Plötzlich kommt ein Mann auf mich zu, unbedingt möchte er mir die Schuhe putzen – ebenfalls für nur einen Cent. Man findet kaum Worte dafür ...

Für den Abend hat uns die Hotelchefin zum Essen eingeladen. Es stellt sich heraus, dass sie eine gute Bekannte des äthiopischen Staatspräsidenten ist.

Während wir uns unterhalten, klingelt ihr Mobiltelefon und Girma Woldegiorgis, der Präsident höchstselbst, ist in der Leitung. Sie reicht mir das Handy weiter, ich erstarre in Ehrfurcht! Erst wechseln wir ein paar Worte auf Englisch, dann lädt er uns für den nächsten Morgen ein. Um 9:30 Uhr sollen wir im Präsidentenpalast sein. Das Staatsoberhaupt hatte bereits im Vorfeld von meiner Afrika-Mission erfahren. Arnim schlägt vor, den Flugplan nach hinten zu schieben und erst nachmittags weiter in den Jemen zu fliegen. Gesagt, getan! Ich bin recht nervös, doch das wird eine spannende Erfahrung!

Gegen 9:15 Uhr treffen Arnim und ich am Präsidentenpalast in Addis Abeba ein. Die schlossähnliche Anlage ist sehr imposant und umgeben von Gärten und Blumenanlagen. Die Begrüßung des Präsidenten fällt sehr herzlich aus, fast wie unter Freunden. Bei Kaffee und Tee ist er nicht nur Staatsmann, sondern wir tauschen auch persönliche Erfahrungen aus. Ich habe die Gelegenheit, ihm ausführlich von der FLY & HELP Stiftung und unseren Zielen zu berichten. Wir vertiefen das Gespräch und kommen schnell auf die hohe Analphabetenquote in Äthiopien zu sprechen. Er bittet uns um Unterstützung, um dem Bildungsnotstand Einhalt gebieten zu können.

Der 86-Jährige ist äußerst charismatisch und strahlt viel Hoffnung und Kraft aus. Auch unsere Verabschiedung ist sehr persönlich. Ein toller Moment in meinem Leben!

Jeanstrocknen mal anders

Addis Abeba (HAAB) – 9° 1' 0" N, 38° 45' 30" E | Sanaa (OYSN) – 15° 21' 0" N, 44° 12' 0" E | Distanz: 544 NM | Flugzeit: 2,5 Stunden

Jemen

Fläche: 536.869 km²
Einwohner: 22,4 Mio. = 41,7 je km²
Hauptstadt: Sanaa
Amtssprache: Arabisch
Währung: Jemen-Rial

Einreise verweigert:

Eine Westerwälderin in Sanaa kommt zu Hilfe

Nach dem einstündigen Empfang geht es direkt weiter zum Flughafen. Unsere Piper ist bereits vollgetankt und steht für den Flug nach Sanaa bereit. Wie schon auf dem Hinflug, müssen wir die hohen Berge Äthiopiens in angemessener Höhe überfliegen und steigen deshalb auf 15.000 Fuß – natürlich ohne Autopilot. Nach gut einer Stunde passieren wir die Grenze zu Djibouti, in der Ferne kommt das Meer in Sichtweite. Mit vielen neuen Eindrücken verlassen wir nun den afrikanischen Kontinent. Die Durchquerung Afrikas ist damit erfolgreich beendet: Afrika, du hast uns in deinen Bann gezogen!

Der Überflug auf die Arabische Halbinsel dauert nur fünf Minuten. Links von uns liegt das Rote Meer, rechts der Golf von Aden. Schließlich überfliegen wir die jemenitische Grenze. Die Landschaft unter uns wird nun immer schroffer, unzählige hohe Berge ragen in den Himmel – eine menschenfeindliche, unwirtliche Umgebung. Aus nur 300 Metern Höhe beginnen wir schließlich den Anflug auf das sagenumwobene Sanaa.

Nach der Landung schwindet die erste Begeisterung allerdings schnell. Von dem bestellten Tankwagen ist weit und breit nichts zu sehen – und plötzlich gibt es auch noch Schwierigkeiten mit der Einreise. Durch meine Tätigkeit bei RPR1 hat man mich als Pressevertreter identifiziert, es folgt eine gründliche Durchsuchung. Kameras und Aufzeichnungsgeräte müssen wir ins Flugzeug zurückbringen. Damit nicht genug: Auch die Pässe nimmt man uns ab. Zum Abflug in zwei Tagen sollen wir alles wiederbekommen. Hoffentlich. Immerhin: So unerfreulich die Sache auch ist, so höflich und zuvorkommend – aber eben auch bestimmt – tritt man uns entgegen. Immer wieder reicht man uns Tee, immer wieder entschuldigen sich die Sicherheitsbeamten für die Verzögerung. Ich erinnere mich an die „Gute-Wünsche-Mail“ einer Deutschen, die beim Entwicklungsdienst in Sanaa arbeitet und über FLY & HELP gelesen hatte. Gut, dass ich die Mail mit den Daten noch gespeichert habe!

So rufe ich Melanie an, die – was für ein Zufall! – aus Helmenzen stammt, acht Kilometer von meinem Heimatort Kroppach entfernt. Sie freut sich, möchte uns willkommen heißen und uns eine Stadtführung geben. Mit ihrem Mann Tarig und den beiden Kindern Karim und Saeed lebt sie in Sanaa. Nach einigen Stunden schafft Melanie es, uns am Flughafen „auszulösen“. Sie bürgt für uns und unsere Sicherheit. Dennoch gibt es Auflagen: Die Stadtgrenzen von Sanaa dürfen wir nicht verlassen, außerdem sollen wir uns am nächsten Tag bei der Polizei melden. Ausländer bekommen im Augenblick kein Visum, deshalb die Schwierigkeiten.

Jahrtausendalte Stadt Sanaa

Ein Tag in Sanaa:

Knirpse hinterm Steuer und Ölmühlen mit Kamelantrieb

Bis in die 60er-Jahre hinein war der Jemen von der Außenwelt größtenteils abgeschottet. Armut und immer wiederkehrende Unruhen belasten den Staat bis heute. In Sanaa, der Hauptstadt des Landes, ist davon an diesem schönen Morgen nichts zu spüren. Angenehme 25 Grad zeigt das Thermometer, als wir uns auf den Weg ins Zentrum begeben. Seit 1988 zählt die Altstadt mit ihrer einzigartigen Architektur zum Weltkulturerbe der UNESCO. Ihre meist vierstöckigen Stein- oder Lehmhäuser sind teilweise schon 1.200 Jahre alt – und dennoch erstaunlich gut erhalten. Einst soll die sagenumwobene Königin von Saba hier gelebt haben. Heute wird der Jemen nach strengen islamischen Regeln regiert, die Justiz urteilt nach der Scharia. Voll verschleierte Frauen gehören seit 1994 auch in Sanaa zum Alltag. Nur ihre Augen schauen aus einem kleinen schmalen Schlitz heraus.

Angekommen auf dem zentralen Markt in Sanaa, bestellen wir uns an gleich sieben Ständen regionale Spezialitäten, zahlen müssen wir aber nur bei einem. Der Verkäufer gibt uns zu verstehen, er regle es schon mit den anderen. Neben den Lebensmitteln werden auf dem Markt viele andere Waren und Souvenirs angeboten. Für wenig Geld lassen sich hier kunstvolle Wasserpfeifen, Silberdolche mit Gürtel, Gewänder, Perlenketten und mehr erwerben.

Melanie führt uns weiter durch ihre Stadt. Seit geraumer Zeit lebt sie im Jemen und weiß viel aus dem Alltagsleben der Menschen zu berichten. Besonders verblüfft sind wir von der Anekdote, dass selbst 8-jährige Kinder im Jemen schon Auto fahren. Die Knirpse können doch kaum aus der Windschutzscheibe schauen!

Gegen 14 Uhr wird es ruhig in der Altstadt. Überall verweilen junge und alte Männer sitzend oder liegend, um Kat zu kauen. Die jungen Blätter und Zweigspitzen des Kathstrauchs haben eine anregende, leicht berauschende Wirkung. Gut 80 Prozent der Jemeniter machen das, erzählt Melanie.

Unterwegs treffen wir Hussein Al Sharqi mit seinen elf Kindern. Er fordert jedes einzelne von ihnen auf, uns die Hand zu geben und „salem aleikum" zu sagen. In perfektem Englisch unterhält er sich mit mir über die Politik seines Landes. Er hofft darauf, dass sich die Lebensqualität bessert (der Durchschnittsverdienst pro Monat liegt derzeit bei umgerechnet 120 Euro) und seine Kinder die Chance auf eine gute Ausbildung bekommen. Er ist sehr gewandt und weltoffen.

Als wir an einer offenen Haustür vorbeigehen und einen Blick hineinwerfen, sind wir überrascht: Drinnen dreht ein Kamel seine Runden an einer Ölmühle! In den engen Altstadtgassen werden uns noch oft an diesem Tag Kamele begegnen, denen eine Pause vom Ölmühlendrehen gegönnt wird. Mein Fazit: Sanaa ist wirklich ein Märchen aus 1.001 Nacht! Wunderbare Menschen und ein Kulturerbe, das wie eine filmreife Drehkulisse anmutet. Einmalig!

Sanaa (OYSN) – 15° 21′ 0″ N, 44° 12′ 0″ E | Maskat (OOMS) – 23° 36′ 51″ N, 58° 35′ 27″ E | Distanz: 1.060 NM | Flugzeit: 4 Stunden

Oman:
Sultanat zwischen Märchen und Moderne

Bereits gestern Abend gegen 22 Uhr ist die Wasser- und Stromversorgung zusammengebrochen. Bis zum heutigen Morgen ist der Betrieb nicht wieder aufgenommen worden. Die Dusche muss also ausfallen. Immerhin haben wir Wasserflaschen dabei und können uns provisorisch die Zähne putzen. Zum Frühstück gibt es heute nur Bananen – aufgrund des fehlenden Stroms konnte der Bäcker ein paar Häuser weiter keine Brötchen backen.

Die Abwicklung am Flughafen geht dieses Mal sehr zügig und wir kommen pünktlich los. Mit 65 Knoten Rückenwind fliegen wir über die Arabische Halbinsel gen Norden. Unsere Geschwindigkeit über Grund beträgt 500 Kilometer pro Stunde. Berge, Wüste, Sand, Seen und Küstenstreifen ziehen an uns vorbei. Keine einzige Wolke trübt die Sicht, der Himmel erstrahlt in wunderbarem Blau – ein toller Kontrast zu den gelb-rot-grünen Tönen der unter uns liegenden Landschaft. Kurzum: Es ist ein traumhaft schöner Flug in Richtung Oman.

„Es gibt keinen Beginn, ohne dass er ein Ende hat."

(Arabisches Sprichwort)

Der Anflug auf Maskat ist mit bis zu 3.200 Meter hohen Bergen im Westen ziemlich anspruchsvoll. Wir kommen aus dem Süden und müssen eine schroffe Bergkette in 6.000 Fuß überfliegen, bevor wir die Hauptstadt des Sultanats erreichen. Über der Metropole herrscht an diesem frühen Nachmittag reger Flugverkehr, wir sind als Nummer vier zur Landung freigegeben. Sanft bringe ich unsere Piper Cheyenne auf der 3,5 Kilometer langen Landebahn zum Stehen. Geschafft! Insgesamt 60 Stunden sind wir seit dem Abflug in Deutschland nun schon in der Luft gewesen, hinzu kommen 750 Stunden am Boden.

Das Sultanat Oman ist nur unwesentlich kleiner als Deutschland, mit rund 2,5 Millionen Einwohnern allerdings deutlich dünner besiedelt. Vor unserer Unterkunft sprechen wir den Taxifahrer Saleh Al-Rajhi an, ob er uns für einen Tag durch Maskat und das Umland fahren kann. Saleh ist 38 Jahre alt. Wie sich herausstellt, hat er schon im Alter von 16 geheiratet und ist heute stolzer Vater von sieben Kindern zwischen einem und 15 Jahren. Mit Saleh fahren wir in die alten Hafenreviere und zum pompösen Palast des Sultans – Tradition und Moderne gehen hier überall harmonisch ineinander über. Jedes Haus scheint ein Palast. Wir bummeln durch den Bazar, streifen über den Fischmarkt und sehen die Straße mit den zahllosen internationalen Botschaften – alle wunderschön am Meer gelegen.

Die Reise der ersten Etappe geht mit tausenden Eindrücken zu Ende. Am 12. Februar fliegen wir für eine 5-wöchige Verschnaufpause nach Hause, um am 18. März die zweite Etappe mit neuer Kraft und Abenteuerlust anzugehen.

Oman

Fläche:	309.500 km²
Einwohner:	2.534.000 = 8,2 je km²
Hauptstadt:	Maskat
Amtssprache:	Arabisch
Währung:	Rial Omani

VAE
Indien
Thailand
Singapur
Indonesien
Australien

Etappe 2

Etappe 2

Von Arabien bis Australien

Boomtown und extreme Armut – Buntes Indien – Rührende Umarmung – Schüttelfrost und Fieber – Singender Tankwart – Down Under – Fahrwerksprobleme

Maskat (OOMS) –
23° 36′ 51″ N, 58° 35′ 27″ E

Ras al Khaimah (OMRK) –
25° 48′ 0″ N, 55° 58′ 0″ E

Distanz:
200 NM

Flugzeit:
0,5 Stunden

Vereinigte Arab. Emirate

Fläche:	77.700 km²
Einwohner:	4485000 = 58 je km²
Hauptstadt:	Abu Zabi (Abu Dhabi)
Amtssprache:	Arabisch
Währung:	Dirham

Hitzeschlacht im Wüstenstaat:

Ankunft in Ras Al Khaimah

In Ras Al Khaimah findet unser Märchen aus 1.001 Nacht heute seine Fortsetzung. Das Emirat liegt 90 Kilometer nördlich von Dubai auf der Musandam-Halbinsel, direkt an der Straße von Hormus. Wie in Abu Dhabi und Dubai treffen auch hier Tradition und Moderne aufeinander. Fast an jeder Straßenecke entstehen neue Hochhäuser, Shoppingcenter, Prachtbauten und riesige Luxus-Hotels. Kurz vor Mitternacht erreichen wir unsere Unterkunft. Draußen sind es noch immer über 30 Grad und für den nächsten Tag werden sogar über 40 Grad erwartet! Arnim und ich müssen uns während der geplanten Erkundungstour durch die Ras Al Khaimah City wohl auf eine Hitzeschlacht einstellen.

Nach der späten Ankunft gestern starten wir langsam in den Tag – die steigenden Temperaturen tun ihr Übriges. So genießen wir die ersten Stunden des Tages am Meer, wo eine laue Brise für Abkühlung sorgt. Bald jedoch zieht uns die Neugier in die Stadt zurück: Alles hat in Ras Al Khaimah riesige Ausmaße und ist sehr weitläufig angelegt, eine echte Metropole eben. Doch ohne Klimaanlage ist es an diesem Tag kaum auszuhalten. Wir tun es der Mehrheit der Bewohner gleich und ziehen uns mittags in unsere Unterkunft zurück.

Hier treffen Arnim und ich auf Rudi, einen Speditionskaufmann aus München. Als wir ihm von unserer Weltumrundung erzählen, entgegnet er freudestrahlend, dass er erst kürzlich in Mainz eine Radiosendung gehört hätte. „Drei Stunden lang haben da zwei Piloten erzählt, dass sie bald die Welt umrunden wollen. Ich habe ganz gebannt gelauscht, ich bin nämlich selbst Hobbypilot." Auch im Rahmen meiner Sendung MEIN ABENTEUER auf RPR1 wurde der Beitrag ausgestrahlt. Rudi staunt nicht schlecht, als es ihm langsam dämmert, dass er den beiden Weltumfliegern aus dem Radio gerade persönlich gegenüber sitzt. Wieder einmal zeigt sich: Die Welt ist klein!

Für den Abend sind wir mit den Vorbereitungen auf den langen Flug nach Indien beschäftigt. Für knapp 1.800 Kilometer werden wir rund viereinhalb Stunden Flugzeit benötigen. Ein Unsicherheitsfaktor ist momentan noch das Wetter. Sollten wir keinen Rückenwind haben, müssten wir für einen Tankstopp erneut nach Muscat zurück – was wirklich ärgerlich wäre.

Ras Al Khaimah (OMRK) – 25° 48′ 0″ N, 55° 58′ 0″ E

Ahmedabad (VAAH) – 22° 58′ 30″ N, 72° 35′ 30″ E

Distanz: 960 NM

Flugzeit: 4,5 Stunden

VAE
Indien
Thailand
Singapur
Indonesien
Australien

Indien

Fläche:	3.287.263 km²
Einwohner:	1.139.965.000 = 347 je km²
Hauptstadt:	New Delhi (Neu-Delhi)
Amtssprache:	Hindu, Englisch, 22 anerkannte Regionalsprachen
Währung:	Indische Rupie

Von der Boomtown Ras Al Khaimah zu den Straßenkindern Ahmedabads:

Welten prallen aufeinander

Um 6 Uhr klingelt mein Wecker und beendet eine unruhige Nacht. Die Gedanken an den bevorstehenden Flug haben mich kaum zur Ruhe kommen lassen. Der Flughafen des kleinen Emirats ist leer und so geht die Abwicklung schnell voran. Bei 35 Grad heben wir um 10 Uhr von der Startbahn nach Osten in Richtung Iran ab. Unsere Flugroute führt uns entlang der Küste des Golfs von Oman bis zur Makran-Küste in Pakistan.

Nach zwei Stunden überfliegen wir die Millionenmetropole und größte Stadt Pakistans – Karatschi. Der Funkverkehr ist in diesem Gebiet sehr dicht, die Lotsen sind das aber anscheinend gewohnt. Freundlich und souverän manövrieren sie uns durch das Verkehrschaos am blassblauen Himmel. Wir nehmen direkten Kurs auf Ahmedabad, die sechstgrößte Stadt Indiens. Hier im Nordwesten Indiens liegt die Landschaft grün und fruchtbar unter uns. Ich deaktiviere den Autopiloten und fliege bei ruhiger Luft per Hand: Das ist immer noch das schönste Gefühl.

Nach der Landung in Ahmedabad wird Arnim von den Flughafenmitarbeitern herzlich empfangen und kräftig umarmt. Man kennt sich, denn Arnim hat hier schon einige Male auf dem Weg von Europa nach Asien Station gemacht. Uns kommt das jetzt zugute: Die Einreiseprozedur verkürzt sich kurzerhand von fast fünf Stunden auf nur noch 90 Minuten – danke Arnim!

Strahlende Gesichter trotz Armut

Ahmedabad (VAAH) – 22° 58′ 30″ N, 72° 35′ 30″ E
Chennai (VOMM) – 13° 5′ 0″ N, 80° 17′ 0″ E
Distanz: 850 NM
Flugzeit: 4,5 Stunden

Millionen-Metropole Ahmedabad:

Ort der Ruhe mit Verkehrschaos

Mit dem Auto geht es morgens hinaus in das Straßenwirrwarr der indischen Millionenmetropole. Sidi Nandu, 26, freut sich bereits darauf, uns seine Stadt zu zeigen. Da wir kein Hindi sprechen und Sidi nur ein bisschen Englisch, wird die Fahrt sicher turbulent, jedoch nicht weniger unterhaltsam.

Zunächst stoppen wir am Sabarmati-Ashram, dem ehemaligen Wohnsitz des indischen Freiheitskämpfers Mahatma Ghandi. Bis 1930 lenkte Ghandi von hier aus den gewaltlosen Widerstand gegen die britische Besatzungsmacht. Ein Ort voller Spiritualität und Meditation. Nach einem weiteren Zwischenstopp im Tempel Hathisingh Ki Wadi, wo wir an einer Familienfeier teilnehmen, geht es weiter zum Dada Hari Vav. Der bis zu 100 Meter tiefe Treppenbrunnen wird bis heute von mehreren Hundert Affen bewacht – lautstark verdeutlichen sie uns ihre Funktion.

> *„Zu wissen, wogegen man machtlos ist, und es als sein Schicksal hinnehmen, darin besteht die höchste Tugend."*
> *(Liou Kia-Hway)*

Im Gegensatz zu den Tempelanlagen herrscht in der Altstadt Ahmedabads reges Treiben. Besonders chaotisch sind die Verkehrsverhältnisse – jede Rush Hour in einer deutschen Großstadt ist dagegen ein Kinderspiel. Allein das Überqueren der Straße ist lebensgefährlich! Während wir einige Minuten auf eine Lücke in der Autolawine warten, werden wir von mehreren Straßenkindern umringt. Die meisten von ihnen sind spärlich bekleidet. Außer ihrem Leben scheinen sie kaum etwas zu besitzen. Viele Menschen in den Slums schlafen draußen, die eigentlichen Unterkünfte sind den heiligen Tieren bestimmt: Schafen, Ziegen, Ochsen und Hühnern. Wir haben das Gefühl, kaum atmen zu können, sind schweißgebadet und erschöpft – körperlich wie seelisch.

Während wir am Abend durch die Straßen unseres Viertels in Ahmedabad streifen, treffen wir unterwegs auf eine Großfamilie. Wir kommen ins Gespräch. Trotz ihrer bescheidenen Lebensumstände laden sie uns zu sich nach Hause ein. Gemeinsam machen wir uns auf den Weg durch die Slums. Unter freiem Himmel haben sie ihr Nachtlager auf Pritschen errichtet. Insgesamt elf Kinder sorgen zusammen mit den Eltern für den Unterhalt der Familie. Die Armut ist allgegenwärtig – und dennoch habe ich den Eindruck, dass die Familie ihr ganz persönliches Glück gefunden hat.

Der Flug heute führt uns über das Land der Maharadschas. Wir müssen zwar die Piper per Instrumentenflug steuern, können bei einer Höhe von 9.000 Fuß aber trotzdem die Landschaft Zentralindiens genießen. So bunt und abwechslungsreich wie die Saris der Inderinnen, so wirkt das Land von oben auf uns. Rechts zieht das gigantische Mumbai vorbei, links das kaum weniger beeindruckende Satpuragebirge. Die Luft ist ruhig, es gibt keine Thermik.

Permanent müssen wir unsere Route ändern, sodass aus den geplanten 3 Stunden und 45 Minuten Flugzeit von Ahmedabad nach Chennai nun schon fast fünf Stunden werden. Um Sprit zu sparen und einen Tankstopp zu vermeiden, steigen wir noch höher – und verlieren plötzlich den Funkkontakt zu den Lotsen. Den Kontakt stellen wir auf eine ungewöhnliche Weise wieder her – über eine Maschine der Singapore Airlines, die als Relaisstation einspringt und zwischen uns und der Flugsicherung vermittelt. Piloten unter sich! Sicher, aber erschöpft landen wir nach rund 4 Stunden und 30 Minuten im südostindischen Chennai, dem alten Madras.

Zeitgleich mit uns landet Andreas Meißner ebenfalls in Chennai. Wie auf der vorherigen Etappe begleitet er die Weltumrundung wieder mit der Kamera.

Das übliche Verkehrschaos in Ahmedabad

Buntes Indien:

Besichtigung des Kinderheimes in Chennai

Im Rahmen meiner FLY & HELP-Stiftungsarbeit treffe ich mich heute mit Projektpartnern und erhalte einen Einblick in ihre tägliche Arbeit. Unser Tagesprogramm ist daher straff durchgeplant. Wir sind zunächst mit Grace Kuhn und ihrer Schwester Hemalata verabredet, um gemeinsam zum größten Gemüsemarkt Südindiens zu fahren. Hier wollen wir Lebensmittel für ein von ihr betreutes Kinderheim einkaufen. Die in Deutschland lebende Inderin arbeitet schon seit vielen Jahren mit dem Bonner Verein „Kinderheim und Dorfambulanz Südindien e.V." zusammen und fliegt mehrmals im Jahr nach Chennai. Auf dem Markt angekommen, beginnt ein reges Handeln. Um die Preise wird freundlich, aber konsequent gefeilscht. Bananen sind hier äußerst billig (30 Stück für 30 Cent), Blumenkohl aber im Vergleich sehr teuer – rund ein Euro verlangen die Händler pro Kilo.

Zwischen den unzähligen Marktständen treffen wir auf den Gemüsegroßhändler Angna Muruqesan – anscheinend ein Urgestein des Marktes. Der 88-jährige Unternehmer ist der älteste Händler hier und lädt uns freudestrahlend zum Tee ein. Der Alte erzählt aus seinem Leben und ist stolz auf das, was er aufgebaut hat. Mittlerweile sind seine acht Söhne auch ins Geschäft mit dem Gemüse eingestiegen, aber er leitet noch immer die Geschicke der Unternehmung. Das glauben wir ihm aufs Wort!

Nach dem Marktbesuch tauchen wir wieder in den hektischen Straßenverkehr der 7-Millionen-Metropole ein. Hupen, drängeln, rufen, fahren, stoppen – alles geschieht gleichzeitig, egal auf welchem Gefährt man unterwegs ist. Wir sind froh, diesen Moloch nun für ein paar Stunden verlassen zu dürfen. Mit Grace und Hemalata fahren wir hinaus an den Stadtrand Chennais, wo das Kinderheim steht, für das die beiden arbeiten. Vor 50 Jahren haben ihre Eltern, ein Pfarrer und eine Lehrerin, das christliche Haus und eine dazugehörige Schule aus eigener Kraft aufgebaut. Die Einrichtung finanziert sich komplett aus privaten Spenden.

Mit uns sind Heiner und Carla Schneider aus Hachenburg vor Ort, die seit Jahren eine Dorfschule sowie ein Waisenhaus und eine Dorfambulanz hier unterstützen. Sie bringen Dr. Anke Strenge-Hesse mit, die zupackend unsere Hilfe in direkte Bahnen geleitet hat. Diese Helfer haben auch unsere Besuche in den Schulen und Waisenhäusern der Region organisiert. Insgesamt 120 Waisen und Halbwaisen im Alter von 4 bis 20 Jahren haben hier ein neues Zuhause gefunden. Alle sind da und empfangen uns herzlich. Die Mädchen tragen Blumen im Haar, die Jungen haben ein gewinnendes Lächeln aufgesetzt. Ich fühle mich wohl und spüre die Herzlichkeit, die von den Kindern und Betreuern ausgeht. Mädchen und Jungen werden hier gleich behandelt, was nicht üblich ist. Nur allmählich nehmen die Rechte der Frauen und Mädchen in Lebensbereichen zu, wo sie bisher nur geduldet waren.

Die Kinder freuen sich seit Wochen auf unseren Besuch und haben dafür Tänze und Lieder einstudiert, die sie uns nun vorführen. Ich bin gerührt, Freudentränen bahnen sich ihren Weg. In einer liebevollen Rede danke ich ihnen. Sie lachen, klatschen und freuen sich. Der Besuch bleibt für immer unvergessen!

Aus den Einkäufen vom Obst- und Gemüsemarkt wird im Anschluss ein großes Abendessen vorbereitet. Ich helfe bei der Essensausgabe und verteile aus großen Töpfen Reis, Gemüse und Hähnchen. Ich freue mich, mit anpacken zu dürfen, und erlebe, wie viel Arbeit täglich für jeden einzelnen Betreuer anfällt. Die Kinder haben einen Heidenspaß, mich mit Schürze an den Töpfen werkeln zu sehen! Wir bleiben, bis die Kinder am Abend zu Bett gehen. Auf dem Boden sind Matten ausgebreitet, auf denen sie friedlich aneinander gekuschelt schlafen. Momente der Ruhe, der Stille, des Friedens.

Indien

Der Verein „Kinderheim und Dorfambulanz Südindien" ist seit fast 30 Jahren in der Region Chennai karitativ tätig und unterstützt dort zwei Kinderheime. Zu dem auf dem Lande gelegenen Heim gehört eine Schule, sodass die Mädchen und Jungen hier auch die Grundkenntnisse im Lesen, Schreiben und Rechnen erlernen können.

Die Reiner-Meutsch-Stiftung FLY & HELP unterstützt den Verein mit der Finanzierung von drei Lehrerstipendien, die insgesamt über drei Jahre laufen. Die Schule hat mit einem enormen Lehrermangel zu kämpfen, da die Stellen in den Städten wesentlich attraktiver sind. Mit den Stipendien werden somit ein regelmäßiger Schulunterricht und eine sichere Betreuung gewährleistet.

Herzlicher Empfang:

Die Zion Elementary School in Karani

Schon um 7:30 Uhr brechen wir an diesem Morgen nach Karani auf, um dort ein von FLY & HELP gefördertes Schulprojekt zu besuchen. Während der Autofahrt erzählt unsere Begleiterin Grace viel über das indische Alltagsleben: Wir erfahren, dass Mädchen auf dem Land schon im Alter von 12 Jahren verheiratet werden. Der vermeintlich passende Mann wird von der Familie oft schon bei der Geburt des Mädchens bestimmt – Scheidungen sind tabu.

Die dreistündige Fahrt nach Karani vergeht wie im Flug. Als wir am späten Vormittag die Zion Residential Elementary School erreichen, stehen die Kinder extra für uns Spalier. Zahllose Orchideen und Rosenblätter regnen auf uns herab. „Halleluja Reiner, halleluja Arnim" singen sie für uns – was für ein Bild! Auch wir wollen ihnen eine kleine Freude machen: Die vielen FLY & HELP-T-Shirts sowie Puppen, Weltkarten und Schreibutensilien verschwinden schnell in den unzähligen Kinderhänden. Ich nehme ein kleines Mädchen auf den Arm. Sie strahlt mich aus großen Augen an und drückt mich.

Auch Hemalata ist wieder da. Zusätzlich zu ihrem Job im Kinderheim arbeitet sie hier als Schulleiterin – ihr Engagement und ihre Herzlichkeit rühren mich. Hemalata macht uns mit der 38-jährigen Ragini bekannt. Sie arbeitet als Lehrerin hier und zeigt uns stolz die Klassenräume, in denen gerade einige der 200 Kinder fleißig lernen. Meist werden Schüler mehrerer Jahrgänge in einem Klassenzimmer betreut. Ragini ist eine von vier Lehrerinnen, deren Stelle in den nächsten Jahren über ein Lehrerstipendium der FLY & HELP-Stiftung finanziert wird. Sie und ihre Kolleginnen tragen mit modernen Unterrichtsmethoden dazu bei, dass die Kinder über das Allgemeinwissen hinaus auch Fremdsprachen lernen und für weiterführende Schulen vorbereitet werden.

Auf der Rückfahrt nach Chennai geraten wir in die Rush Hour – und in einen echten Megastau, es geht weder vor noch zurück. Als wir endlich, deutlich verspätet, unser Hotel erreichen, falle ich müde und ausgelaugt ins Bett. 15 Stunden Action liegen hinter mir – was für ein Tag.

Shiva und Krishna ganz nah:

Sightseeing durch das kontrastreiche Chennai

Der lange Tag gestern steckt uns noch spürbar in den Knochen. Wir lassen es heute deshalb etwas ruhiger angehen und begeben uns auf eine kleine Sightseeing-Tour durch Chennai. Die rund 2.000 Jahre alte Stadt am Golf von Bengalen ist eines der wichtigsten Zentren des Landes. Diverse internationale Unternehmen haben heute Firmensitze in der Stadt, darunter IBM und Ford.

Auf einem Tuk-Tuk, einer Motorrad-Rikscha, bahnen wir uns unseren Weg durch das labyrinthartige Straßennetz der Stadt. Der Verkehr erscheint mir in der Enge noch viel bedrohlicher als an den Tagen zuvor. Vielleicht auch deshalb, weil Tuk-Tuks keinerlei Knautschzonen besitzen.

Besonders die beiden großen Tempel der Stadt lassen uns staunen. Der bis zu 400 Jahre alte Kapaleeshwarar Kovil ist den Göttern Shiva und Parvati gewidmet und gilt als Zentrum des Shivaismus, einer hinduistischen Glaubensform. Ebenso prächtig und mystisch zugleich: der Parthasarathy Kovil im Bezirk Triplicane, der zu Ehren Krishnas errichtet wurde. Alle Gläubigen, die zum Gebet erscheinen, werden hier mit einer traditionellen Opferspeise aus Reis und Sauermilch bewirtet.

Der Tag endet bei einem stimmungsvollen Abendessen mit den Projektpartnern des Indienvereins. Ich freue mich auf die gute Zusammenarbeit und bin stolz, dass ich über meine Stiftung vor Ort direkt Hilfe leisten kann.

Chennai (VOMM) – 13° 5′ 0″ N, 80° 17′ 0″ E | Kolkata (VECC) – 22° 34′ 0″ N, 88° 22′ 0″ E | Distanz: 810 NM | Flugzeit: 4,5 Stunden

Bild des Grauens:

Ein Toter im Straßengraben

„Kalkutta liegt am Ganges", so lautet der Titel eines deutschen Schlagers. Seit ich denken kann, kenne ich dieses Lied. Gleich soll es also losgehen nach Kolkata, wie die Stadt mit offiziellem Namen heißt. Beim Start liegt Chennai heute Morgen noch im Dunst. Wir steigen auf 9.000 Fuß und fliegen über Stunden an der indischen Küste entlang. Meine Nase klebt am Cockpitfenster: Indien, so bunt, so vielfältig und reich an Menschen verschiedenster Kulturen.

Während des Fluges blättert Arnim neben mir in einigen indischen Zeitungen. Sie berichten von unserer Weltumrundung. Die Fernsehsendung mit meinem Interview sollen Millionen gesehen haben! Nach viereinhalb Stunden Flug nähern wir uns unserem Tagesziel: Kolkata, die Hauptstadt Westbengalens. Ich schaue jedoch bereits seit einiger Zeit besorgt auf eines der Cockpit-Instrumente. Der künstliche Horizont, für Flieger ein unentbehrliches Instrument, hat eine permanente Abweichung von circa 30 Grad Schräglage. Wir haben zwar einen zweiten Horizont auf Arnims Seite, sind aber trotzdem beunruhigt.

Da kommt auch schon die Landebahn in Sicht – besser gesagt nicht in Sicht, denn die Millionenmetropole am Ganges liegt unter einer dichten Dunstglocke. Dazu der Ausfall des künstlichen Horizonts, jetzt streikt auch noch die Glide Scope Anzeige, die mir den genauen Winkel zum Landeanflug angibt, und der Autopilot. Das ist doch verhext! Ich bin hoch konzentriert. Immer wieder blicke ich nach rechts auf Arnims Gerät. Ich fliege das vorgeschriebene Instrumentenlandesystem ab und – Gott sei Dank – die Cheyenne landet sanft auf dem internationalen Flughafen von Kolkata. Nach der Landung fahre ich alle Systeme runter und wieder hoch. Nun zeigt der künstliche Horizont keinerlei Abweichung mehr. Vielleicht ist es doch nur zu heiß geworden. Hoffentlich lag es nur daran ...

Wir lassen den Flughafen und die technischen Probleme hinter uns. Vor uns öffnet sich Kolkata, eine der faszinierendsten Städte der Welt und zugleich das größte funktionierende Chaos der Erde, das ich je gesehen habe. Überall Rikschas und Ochsenkarren, alte Rolls Royce, Doppeldeckerbusse mit Hunderten von Menschen und total überfüllte Busse.

Wir fliehen vor der Hitze erst einmal ins Hotel. Später am Abend, es ist kurz vor 22 Uhr, zieht es mich dann aber doch wieder vor die Tür. Ratten und Kakerlaken bevölkern die Bürgersteige, es ist widerlich. Doch es soll noch schlimmer kommen: Im Straßengraben entdecke ich plötzlich einen toten Menschen! Ein Hund nähert sich dem leblosen Körper, mir wird schlecht. Zu kümmern scheint es hier niemanden. Ich fühle mich hilflos und frage einen Kioskbesitzer, was nun passiert. Er zuckt mit den Schultern, irgendwann kämen städtische Lkws, um die Toten aufzuladen.

Ich gehe eine halbe Stunde um den Block, zittere, bin fertig und völlig fassungslos. Ich sehe, dass überall auf dem Boden Menschen ihr Nachtlager errichten.

Hoffnung für die Namenlosen:
Das Mutter-Teresa-Haus in Kolkata

Die Ereignisse des gestrigen Abends haben mich sehr schlecht schlafen lassen. Der Anblick des Toten im Straßengraben hat mich bis in meine Träume verfolgt. Noch immer bin ich tief berührt davon, dass ein Mensch wie weggeworfen dort liegt und es niemanden kümmert. Beim Frühstück erzählt uns ein junger Globetrotter aus Deutschland, dass es in den Außenbezirken Kolkatas keine Kanalisation gibt. Das Elend sei dort noch viel größer als hier im Zentrum. Wie viel schlimmer kann es denn noch kommen? Es scheint ein ewiger Kreislauf – die Menschen werden in diese Lebensverhältnisse hineingeboren und sie haben kaum eine Chance, etwas zu ändern. Eine aussichtslose Situation. Mich treibt trotzdem der Gedanke: Wie kann man helfen?

Eine Frau hat ihr Leben lang für die Namenlosen gekämpft: Mutter Teresa. Am Vormittag fahren wir zum Mutter-Teresa-Haus (Mother Home), der Ort, an dem ihr Wirken einen Anfang nahm. Sie half Kindern und Waisenkindern, Kranken, Alten und Gebrechlichen. Im Haus erfahren wir von der 28-jährigen Schwester Ira viel über die Arbeit der 1997 verstorbenen Friedensnobelpreisträgerin und besichtigen ihr spartanisches Zimmer. Ihre Ruhestätte befindet sich in einer Gruft, die zu einem Gebetszimmer hier im Haus gehört. „Love one another as I have loved you" ist auf ihrem Gedenkstein zu lesen. Wir stehen einige Momente still an ihrem Grab, um uns herum betende Menschen. Ihre aufopferungsvolle Arbeit wird heute in circa 300 Mutter-Teresa-Häusern fortgesetzt. Auf derselben Straße, nur 500 Meter entfernt von der Gedenkstätte, steht das Mutter-Teresa-Waisenhaus. Schwestern wie Ira betreuen hier 200 Kinder. Uns fällt auf, dass zahlreiche Hilfskräfte aus Europa die Schwestern unterstützen. In einem Raum stehen 50 Bettchen für Kinder im Alter von einigen Monaten bis zu fünf Jahren. Die Kleinen freuen sich über unseren Besuch. Sie wollen spielen. Im Hintergrund läuft die Musik zum Lied „Bruder Jakob, Bruder Jakob, schläfst du noch ..."

In einem anderen Teil des Hauses sind Kinder untergebracht, die in den kommenden Wochen adoptiert werden. Immer wieder aufs Neue werden Jungen und Mädchen direkt von der Straße in das Heim der Schwestern gebracht. Es nimmt einfach kein Ende.

Tief beeindruckt machen wir uns auf zum nächsten Wahrzeichen der Stadt – dem heiligen Strom. Auf uns wirkt der Ganges mit seinen Ausmaßen einfach gigantisch. Überall baden Menschen und waschen sich im braun schimmernden Wasser. Dann wird es abenteuerlich: Für eine rasante Fahrt durch die engen Gassen Kolkatas mieten wir uns ein Tuk-Tuk samt Fahrer – was für eine spektakuläre Tour. Bei dem Tempo, das der Fahrer allerdings an den Tag legt, wird mir schnell mulmig zumute. Arnim lacht nur. Er ist einfach unverwüstlich.

Am letzten Abend in einer Stadt, die ich in meinem Leben nicht vergessen werde, blitzt und donnert es heftig. Der Regen überschwemmt die Straßen. Nass bis auf die Haut liegen wieder unzählige Menschen im Dreck am Straßenrand. Was ein Elend!

Der Tempel des Elefantengottes

Blütenblätter am Ufer des Ganges

Kolkata (VECC) – 22° 34′ 0″ N, 88° 22′ 0″ E
Rangun (VYYY) – 16° 47′ 0″ N, 96° 9′ 0″ E
Hua Hin (VTPH) – 12° 34′ 7″ N, 99° 57′ 28″ E
Distanz: 1.100 NM
Flugzeit: 5 Stunden

Thailand

Fläche: 513.115 km²
Einwohner: 67.386.000 = 131 je km²
Hauptstadt: Krung Thep (Bangkok)
Amtssprache: Thailändisch
Währung: Baht

VAE
Indien
Thailand
Singapur
Indonesien
Australien

Landung in Thailand:
39 Grad Fieber und Schüttelfrost

Pünktlich um 7 Uhr morgens starten wir von Kolkata aus in Richtung Hua Hin in Thailand. Schon bald fliegen wir mit unserer Cheyenne über Bangladesch, unter uns das riesige Delta des Golfs von Bengalen. Über Myanmar – ehemals Burma – türmen sich bis zu 3.000 Meter hohe Bergketten vor uns auf. Aus einer Flughöhe von 11.000 Fuß haben wir eine unglaubliche Sicht auf die üppig grüne Landschaft. Das Land erstreckt sich von Nord nach Süd über 2.000 Kilometer und reicht fast bis an die Malaiische Halbinsel. Beim Anflug auf Rangun sehen wir viele wunderschöne, goldglänzende Pagoden.

Myanmar ist praktisch von der Außenwelt abgeriegelt und wird von einem Militärregime gesteuert. Während des Tankstopps empfangen uns auch Vertreter des Militärs. Sie interessieren sich für uns und möchten mehr über Deutschland wissen. „Helmut Kohl ist doch der Kanzler?", fragt einer. Als ich ihm sage, dass wir eine Kanzlerin haben, stutzt er und schüttelt nur den Kopf. Myanmar ist offensichtlich männerdominiert.

„Wende dein Gesicht der Sonne zu, dann fallen deine Schatten hinter dich."
(Thailändische Weisheit)

Wir starten wieder durch, um bereits nach kurzer Flugzeit in Hua Hin zur Landung anzusetzen. Während der Abwicklung der Einreiseformalitäten merke ich, dass irgendetwas nicht mit mir stimmt. Mir wird heiß, mein Kreislauf spielt verrückt und ich will nur noch auf mein Hotelzimmer. Dort messe ich Fieber: Das Thermometer zeigt 38 Grad, eine Stunde später schon 39,2 Grad. Ich bekomme Angst und plötzlich überfällt mich auch noch Schüttelfrost. Arnim ruft den Notarzt und sofort werde ich ins San Paulo Hua-Hin Hospital eingeliefert. Mir ist übel, das Fieber steigt weiter auf 39,9 Grad. Bei allen Untersuchungen und Infusionen ist Arnim immer an meiner Seite. Bin ich froh, dass er da ist!

Erst ist mir siedend heiß, dann friere ich. In fünf Decken eingehüllt liege ich da und fühle mich elend. Die Nacht ist furchtbar. Ich fantasiere, schwitze und muss mich ständig übergeben. Am nächsten Morgen kommt eine Ärztin zur Visite und teilt mir mit, dass die Blutuntersuchung eine schwere Bakterieninfektion ergeben hätte. Mittlerweile beginnt das Fieber nach all den Tropf-Anhängen zu sinken. Arnim kommt mehrmals am Tag, um nach mir zu schauen. Er ist der Fels in der Brandung und regelt alles. Nach einer weiteren Nacht im Hospital bin ich fieberfrei und kann wieder ins Hotel zurück. Bei der Visite erklärt mir Doktor Sua Ka, dass ich in den letzten Tagen viel zu wenig getrunken hätte. Die Bakterieninfektion hat dann ihr Übriges getan, sodass ein derartiger Kollaps nur eine Frage der Zeit war. Ich bekomme Antibiotika sowie weitere Medikamente mit auf den Weg.

Landebahn in Hua Hin

Hua Hin (VTPH) –
12° 34′ 7″ N, 99° 57′ 28″ E

Singapur (WSSL) –
1° 17′ 0″ N, 103° 50′ 0″ E

Distanz:
820 NM

Flugzeit:
4 Stunden

Singapur

Fläche: 710 km²
Einwohner: 4.839.000 = 6.816 je km²
Hauptstadt: Singapore (Singapur)
Amtssprache: Malaiisch, Chinesisch, Tamil, Englisch
Währung: Singapur-Dollar

Gewitter über Singapur:

Eine Stadt zwischen Disney World und Future Land

Ich schlafe schlecht, wache jede Stunde mindestens einmal auf und fühle mich immer noch sehr schlapp. Dabei muss ich doch für den Weiterflug fit sein. Unser Tagesziel ist das rund 1.400 Kilometer entfernte Singapur. Irgendwie schaffe ich es dennoch, pünktlich am nächsten Morgen am Flughafen zu sein. Es geht in 8.000 Fuß Höhe an der malaiischen Traumküste entlang. Stets im Blick: das tiefblaue Meer und unzählige kleine Inselgruppen. Eine atemberaubend schöne Landschaft liegt unter uns. Immer wieder wechselt sich dichter Dschungel mit hohen Bergen ab.

Über Singapur ist der Funkverkehr einfach unglaublich – ununterbrochen wird gesprochen. Die Lotsen müssen vier Flughäfen gleichzeitig kontrollieren. Hinzu kommt, dass viele der Maschinen den nördlich der Stadt stehenden Gewittern ausweichen wollen, die sich bis zu zehn Kilometer hoch auftürmen. Wir haben Glück, denn unsere Route ist von den schweren Unwettern nicht betroffen.

Der Anflug auf die 1,5 Kilometer lange Landebahn des Stadtflughafens Singapore Seletar ist anspruchsvoll, da der Platz inmitten der gigantischen Metropole liegt. Ich muss den Downwind (seitlich der Landebahn), die Base (quer zur Landebahn) und das Final (Endteil) zu 100 Prozent genau fliegen. Die Häuser sind erschreckend nah und es regnet leicht bei tropischen 35 Grad. Ich bekomme die Piper punktgenau zum Stehen und bin heilfroh.

Singapur ist schrill und laut – die Stadt saugt uns förmlich auf, als wir nach der Ankunft den Clarke Quay und das Vergnügungsviertel Riverside Point erkunden. Gegen 23 Uhr knipse ich das Licht aus und liege noch ein Weilchen wach. Ich lausche der Musik, die aus der nahe gelegenen Fußgängerzone hereingetragen wird. Eine Band spielt Louis Armstrongs „What a wonderful world". Wie wahr!

Im Vergleich zu Kolkata sind die Straßen von Singapur fast schon leer. Zum einen sind die Autos hier aufgrund sehr hoher Steuern extrem teuer, zum anderen aber auch zahlenmäßig reglementiert. Wie viele andere Besucher der Stadt steigen wir am zentralen Haltepunkt für eine Stadtrundfahrt zu. Die Sightseeing-Busse sind oben offen, sodass wir einen fantastischen Blick auf die Stadt haben. Uns fällt auf, dass Singapur sehr sauber ist. Der Guide klärt uns auf: Bereits das Wegwerfen einer Zigarettenkippe wird mit einem Bußgeld von 500 Euro bestraft.

Die Fahrt führt am legendären Raffles-Hotel vorbei und weiter zum Botanischen Garten. Wir passieren die Esplanade und die Orchard Road, auf der sich eine Shopping Mall an die andere reiht. Beeindruckt sind wir vom wuselig-bunten Chinatown, den vielen Hochhäusern und dem gigantischen Riesenrad. Im Zentrum wirkt die Stadt geradezu europäisch. Singapur macht auf mich den Eindruck, als hätte man Disney Land mit der US-Zeichentrickserie Futurama gekreuzt. Ein irres Erlebnis!

Clarke Quay in Singapur

Singapur (WSSL) – 1° 17′ 0″ N, 103° 50′ 0″ E | Bandung (WICC) – 6° 55′ 0″ S, 107° 0′ 36″ E | Cilacap (WIHL) – 7° 44′ 0″ S, 109° 0′ 0″ E | Distanz: 910 NM | Flugzeit: 4 Stunden

Indonesien

Fläche:	1.912.988 km²
Einwohner:	227.345.000 = 119 je km²
Hauptstadt:	Jakarta
Amtssprache:	Indonesisch
Währung:	Rupiah

Herzliche Begrüßung auf Java:

Landung auf einem Dschungelflughafen

Wieder lassen wir ein Land hinter uns und machen uns auf den Weg in ein neues Abenteuer. Der Flug in 9.000 Fuß über Sumatra ist grandios – dichter Dschungel, wilde Flüsse und riesige Vulkane liegen unter uns. Häuser sehen wir kaum, dafür soll hier jedoch noch eine Vielzahl der vom Aussterben bedrohten Orang-Utans leben. Wir können diese wunderbare Aussicht entspannt genießen, denn der Flug ist heute sehr ruhig mit klarer Sicht. Wenn wir links und rechts aus den Fenstern schauen, sehen wir das vorhergesagte Schlechtwettergebiet. Unsere vorgegebene Flugstrecke kreuzt es zum Glück aber nicht.

Indonesien ist der größte Inselstaat der Welt und setzt sich aus über 13.700 größeren und kleineren Inseln zusammen. Wir überfliegen Hunderte davon – und überqueren fast schon nebenbei zum dritten Mal während unserer Weltumrundung den Äquator. Nach rund zwei Stunden Flugzeit erreichen wir schließlich Java, die bevölkerungsreichste der vier Hauptinseln Indonesiens, mit seinen 100 Vulkanen, von denen 25 noch aktiv sind.

Rund 60 Prozent der insgesamt 240 Millionen Indonesier leben hier. Der erste Eindruck aus der Luft: urwüchsig, aber doch sehr dicht besiedelt, grün und feucht. Erst vor wenigen Tagen hat die Regenzeit aufgehört – überall steigt Wasserdampf empor.

> *„Ein einfacher Zweig ist dem Vogel lieber als ein goldener Käfig.“*
> *(Asiatische Weisheit)*

Wir landen auf dem Flughafen Bandung im Westen Javas. Hier erledigen wir unsere Einreiseformalitäten für Indonesien und müssen tanken, da unser Zielflughafen Cilacap in Zentraljava keine Benzinvorräte besitzt. Der anschließende Flug dauert nur noch 35 Minuten. Versteckt hinter hohen Dschungelbäumen, erkenne ich erste Anzeichen der Landebahn von Cilacap. Ich fliege dicht über das Gebiet und Arnim sieht zu unserem Erstaunen nicht nur den Windsack, der uns die Windrichtung angibt, sondern auch etliche Menschen auf der Landebahn. Als sie das Motorengeräusch hören, machen sie schnell die Bahn frei. Doch ich bin trotzdem sehr angespannt: Vor dem Aufsetzpunkt stehen hohe Bäume und wir haben 25 Knoten Seitenwind. Zum Glück ist die Piper Cheyenne ein gutmütiges Flugzeug. Sie lässt sich super fliegen, sodass wir auch diese Landung ohne Probleme meistern.

Am Behelfstower steht eine kleine Empfangsdelegation. Sie winken mit indonesischen und deutschen Fahnen – Mike Alsdorf von der „Kinderhilfe Indonesien“ führt die Gruppe an. Er kümmert sich vor Ort um die Umsetzung unseres Hilfsprojekts. Wir sehen uns zum ersten Mal, doch begrüßen wir uns wie alte Freunde. Den Abend lassen wir in einem typisch indonesischen Restaurant ausklingen. Mike hat einige seiner Freunde aus Java mitgebracht. Wir lachen viel – vor allem, weil die asiatische Lieblingsbeschäftigung Karaoke auf dem Programm steht.

Kus Hardiyanto Bin Salimi Hadimartogo – für uns zum Glück kurz Hardy – ist der Organisator der Indonesienhilfe vor Ort und wird uns heute auf einer Tour durch Java begleiten. Gemeinsam besuchen wir verschiedene Familien. In einem Haus leben hier auf 50 Quadratmetern oftmals bis zu 30 Menschen. Privatsphäre ist quasi nicht existent.

In der Bezirkshauptstadt Puwokerto geraten wir mitten in einen großen Festumzug. Rund 200.000 Menschen säumen hier die Straßen. Vom Straßenrand aus erleben wir traditionelle Musik und Tanzgruppen von den 200 Volksstämmen der Insel. Auch Papua-Neuguinea, Bali und Sumatra sind mit Gastgruppen vertreten. Die Stimmung ist einmalig, die Musik außergewöhnlich und die Farben sind grandios. Über drei Stunden dauert der Umzug. Ich kaufe einem Bauchladenbesitzer seine gesamten Waren ab und verschenke sie an die Kinder am Straßenrand.

Einsamer Dschungelflughafen auf Java

Besuch des dritten FLY & HELP-Hilfsprojektes:

Ein Brunnen auf Java

Der heutige Tag beginnt für uns mit dem Besuch in einem Kindergarten in Purwokerto. Wir sind gerührt, als die Kleinen voller Inbrunst zur Begrüßung ein Lied für uns singen. Monica Endang Winarsih, Leiterin des Kindergartens, führt uns durch die Räumlichkeiten und gibt uns einen Einblick in ihre tägliche Arbeit.

In einem örtlichen Familienbetrieb erleben wir anschließend die berühmte indonesische Batikkunst. Bei Innenraumtemperaturen von gefühlten 45 Grad werden hier Textilien in mühevoller Handarbeit in Zubern gekocht und gefärbt, bemalt und gewachst. Danach zeichnen Arbeiter die Linien nach und trocknen die Tücher erneut, bevor abschließende Feinarbeiten folgen. Auch ich soll nun selbst ein Tuch gestalten. Ich schwitze mächtig und habe viel Respekt vor dieser filigranen Arbeit. Die Arbeitsbedingungen sind äußerst hart: Bis zu zehn Stunden täglich arbeitet hier jeder in der feuchten Hitze, und das an zumeist sechs Tagen pro Woche.

Weiter geht die Fahrt nach Banyumas, wo wir den Verein „Kinderhilfe Indonesien" bei einem Trinkwasser- und Schulprojekt unterstützen. In dem abseits gelegenen Dorf mit dem Schulgebäude gibt es keinen eigenen Zugang zu einer Wasserquelle – mühsam wird das Wasser kilometerweit herangeholt. Die FLY & HELP-Stiftung unterstützt den Bau eines Grundwasserbrunnens, um die Versorgungslage der Schüler und Dorfbewohner zu verbessern. Bisher haben wir Gelder für die Bauarbeiten, das Material und die Löhne der Bauarbeiter aufgebracht. Weil das Wasser momentan nur in abgekochtem Zustand trinkbar ist, investieren wir im nächsten Schritt in eine Filteranlage. Auch im Schulunterricht wird das Thema „Sauberes Trinkwasser" begleitend aufgegriffen. Durch Projektarbeit und praktische Beispiele sollen schon die Kleinsten sensibilisiert werden, auf ihre Gesundheit zu achten.

Bei unserer Ankunft warten bereits die Dorfbewohner, die Bauarbeiter, die Schüler und ihre Lehrer, um uns freudig zu empfangen. Vor sechs Wochen begannen in der Dorfschule die Vorbereitungen für unseren Besuch. Zehn Bilder, die die Geschichte des Brunnenbaus zeigen, haben die Kinder für uns gemalt. Sokaraya, die Inhaberin des Batik-Unternehmens, das wir heute Morgen besucht haben, hat die Motive auf einem etwa 1,5 x 1 Meter großen Batiktuch zusammengefügt. Feierlich bekomme ich das Gemälde überreicht. Ich bin unheimlich gerührt über die viele Mühe.

FLY & HELP

Indonesien

Der Verein „Kinderhilfe Indonesien“ engagiert sich seit mehreren Jahren auf der Insel Java für einen Kindergarten, eine Dorfschule und ein Waisenhaus. Neben der Renovierung der Gebäude stattet der Verein die Einrichtungen auch mit Mobiliar und Schulmaterial aus.

Die Reiner Meutsch Stiftung FLY & HELP unterstützt den Verein bei dem Ausbau des Schulgebäudes. Neben sanitären Einrichtungen wird hier auch dringend eine Wasseraufbereitungs-Station benötigt, damit die häufig kranken Kinder mit sauberem Wasser versorgt werden können. Zusätzlich setzt sich die Stiftung für die Gesundheitserziehung der Schülerinnen und Schüler im Unterricht ein.

Cilacap (WIHL) – 7° 44′ 0″ S, 109° 0′ 0″ E | Bali (WADD) – 8° 22′ 9″ N, 115° 8′ 18″ E | Distanz: 399 NM | Flugzeit: 2 Stunden

Traumziel Bali:

Mächtige Vulkane, goldene Tempel und Reisterrassen

Unsere Zeit auf Java geht zu Ende. Zum Abschied ist Hardys gesamte Familie zum Flughafen nach Cilacap gekommen. Bevor wir ins Cockpit steigen, verabschieden wir uns herzlich von seinen Eltern, seiner Frau, den Kindern, dem Bruder, den Neffen, Nichten und vielen mehr. Hardys 77-jähriger Vater drückt mir die Hand und sagt: „Wann immer ihr auf Java seid, steht ein Zimmer in unserem Haus bereit." Was für eine Gastfreundschaft! Hier würde ich gern länger bleiben, doch schon geht es weiter.

„Die Welt ist voll von kleinen Freuden, die Kunst besteht nur darin, sie zu sehen!" (Asiatische Weisheit)

Die Wolken verheißen schönes Wetter auf unserem zweistündigen Flug nach Bali. Wir wählen eine niedrige Flughöhe von 3.000 Fuß und fliegen auf einer Instrumentenflug-Strecke unter Sichtflugbedingungen. Nach 20 Minuten müssen wir steigen, denn vor uns liegen mächtige, teilweise noch aktive Vulkane mit 11.000 Fuß Höhe. Der Blick auf die riesigen Krater und die umgebende Landschaft erinnert mich an den Roman „Die Schatzinsel".

Wir lassen die Vulkane hinter uns und sinken wieder unter die Wolkendecke auf 3.000 Fuß. Bei Sichtverhältnissen von bis zu 50 Kilometern genießen wir die Traumlandschaft Javas. An der Küste ziehen vulkanisch schwarze Strände unter uns vorbei. Bali, das Traumziel zahlreicher Urlauber, kommt nach rund 1,5 Stunden Flug in Sichtweite. Aus der Luft erkenne ich unzählige terrassenartig angelegte Reisfelder, umfasst von sattem Grün und goldgelb schimmernden Stränden. Sieht so das

Paradies aus? Mein Freund Paul findet es zumindest paradiesisch. Wir kennen uns bereits eine halbe Ewigkeit und daher freut es mich besonders, dass er mich auf den letzten Flugkilometern der zweiten Etappe der Weltumrundung begleitet.

Wir wollen Bali jenseits der Strände entdecken und machen uns auf die Suche nach einem Wagen mit Fahrer. Mit dem 27-jährigen Butu kommen wir ins Geschäft: 30 Euro für eine fünfstündige Fahrt sind für beide Seiten fair. Flink manövriert uns der junge Mann durch den chaotischen Straßenverkehr in Denpasar, der größten Stadt Balis. Wie 90 Prozent der Einwohner Balis ist auch er ein Hindu. Auf direktem Wege bringt er uns zu einem der wichtigsten Hindutempel der Insel – insgesamt 20.000 Tempel soll es auf Bali geben. Besucher müssen in den Anlagen einen Sarong, eine Art Wickelrock, und einen Selendang, einen Tempelschal, tragen. Am Eingang leihen wir uns die Kleidungsstücke gegen eine geringe Gebühr. In Ruhe durchstreifen wir die Anlage. Ein tolles Gefühl!

Weiter führt die Fahrt zu den Reisterrassen. Bali erscheint mir immer mehr wie ein geografisches Meisterwerk und ein Museum der Topografie. Die Krater und die Kraterseen der heiligen Vulkane Batur und Agung vereinen sich zu einem großartigen Landschaftsbild. Im Kontrast dazu die vielen Strände. Einen sehen wir uns zum Abschluss dieses Tages dann doch noch an: Feiner Sand, üppige Palmen und Wassertemperaturen von fast 30 Grad.

Faszinierende Tempelarchitektur

Stille Momente auf Bali

Bali (WADD) –
8° 22′ 9″ N, 115° 8′ 18″ E

Kupang, Timor (WATT) –
10° 11′ 3.48″ S, 123° 35′ 41.64″ E

Distanz:
550 NM

Flugzeit:
2,5 Stunden

Landung auf Timor:

Ein singender Tankwart

Heute Nacht hat es kräftig geregnet, die Straßen dampfen noch, als wir uns am Morgen einmal mehr auf den Weg zum Flughafen machen. Piste 9 zeigt genau in 90 Grad östlicher Richtung: Timor heißt unser heutiges Ziel. In 3.000 Fuß Höhe fliegen wir an der gesamten balinesischen Küste entlang. Links ziehen mächtige Vulkane vorbei, bis zu 12.000 Fuß erreichen die gigantischen Felsmassive hier. Die Hindus glauben an das Gute, deshalb sind sie fest davon überzeugt, dass ihr Gott sie vor dem Ausbruch dieser Giganten bewahrt. Unter uns tauchen wenig später die Kleinen Sunda-Inseln auf, echtes Südseefeeling stellt sich ein.

Nach zwei Stunden Flugzeit und knapp 1.000 Kilometern Strecke setzen wir schließlich zum Landeanflug auf die Inselhauptstadt Kupang an. Keine einzige Schäfchenwolke verliert sich heute an diesem wunderbar blauen Himmel – was für ein tolles Wetter! Die Überraschung des Tages ist jedoch nicht das Wetter, sondern Friedrich, unser Tankwart. Gut gelaunt begrüßt er uns mit einem fröhlichen Lied: „Du bist alles, was ich habe auf der Welt – Du bist alles, was ich wiiiii-illlll". Es ist seine Art des Willkommen-Heißens und es sind die einzigen Worte, die er auf Deutsch beherrscht. Weil es kaum Touristen auf der Insel gibt, freut er sich besonders über unseren Besuch.

Per Taxi geht es weiter zum Hotel. Die Sicht am Abend ist glasklar, mein Blick schweift über das Meer und auch Arnim gesellt sich bei Sonnenuntergang zu mir. Und wir bekommen noch mehr Besuch: Schweine und Ziegen laufen hier frei am Strand herum.

Kupang, Timor (WATT) –
10° 11′ 3.48″ S, 123° 35′ 41.64″ E

Darwin (YPDN) –
12° 27′ 09″ S, 130° 50′ 0″ E

Distanz:
480 NM

Flugzeit:
2,5 Stunden

Zaungast im Tropenregen:

Eine Hochzeit im Regenwald

David Ndoen – so heißt unser Fahrer am heutigen Morgen. Mit seinem Toyota bringt uns der 49-Jährige hinaus aus dem Straßengewirr Kupangs. Wie wir erfahren, hat er seine Ehefrau „gekauft". Auf Timor zahlt grundsätzlich jeder Mann für seine Frau ein hohes Brautgeld an die Eltern.

Im Hinterland der Hauptstadt erreichen wir bald eine Siedlung aus Bambushütten, deren Dächer mit Palmenblättern bedeckt sind. Viele Kinder umringen uns sogleich neugierig. Wir beobachten, wie eine Frau Zucker kocht und diesen in Palmenblätter hüllt. Sie erzählt uns, dass sie ihre Ware später auf dem Markt in Kupang anbieten wird. Der Tageslohn: 30 Cent. Ihr Mann ist unterdessen mit nackten Füßen an einer etwa 20 Meter hohen Palme emporgeklettert und pflückt Kokosnüsse. Seine Hände sind eingekerbt und die Füße stark geschunden.

Weiter im Landesinneren ähneln die Einwohner vom Aussehen her den Menschen aus Papua-Neuguinea. Wasser wird über ein kompliziertes Bambusrohrgeflecht aus Bachläufen ins Dorf geleitet. Inmitten des Dorfes befindet sich der Pig Place, wo wöchentlich ein Schwein geschlachtet und an die Dorfbewohner verteilt wird.

Als wir mitten im Regenwald von Timor stehen, beginnt es plötzlich heftig zu regnen. Nur wenige Minuten später steht alles unter Wasser – Lehmwege, Straßen, selbst die Hütten laufen voll. Es ist ein Tropenregen, wie er hier oft zu erleben ist. Schutz spenden nur die bis zu 50 Meter hohen Bäume – wobei wir gewarnt sind: Die Bäume sind allzu oft Rückzugsgebiet riesiger Spinnen.

Im nächsten Dorf werden wir Zaungäste einer traditionellen Hochzeit. Wir begrüßen das Brautpaar und geben dem Ehemann als Geschenk 50.000 Rupiah, umgerechnet etwa vier Euro. Der Mann dankt und möchte davon Zigaretten sowie Alkohol kaufen. Beherzt nehme ich das Geld zurück und gebe es stattdessen der gerade frisch vermählten Ehefrau. Sie möchte davon etwas zu essen kaufen – das ist besser! Unter Planen wird bei strömendem Regen getanzt, gelacht und gefeiert – und wir sind mittendrin, es ist unbeschreiblich.

„Du kannst dein Leben weder verlängern noch verbreitern – nur vertiefen."
(Asiatische Weisheit)

Heute wollen wir den nächsten Kontinentalsprung wagen: von Indonesien nach Australien! Darwin lautet unser Tagesziel. Nach dem Start in Kupang bleiben wir zunächst unter Sichtflugbedingungen auf rund 400 Metern Höhe, unter uns die weitgestreckten Urwälder Timors. Knapp vor der Grenze zu Osttimor drehen wir nach rechts ab und steigen auf 21.000 Fuß über den Indischen Ozean in Richtung Australien.

Per Funk werden wir aufgefordert, über die Frequenz 128,50 Kontakt zur Coast Watch 363 aufzunehmen. Zunächst folgt das Fliegerenglisch-Ritual, dann jedoch fragt uns der Kapitän des Coast-Watch-Fluges: „Seid ihr aus Deutschland?“ Arnim antwortet und erzählt von unserem Flug um die Welt. „Ich bin der Herbert von Coast-Watch-Flug 363“, kommt es aus dem Funk zurück. „Wenn ihr mal Lust auf ein Bier habt, ruft mich an!“ Wir werden ihn mit Sicherheit anrufen, um bei einem Bier spannende Fliegergeschichten auszutauschen.

Bei fantastischer Sicht und 33 Grad Außentemperatur setzten wir sicher in Darwin auf australischem Boden auf – wir sind Down Under! Wir freuen uns auf Stationen wie Kimberley, Broome, Exmouth, Perth, Melbourne, Sydney, Brisbane und Cairns. Tausende von Flugkilometern liegen in den nächsten zwei Wochen vor uns.

Am Boden erwartet uns bereits der Herborner Klaus Dieter Hose, der als Testpilot in Darwin arbeitet. Sein Sohn ist auf meinem Heimatplatz Siegerlandflughafen in der Flugschule tätig. Klaus Dieter hilft uns gemeinsam mit Michael, genannt Hoss – denn er sieht aus wie Bonanza-Hoss – bei den Einreiseformalitäten.

Knapp über den Wipfeln

Darwin (YPDN) –
12° 27′ 0″ S, 130° 50′ 0″ E

Broome (YBRM) –
17° 54′ 0″ S, 122° 15′ 0″ E

Distanz:
720 NM

Flugzeit:
3,5 Stunden

VAE
Indien
Thailand
Singapur
Indonesien
Australien

Australien

Fläche:	7.692.030 km²
Einwohner:	21.432.000 = 2,8 je km²
Hauptstadt:	Canberra
Amtssprache:	Englisch
Währung:	Australischer Dollar

Willkommen in Australien:

Von Krokodilen, Aborigines und 38 Grad Hitze

Darwin, die Hauptstadt des Northern Territory, zeigt sich heute von ihrer besten Seite. Auf den Straßen ist kaum etwas los und so erreichen wir zügig den Crocodylus Park, mit unzähligen Krokodilen und Alligatoren. Manche dieser gepanzerten Echsen hier sind über fünf Meter lang und wiegen eine halbe Tonne! Wasserstellen mit niedrigem Pegelstand sollte man deshalb tunlichst meiden – übrigens auch in den Städten: Allein in diesem Jahr wurden bislang über 200 große Krokodile in den Flüssen Darwins gefangen und wieder ausgesetzt.

„All eure Gedanken sind reine Energie – positive wie negative. Sie entscheiden darüber, was euch als nächstes passiert.“
(Weisheit der Aborigines)

Aus heiterem Himmel fängt es bei nunmehr 35 Grad in Strömen an zu regnen. Aber so schnell, wie der Regen kommt, hört er auch wieder auf. Normalerweise beginnt in Darwin gerade die Trockenzeit, die bis September anhält. In den Herbst- und Wintermonaten steigt die Luftfeuchtigkeit dann auf über 90 Prozent.

Vom Park aus fahren wir weiter zum renommierten „Museum and Art Gallery of the Northern Territory“. Die mehr als 40.000 Jahre zurückreichende Geschichte der Aborigines wird hier ebenso anschaulich thematisiert wie die Tierwelt Australiens. Beeindruckend und furchteinflößend zugleich: die zahlreichen Schlangen, Skorpione und tödlich giftigen Tausendfüßler, die hier zu Hause sind.

Abends hat uns Klaus Dieter zum Abendessen eingeladen – der Ausblick von seiner Terrasse auf den Sonnenuntergang ist fantastisch! Mit Herbert vom Coast-Watch-Flug 363 treffen wir uns bereits wenige Stunden später in Cullan Bay auf ein erfrischendes Bier. Herbert ist gebürtiger Österreicher, wohnte 20 Jahre in Johannesburg und lebt nun mit seiner Familie in Darwin. Ein toller Tag in einer schönen kleinen australischen Stadt!

Von Darwin aus geht es heute weiter nach Broome in den Nordwesten Australiens. Am Flughafen angekommen, treffen wir noch einmal Klaus Dieter, der uns in „seiner" Halle das Überwachungsflugzeug zeigt: eine mit Geräten vollgepackte Dornier 328. „Mit der Maschine können wir sogar Schmuggler erkennen, die es auf die Eier der Schildkröten abgesehen haben", erzählt er stolz.

Um 11 Uhr hebt unsere Piper ab, wir nehmen Kurs auf die Kimberleys – ein Gebiet, in dem die Ureinwohner Australiens besonders früh siedelten. Wir fliegen zwischen 1.500 und 3.000 Fuß über Grund und sehen tiefe Schluchten, riesige Krater und tosende Wasserfälle. Keine Spur von Zivilisation.

Als wir schließlich die Nordwestküste Australiens erreichen, bestaunen wir das kontrastreiche Farbenspiel! Das Wasser schillert türkisfarben, Hunderte von kleinen Halbinseln und Inseln ragen wie Stecknadelköpfe aus dem Meer. Viele Kilometer vor Broome wird das Farbenspiel noch kontrastreicher, denn rot-orange leuchtende Klippen treffen auf azurblaues Wasser. Was für eine Landschaft! Als Filmkulisse auch im Film „Australia" zu bewundern.

Nach über drei Stunden kommt Broome in Sichtweite. Vor uns der endlos lange Cable Beach, einer der herrlichsten Strände Australiens. Traumhaft weiß und einfach nur „WOW"!

Der Hafen von Darwin

Hier möchte ich bleiben:

Badeparadies Cable Beach

Wir wollen mehr von Broome erfahren. Bislang wissen wir nur: Namenspate des Städtchens ist der 1896 verstorbene britische Gouverneur Frederick Broome. Ende des 19. Jahrhunderts boomte der Perlenhandel in der Region, sodass bis zu 400 Perlentaucher-Boote in und um Broome im Einsatz waren. Heute leben die 14.000 Einwohner vor allem vom Tourismus. Jährlich kommen Tausende Urlauber hierher, um diese traumhafte Küste des Indischen Ozeans zu genießen. Weiter im Landesinnern ähnelt die Natur um Broome eher einer Steppe – irgendwie karg, aber gleichzeitig in ihrer Unberührtheit auch wunderschön.

Als wir nachmittags den 20 Kilometer langen Cable Beach erreichen, ist die weiße, weiche Weite einfach herrlich. Zu Recht ist dieser Wahnsinnsstrand bei den Australiern eine der beliebtesten Baderegionen. Der Name Cable Beach geht übrigens auf die Telegrafenleitung zurück, die zwischen Broome und der Insel Java gelegt wurde. Mittlerweile ist die Temperatur auf 38 Grad geklettert, wir genießen eine Abkühlung im Meer – bei 32 Grad Wassertemperatur. Der Tag verabschiedet sich mit einem der wohl schönsten Sonnenuntergänge, den ich je gesehen habe.

Broome (YBRM) –
17° 54′ 0″ S, 122° 15′ 0″ E

Exmouth (YPLM) –
21° 56′ 0″ S, 114° 8′ 0″ E

Distanz:
550 NM

Flugzeit:
2,5 Stunden

Fahrwerksprobleme:

Jetzt braucht es Fingerspitzengefühl

Frühmorgens bin ich schon auf den Beinen, um Brötchen für den Weiterflug zu holen. Wir haben genug von Gummibärchen und Schokolade! In der Zwischenzeit gibt Arnim den Flugplan telefonisch auf und nach einem letzten Wettercheck heben wir pünktlich um 10 Uhr Richtung Exmouth ab.

Unter uns liegt noch einmal der tolle Cable Beach – nahtlos geht er in den Eighty Mile Beach Richtung Südwesten über. Entlang der Küstenlinie fliegen wir in 1.000 Metern Höhe über dem Strand, riesige Salzabbaugebiete erstrecken sich unter uns. Links von uns erkennen wir die große Sandwüste des Bundesstaates Western Australia – roter Sand und spärliche Vegetation so weit das Auge reicht. Bald schon kommen die Berge von Chichester Range und Hamerslay Range in Sichtweite. Ihre Gipfel ragen bis zu 1.200 Meter empor – nach all dem Sand eine abwechslungsreiche Gegend. Wir sind begeistert von den in Rottönen gefärbten Schluchten.

Zum Glück kann uns niemand im Cockpit hören: „Oh, schau mal da", „Hast du das gesehen?", „Wie schön" – so geht es die ganze Zeit. Denn schon überfliegen wir die Coral Bay und die Pinnacles. Letztere sind ein echtes Naturwunder: Tausende kleine und große Kalksteinsäulen ragen hier aus dem wirklich knallgelben Sand empor. Nach einer Schleife über das große Korallenriff vor der Küste von Exmouth nähern wir uns dem dortigen Militärflughafen. Bei 30 Grad Lufttemperatur und leichtem Seitenwind lande ich die Piper Cheyenne schließlich auf Piste 18. Zu Ende ist unser Flug hier noch nicht: Weil auf dem Flugplatz Militärhoheit besteht, ist nur ein kurzer Tankstopp geplant, danach geht es weiter – zum 20 Kilometer entfernten Zivilflugplatz von Exmouth.

Kurz vor der Landung macht unsere Maschine plötzlich Probleme. Als ich das Fahrwerk ausfahre, zeigt das Aufleuchten von nur zwei statt drei grünen Fahrwerkslampen, dass das Fahrwerk nicht eingerastet ist. Mehrmals versuchen wir, ein- und auszufahren, aber die grüne Lampe bleibt aus. In Sekundenschnelle findet Arnim, der Profi, im Flughandbuch Informationen für das Notprozedere. Derweil drehe ich über dem Wasser mehrere Kurven. Wir gehen alles der Reihe nach durch und pumpen, wie im Handbuch beschrieben, 40-mal die Hydraulikpumpe per Hand. Zwischenzeitlich tauschen wir auch die Leuchtbirnchen der Kontrollleuchten aus – alles konzentriert und ohne Hektik. Nochmals fahren wir das Fahrwerk ein und wieder aus. Nun leuchten endlich alle drei Lampen. Geschafft: Ohne weitere Komplikationen bekomme ich die Piper auf Piste 21 zum Stehen. Arnims mehr als 35-jährige Erfahrung in der Luftfahrt ist von unschätzbarem Wert. Was bin ich froh, ihn an Bord zu haben! Morgen wird er die gesamte Hydraulikanlage überprüfen, denn wir müssen unbedingt wissen, wo die Ursache für das Problem liegt.

Während wir auf das Taxi zum Hotel warten, höre ich aus der hintersten Ecke einer Werfthalle jemanden fluchen: „Ach du Sch ...!" Es ist der aus Deutschland stammende Mechaniker Wolfgang Duchardt. Der Sauerländer lässt seinem Unmut über einen technischen Defekt an einem Helikopter freien Lauf. Wir schauen ihm bei der Reparatur über die Schulter und fachsimpeln ein wenig. Vielleicht kann er uns ja auch bei unserem Problem helfen ...

Doch erst einmal wartet Exmouth auf uns. Das Korallenriff hier gilt als eines der besten Tauchgebiete der Welt. Ein perfekter Ausgangsort fürs Schnorcheln und Tauchen mit Walhaien und Mantarochen. Auch jede Menge Wale sollen vor Ort sein – wir sind sehr gespannt!

VAE
Indien
Thailand
Singapur
Indonesien
Australien

Giganten der Meere:
Riesen-Walhaie in der aufgewühlten See

Morgens um 6.30 Uhr versuche ich, noch Plätze für die Schiffstour zu den Walhaien zu bekommen. Aber vergebens: Der Trip ist seit Wochen ausgebucht. Beim Telefonieren schaue ich aus dem Fenster – bei bestimmt 20 Knoten Wind schlagen die Wellen teilweise bis zu vier Meter empor! Mein Magen wird es mir danken, dass ich doch nicht raus aufs Meer kann.

Kurzum ändern wir den Tagesplan. Gegen 8 Uhr rufe ich bei Norwest Air Work an, um eine Cessna 172 mit 180 PS zu chartern. Da es sich hierbei um einen Hochdecker handelt, haben wir eine perfekte Sicht nach unten! Mit der Cessna steigen wir auf 1.000 Fuß und fliegen am Korallenriff vorbei über die offene, aufgewühlte See. Und dann sehen wir ihn! Ein großer Walhai taucht auf! Mindesten zehn Taucher schwimmen um das Tier herum, das so groß wie das Boot des Tourveranstalters ist. Das Schiff wird immer wieder von den Wellen ergriffen und schaukelt hin und her, während der Walhai behäbig und langsam dahin gleitet. Die Menschen neben ihm im Wasser ignoriert er völlig. Jetzt entdeckt Arnim einen weiteren Walhai! Unser Pilot Damian gibt dessen Position an die Boote weiter. Nach einer Stunde landen wir wieder auf dem kleinen Flugplatz von Exmouth.

Am Parkplatz der Cheyenne sind wir mit Wolfgang Duchardt, dem deutschen Flugzeugingenieur von Aerotecnica, verabredet. Er hilft uns tatsächlich bei der Analyse und Reparatur unseres gestrigen Fahrwerksproblems, die einige Stunden in Anspruch nehmen wird. Arnim bleibt am Platz, um den Mechaniker zu unterstützen. Ich beschließe, einen Mietwagen zu nehmen und zum Riff zu fahren.

Zum ersten Mal in meinem Leben fahre ich im Linksverkehr, es fühlt sich sonderbar an. Ich nehme den Weg zur Turquoise Bay im Cape Range National Park, um in einem der schönsten Korallenriffe der Welt zu schnorcheln. Eine exotische Unterwasserwelt mit unzähligen außergewöhnlichen Fischen in allen Regenbogenfarben erwartet mich. Gegen 17.30 Uhr geht's auf die Rückfahrt ins 50 Kilometer entfernte Exmouth. Auf der rechten Straßenseite sehe ich Hunderte von wilden Kängurus. Etliche Strauße stehen mitten auf dem Weg. Rechtzeitig zum fantastischen Sonnenuntergang erreiche ich den Leuchtturm an der Westspitze der Halbinsel.

Inzwischen ist auch mit dem Fahrwerk alles wieder in Ordnung. Wolfgang will kein Geld dafür haben: Es sei eine Ehrensache für ihn gewesen, uns aus der Klemme zu helfen.

Atemberaubendes Korallenriff bei Exmouth

Exmouth (YPLM) – 21° 56′ 0″ S, 114° 8′ 0″ E | Perth (YPJT) – 31° 57′ 0″ S, 115° 51′ 0″ E | Distanz: 640 NM | Flugzeit: 3 Stunden

Westerwälder in Australien:

Heimatgefühle am Ende der Welt

Perth, die viertgrößte Stadt Australiens, ist das nächste Ziel auf unserer Weltumrundung. Von Piste 20 aus heben wir gen Süden ab, noch einmal schweift unser Blick zum einmaligen Korallenriff. Arnim und ich suchen das Meer nach Walhaien ab, die Tiere haben uns mächtig beeindruckt.

Ganze zwei Stunden fliegen wir nun schon entlang der Küste und sehen nichts außer Natur pur – keine Siedlungen, keine Menschen. Als wir uns Perth nähern, ändert sich dies rasch. Der Blick ist frei auf die gut 1,5 Millionen Menschen zählende Metropole. Der Funkverkehr über dem Luftraum von Perth ist turbulent, vielleicht auch deshalb, weil am Wochenende das „Red Bull Air Race" stattfindet. Viele Piloten aus ganz Ozeanien und Australien machen sich wie wir auf den Weg zu diesem Event. Der Landeanflug wird daher zu einem echten Abenteuer. Gleich sechs Maschinen befinden sich im Downwind, Base und Final – und wir mittendrin. Als wir uns im kurzen Endanflug zur Landebahn befinden, geht eine Cessna in die Bahn und rollt zum Start. Über den Funk hören wir, wie der Controller im Tower den Piloten ermahnt. Ich frage Arnim, ob ich durchstarten soll, aber genau in diesem Moment hebt die Cessna ab und Sekunden später setzen wir auf. Das war knapp! Tiefes Durchatmen, denn wir dürfen nicht aufsetzen, solange sich noch eine andere Maschine auf der Lande- bzw. Startbahn befindet.

Am Beispiel von Perth werden die für uns Mitteleuropäer kaum vorstellbaren Dimensionen des Kontinents deutlich. Von der nächstliegenden größeren Stadt Adelaide ist Perth mehr als 2.800 Kilometer entfernt und damit die abgeschiedenste Großstadt der Erde. Zudem liegt Perth näher an Jakarta/Indonesien als an Sydney – verrückt, aber wahr! Am späten Nachmittag machen wir einen Abstecher nach Fremantle, einem Vorort von Perth. Unser Taxifahrer fragt während der Fahrt, warum wir dorthin möchten. Es gäbe hier doch nur alte Häuser, alte Kirchen, alte Schlösser und einen alten Hafen. „Eben drum", antworte ich ihm!

Als echte Überraschung entpuppt sich eine Taxifahrt mit dem Neuseeländer John Murray. Auf dem Weg ins Stadtviertel Northbridge kommen wir ins Gespräch. Schnell stellt sich heraus, dass seine Frau aus Deutschland stammt. Er fragt, ob ich eine Visitenkarte dabei habe, die er ihr geben könne. Nur wenige Stunden später geht auch schon eine E-Mail seiner Frau Gisela in meinem Postfach ein. Sie stellt sich zu meiner großen Freude als Westerwälderin vor und beschreibt, wie sie vor 40 Jahren nach Neuseeland ausgewandert ist, wo sie ihren späteren Ehemann John kennengelernt hat. Neuseeland haben die beiden inzwischen den Rücken gekehrt und leben heute in Perth. Aber die großartigste Neuigkeit ist, dass Gisela meinen Vater kannte. Ich kann es kaum glauben, was für ein Zufall! Das ist Heimatgefühl pur für mich – am anderen Ende der Welt.

Landung in Perth

Perth (YPJT) – 31° 57′ 0″ S, 115° 51′ 0″ E
Ceduna (YCDU) – 32° 8′ 0″ S, 133° 41′ 0″ E
Melbourne (YMEN) – 37° 48′ 0″ S, 144° 57′ 0″ E
Distanz: 1.600 NM
Flugzeit: 7,5 Stunden

Ankunft in Melbourne:
Meine erste Landung bei Nacht

Um 8 Uhr machen wir uns auf in Richtung Melbourne. Der Fluglotse auf Frequenz 132,60 fragt, ob wir aus Deutschland seien, und legt gleich nach: „1860 München ist die beste Fußballmannschaft der Welt." Er liebe deutschen Fußball, sagt er.

Stundenlang fliegen wir anschließend über das durch den Bauxit- und Eisengehalt rot schimmernde Land. Hier im Outback ist von Zivilisation kaum etwas zu sehen, nur ab und zu überfliegen wir einige Bergwerke. Nach vier Stunden erreichen wir unser erstes Zwischenziel auf der 3.000-Kilomteter-Strecke, die Kleinstadt Ceduna. Man könnte fast meinen, wir landen „in the middle of nowhere" zum Tankstopp. Auf dem winzigen Flugplatz ist der Turm nicht besetzt und vom Tankwart keine Spur. Wir rufen eine an der Informationstafel angeschlagene Nummer an, woraufhin ein Typ namens Mike angefahren kommt und rasch die Piper Cheyenne betankt.

Die letzten 3,5 Stunden nach Melbourne fliegen wir sowohl über Land als auch entlang der Küste. Eingebettet zwischen Bergen und Meer liegt Adelaide, die Hauptstadt des Bundesstaates South Australia, unter uns. Der Anblick aus der Luft ist einfach grandios. Schade, dass wir hier nicht Halt machen können. Als die Dämmerung einbricht, haben wir immer noch eine Stunde Flug vor uns. In gedämpftem Licht sehen wir rechter Hand die touristische Fotoattraktion „Zwölf Apostel", das sind bis zu 60 Meter hohe, im Meer stehende, bizarre Felsen aus Kalkstein an der Küste des Bundesstaates Victoria.

Mittlerweile herrscht vollkommene Dunkelheit und wir nähern uns der glitzernden Skyline Melbournes aus Richtung Westen. Ich setzte zu meiner ersten Nachtlandung an und bringe die Piper auf dem Flugplatz Essendon, mitten im nördlichen Stadtbezirk, sicher zum Stehen. Melbourne ist die zweitgrößte Metropole auf dem australischen Kontinent. Die an der Port-Phillip-Bucht im Südosten Australiens gelegene Stadt zählt 3,4 Millionen Einwohner – nur Sydney ist noch größer.

Seit nunmehr 15 Stunden sind wir schon auf den Beinen, ich bin hundemüde. Entsprechend ruhig ist die Fahrt zum Hotel, jeder hängt seinen Gedanken nach. Bevor ich die Vorhänge meines Zimmers zuziehe, schau ich noch einmal aus dem Fenster – die Skyline ist wirklich atemberaubend!

An Bord des kostenlosen Tourist Shuttle Bus gehen wir am folgenden Vormittag auf eine knapp zweistündige Stadtrundfahrt durch Melbourne. Highlights sind für uns in jedem Fall das State Parliament House, die Saint Patrick´s Cathedral und die Flinders Street Station. Auch das Melbourne Museum beeindruckt: Es ist der mit Abstand größte Museumskomplex der gesamten Südhalbkugel! Nach einem kurzen Zwischenstopp im Royal Botanic Garden geht es schließlich rauf auf den 2006 eröffneten Eureka Tower. Mit seinen 297 Metern und 91 Stockwerken ist der Wolkenkratzer aktuell das höchste Gebäude der Stadt.

Am späten Nachmittag merke ich langsam, dass Sightseeing wirklich schlaucht. Die Schritte werden langsamer, die Füße tun weh. Wir machen uns trotzdem gemeinsam mit Birgit Bourne von Insight Australia noch auf den Weg zum Rugbyspiel der Manly-Warringah Sea Eagles aus Sydney gegen den Tabellenführer Melbourne Storm. Da Arnim und ich nicht wirklich im Bilde sind, wer nun tatsächlich die sympathischere Mannschaft ist, feuern wir kurzerhand die Gäste aus Sydney an.

Melbourne bei Nacht

Melbourne (YMEN) – 37° 48′ 0″ S, 144° 57′ 0″ E
Sydney (YSBK) – 33° 51′ 0″ S, 151° 12′ 0″ E
Distanz: 488 NM
Flugzeit: 2,5 Stunden

Auf dem Flug nach Sydney:

Alpenfeeling und Nationalparks so weit das Auge reicht

Über Australien liegt ein ausgeprägtes Hoch, das uns heute schönstes Flugwetter beschert. Außerdem genehmigt uns der Fluglotse, über der Innenstadt von Melbourne in 1.500 Fuß Höhe zwei Kreise zu drehen. Was für ein Geschenk! So erleben wir die grüne Metropole noch einmal aus einer ganz anderen Perspektive: Die Formel-1-Rennstrecke, die Sportstätten und das Hafengelände, alles scheint uns zu Füßen zu liegen.

Nach dem Rundflug steigen wir schließlich auf 6.000 Fuß. Unter uns erstreckt sich ein weit ausgedehntes Nationalparkgelände mit gleich drei Parks: dem Warrandyte State Park, dem Kosciuszko National Park und dem Alpine National Park, der übrigens wirklich Alpencharakter hat. Die Berge hier sind bis zu 1.500 Meter hoch, tief unten schlängelt sich der Yarra River hindurch – und mittendrin wir in unserer Piper. Überwacht durch die Flugsicherung, können wir hier besonders nah über dem Boden fliegen. Ein traumhaft schöner Landschaftsmix aus Alpen und Allgäu. Arnim und ich genießen jede Minute.

Gut 400 Kilometer südlich von Sydney erreichen wir die Pazifikküste. Fast könnte man meinen, wir wären an der Côte d'Azur: zig kleine Buchten und Ortschaften, azurblaues Wasser und goldgelbe Strände, Yachthäfen und Golfplätze, kleine Flussläufe, einfach toll. Während wir noch schwärmen, taucht sie schließlich vor uns auf: Sydney, für mich die schönste Stadt der Welt! Nach 2,5 Stunden Flug und circa 800 Flugkilometern landen wir gegen Mittag auf dem Stadtflughafen Bankstown. Nach diesem Flug heißt es erst einmal durchatmen und dankbar sein für das Erlebte.

Wir machen uns im Hotel kurz frisch und starten dann zu einer ersten Erkundungstour durch Sydney. Zu Fuß geht es zum weltberühmten Opernhaus, das weithin bekannte Wahrzeichen der Stadt. Entworfen hat es der dänische Architekt Jörn Utzon. Die unverwechselbare Dachkonstruktion ragt 67 Meter hoch auf und ist mit mehr als einer Million weiß glasierter Keramikfliesen verkleidet, die aus Schweden importiert wurden. Gerade, als ich auf der gut 200 Meter entfernten Wiese stehe und ein Foto von Arnim machen will, sehe ich ein iPhone im Gras liegen. Weit und breit ist niemand in Sicht, was nun? Die zuletzt gewählten Telefonnummern kann ich nicht sehen, der Besitzer hat die Code-Sperre aktiviert. Ich nehme das Telefon erst einmal an mich. Der Eigentümer wird ja vielleicht versuchen, sich selbst anzurufen? Und siehe da: Nach etwa einer Stunde klingelt es tatsächlich, eine aufgeregte junge Dame ist am anderen Ende der Leitung. Ihr Englisch ist sehr schlecht, ich kann sie kaum verstehen. Immerhin erfahre ich, dass sie fix und fertig im Zug sitzt – nur leider schon außerhalb Sydneys. Für die Übergabe verabreden wir uns im Café am Opera House. Nach zwei Stunden kommt eine junge Irakerin überglücklich auf uns zu. Sie ist Studentin hier in Sydney und bedankt sich strahlend für unsere Geduld. „Es gibt schlechtere Stellen zum Warten!", grinst Arnim.

Kurz vor Mitternacht fahren wir noch zum Shangri-La Hotel. Wir haben den Tipp bekommen, dass man vom Altitude Restaurant im 37. Stock einen grandiosen Ausblick auf die funkelnden Lichter der Großstadt hat. Ja, uns wurde nicht zu viel versprochen: Der Blick ist tatsächlich herrlich. Ein Lichtermeer ohnegleichen, mit der Harbour Bridge und dem Opera House im Zentrum. Wow, was für eine Stadt!

Wahrzeichen Sydneys – die Harbour Bridge

VAE
Indien
Thailand
Singapur
Indonesien
Australien

Ein Tag in Sydney:
Fototermin am Mrs Macquaries Point

Grün, sauber, bevölkert von Menschen, die einfach nur gut drauf sind: Sydney rangiert zu Recht unter den schönsten Städten der Welt. Als der morgendliche Dunst gewichen ist, machen wir uns auf den Weg in den Royal Botanic Garden. Den wohl besten Ausblick auf die Oper und die Harbour Bridge haben wir in der Parkanlage vom „Mrs Macquaries Point" aus.

Wir verweilen und lassen die Eindrücke auf uns wirken. Nach gut einer halben Stunde packen wir den Fotoapparat ein und wollen weiterziehen, als uns plötzlich eine Gruppe Japaner und Koreaner umringt, die sich allesamt nacheinander mit uns fotografieren lassen wollen. Es sind bestimmt 50 Personen und am Ende wird aus 30 Minuten Aufenthalt über eine Stunde. Ob wir wegen unserer großen Nasen und über 1,90 m Größe als Fotomotive herhalten mussten? Ich weiß es bis heute nicht!

Nun geht es mit der Fähre nach Manly, einem Stadtteil von Sydney, der vor allem bei Surfern beliebt ist. Als wir im Watervue Restaurant sitzen, spricht mich die freundliche Bedienung an. Die junge Frau heißt Ellen und stammt aus Windeck im Westerwald. Über ein Work & Travel-Visum ist Ellen ein Jahr lang kreuz und quer durch Australien unterwegs und macht gerade Station in Sydney. Es ist verrückt – erst Gisela, jetzt Ellen. Wie viele Westerwälder wohl noch hier sind?

Shooting vor einmaliger Kulisse

Sydney (YSBK) –
33° 51′ 0″ S, 151° 12′ 0″ E

Brisbane (YBAF) –
27° 28′ 0″ S, 153° 2′ 0″ E

Distanz:
500 NM

Flugzeit:
2,5 Stunden

Von Sydney über die Gold Coast nach Brisbane:

Die letzte Landung der 2. Etappe

Auch heute ist das Wetter in Sydney wieder erstklassig. Arnim und ich beschließen deshalb kurzerhand, den Weiterflug nach Brisbane erst nachmittags anzutreten. Aufs Neue erkunden wir die Stadt zu Fuß, bevor wir mit einem Taxi zum Stadtflughafen Bankstown fahren. Die Flugbewegungen hier sind enorm: Binnen fünf Minuten zähle ich 24 Starts und Landungen. Wir sind also gewarnt, beim Start besonders aufzupassen.

Als wir uns auf den Abflug vorbereiten, fragen wir beim „Ground" nach, ob wir nach dem Start eventuell das Opernhaus überfliegen dürfen. „Negativ, Sir", ist die Antwort. Der Luftraum über der Stadt sei heute komplett für die General Aviation gesperrt. Arnim fragt zur Sicherheit auch auf der „Tower-Frequenz" nach, aber wieder erhalten wir nur eine Absage. Nach dem Start in Richtung Norden fragt Arnim nochmals auf der „Center-Frequenz" mit dem Hinweis, dass wir Earthrounders sind: „Stand by", kommt aus dem Funk. Dann die Aufforderung, auf 60 Grad und etwas später auf 110 Grad Richtung Harbour Bridge zu schwenken. Ich kann es nicht fassen, wir erhalten eine Ausnahmegenehmigung! „Report when Harbour Bridge in sight", meldet sich der Fluglotse abschließend zurück. Tatsächlich: Das Überflugverbot wurde für acht Minuten aufgehoben und wir haben die Ehre, über dem Opernhaus, der Harbour Bridge und der Innenstadt Sydneys zwei Vollkreise zu ziehen. Einfach spektakulär! Die Landeklappen sind auf 45 Grad herausgefahren, ich nehme die Speed auf 130 Knoten zurück, sodass unsere Piper stabil in der Luft liegt. Wer auch immer dies ermöglicht hat: Tausend Dank dafür!

Unter Sichtflugbedingungen folgen wir dann wie geplant der Küstenlinie gen Norden. So schön hatte ich mir die Ostküste bei Weitem nicht vorgestellt. Die Gold Coast ist für mich Australiens Antwort auf Hawaii, Südsee und Neuseeland in einem. Das Hinterland ähnelt hingegen der Filmkulisse aus „Herr der Ringe" – wir genießen den Ausblick total!

Als wir schließlich den Bundesstaat Queensland erreichen, erhalten wir die Genehmigung, bis auf eine Flughöhe von nur 500 Fuß zu sinken. Das nutzen wir natürlich! Verstreut liegen zwischen den Dünen immer wieder kleine Ortschaften direkt am Meer. Auch die Ausläufer der Nationalparks reichen bis zur Küste. Zig Urlaubsparadiese ziehen vorbei: Newcastle, Forster, Port Macquarie und Coffs Harbour sind nur einige Orte, die wir überfliegen. Rechtsseitig sehen wir immer wieder kleine, vorgelagerte Inseln, Leuchttürme warnen den Schiffsverkehr vor steilen Küsten.

Schon bald taucht am Horizont der Flughafen von Brisbane auf. Brisbane liegt nur wenige Kilometer vom Pazifik entfernt, direkt am Brisbane River, und ist mit 1,8 Millionen Einwohnern die drittgrößte Stadt Australiens. Vom Archerfield Tower erhalten wir nach unserer Meldung eine sofortige Landefreigabe. Für Piloten ist das Fliegen in Australien wirklich ein Traum.

Wir sind froh, diese fantastische zweite Etappe erlebt zu haben, und werden unsere treue Piper Cheyenne hier auf dem Airport nach fünf Wochen Heimaturlaub erneut besteigen. Die Maschine erhält derweil in Brisbane ihre Inspektion und den Einbau des teuren HF-Radios, das für die Erreichbarkeit per Funk für den kommenden Weiterflug über den Pazifik unerlässlich ist.

Abschied von Sydney

VAE
Indien
Thailand
Singapur
Indonesien
Australien

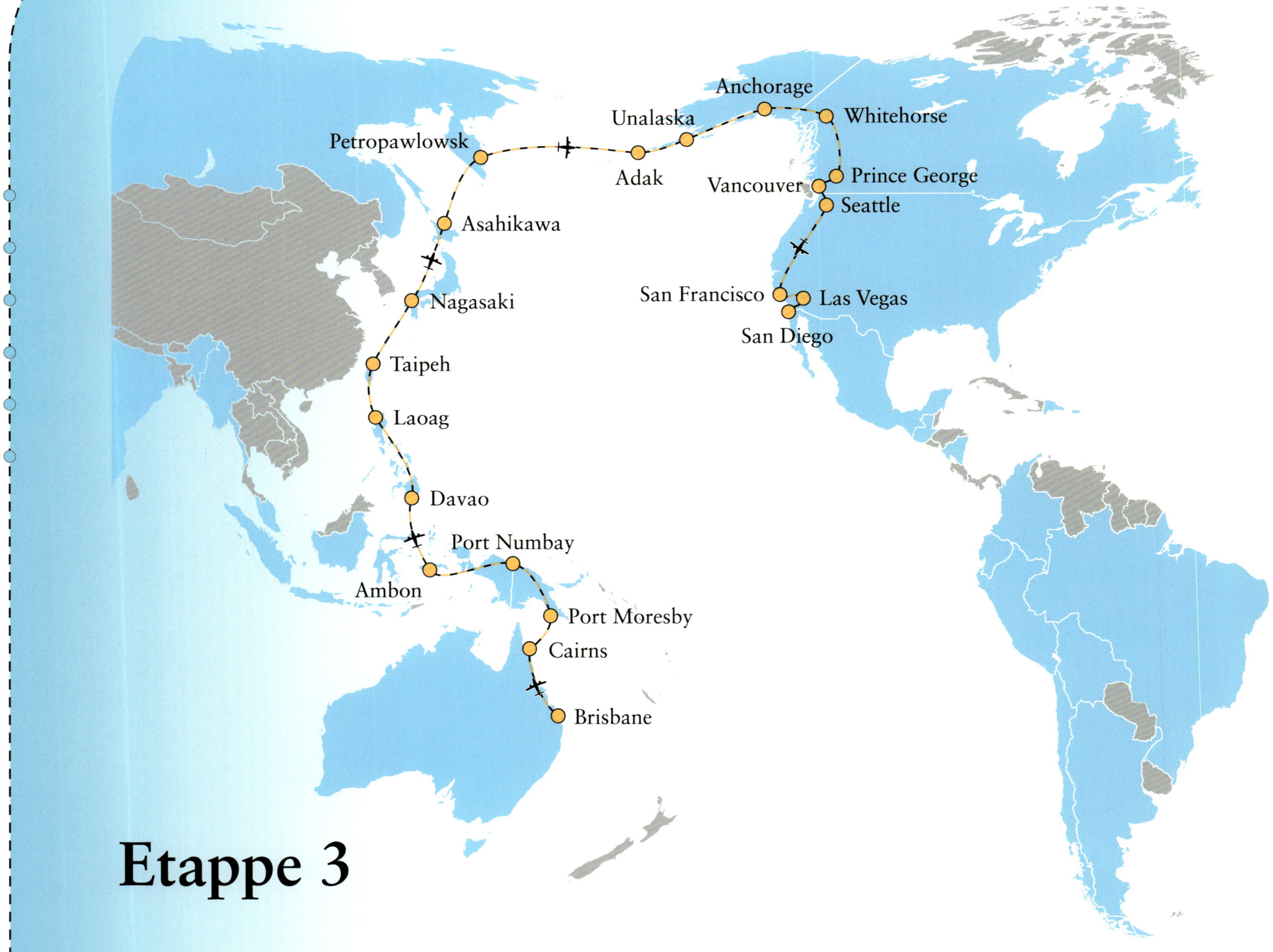

Etappe 3

Etappe 3

Vom indonesischen Dschungel bis in die US-Metropolen

Keine Starterlaubnis – Ende der Welt – Schicksale der Heimkinder – Japanische Rituale – Eiskristalle im Flugzeug – Verlassene Städte – Wilder Yukon – Westernmanier und Glücksspiel

Spannender Start zur 3. Etappe:

Königlicher Taxifahrer

Die dritte Etappe der FLY & HELP-Weltumrundung soll uns über Papua-Neuguinea, Sulawesi, die Philippinen, Taiwan, Japan, Russland, die Aleuten, Alaska und Kanada bis an die amerikanische Westküste führen.

Gespannt und mit neuer Abenteuerlust fahren wir am Vormittag sofort auf den Flugplatz, um die Maschine einem intensiven Check zu unterziehen. Eigens für den Flug von Japan nach Amerika mussten wir ein HF-Radio einbauen lassen. Das Radio empfängt in einem anderen Frequenzbereich, der größere Reichweiten erlaubt und mittlerweile von der japanischen Flugsicherung für Pazifik-Überflüge vorgeschrieben ist.

Spätnachmittags mache ich mich auf den Weg nach Chinatown ins Brisbane-Valley. Wie sich herausstellt, ist mein Taxifahrer George Polynesier und stammt von dem Inselstaat Tonga. Auf der Fahrt erzählt er freudig von seinen acht Kindern und dass er ein weitläufiger Verwandter des 2006 verstorbenen Königs Tupou IV. sei. Außerdem habe sein Onkel deutsche Autos nach Tonga importiert. Er und seine Familie finden Deutschland einfach toll, gesehen haben sie unser schönes Land jedoch noch nicht.

Globetrotter an den schönsten Orten der Welt

Brisbane (YBAF) – 27° 28′ 0″ S, 153° 2′ 0″ E
Cairns (YCBS) – 16° 55′ 0″ S, 145° 46′ 47″ E
Distanz: 890 NM
Flugzeit: 4,5 Stunden

Australien
Papua-Neuguinea
Indonesien
Philippinen
Taiwan
Japan
Russland
USA
Kanada
USA

Flug über grandiose Naturwunder:
Great Barrier Reef und Whitehaven

An Bord unserer Piper begrüßen wir auf der dritten Etappe Wolfgang Dondorf. Er ist selbst Pilot und hat sich seinen Platz in der Maschine durch eine großzügige Spende an meine Stiftung FLY & HELP erworben.

Um 10 Uhr morgens heben wir vom Flughafen Brisbane in Richtung Cairns im Norden von Queensland ab. Die Sunshine Coast unter uns ist spektakulär, ebenso wie die boomende Region rund um den Ferienort Noosa. Dann folgen die traumhaft weißen Sandstrände von Fraser Island und in der Ferne das größte Korallenriff der Welt: das Great Barrier Reef.

In 500 Metern Höhe überfliegen wir den azurblau schimmernden, kristallklaren Ozean und sind einfach nur sprachlos – schweigen und genießen. Der Herrgott hat hier etwas wirklich Einmaliges erschaffen. Ein Paradies für Mensch und Tier, 60 Kilometer vom Festland entfernt. Insgesamt hat das Riff eine Ausdehnung von 2.600 Kilometern und umfasst in der Fläche 344.000 Quadratkilometer. Es besteht aus 900 Inseln und Milliarden von Korallen.

Wir nähern uns Hamilton Island. Der Fluglotse fragt, ob wir vor unserem Tankstopp noch Whitehaven und die Whitsunday Islands sehen wollen? Klar wollen wir! Er gibt die Koordinaten durch, wir nehmen Kurs und sind schon kurz danach erneut sprachlos: Scheinbar fließend vermischt sich das grell türkisfarbene Wasser mit dem strahlend weißen Sand zu geschwungenen Mustern. Ein grandioses Schauspiel!

Geradezu berauscht landen wir zum Auftanken auf Hamilton Island. Den Zwischenstopp nutzen wir kurzerhand für eine Kaffee- und Sandwichpause direkt am Meer. Diese Aussicht, ein Traum! Gestärkt starten wir wieder in den Himmel. Zwei Stunden lang fliegen wir entlang des Great Barrier Reefs, bevor mit Cairns schließlich unser heutiges Tagesziel in Sicht kommt. Das Klima der Küstenstadt ist feucht und bei 28 Grad tropisch warm.

„Der Frosch im Brunnen ahnt nichts von der Weite des Meeres.“
(Japanische Weisheit)

Einmaliges Naturphänomen: Great Barrier Reef

Australien
Papua-Neuguinea
Indonesien
Philippinen
Taiwan
Japan
Russland
USA
Kanada
USA

Über den Baumwipfeln:
In der zweitlängsten Gondelbahn der Welt

Schwülwarm beginnt der Morgen in Cairns, schon nach dem Frühstücken sind wir durchgeschwitzt. Auf unserem Programm steht heute die Fahrt mit einer nostalgischen Dampflok, der Kuranda Scenic Railway, hinauf in den Regenwald Kurandas. Gebaut wurde die Bahnstrecke im Zuge des damaligen Goldrauschs. Mühsam erklimmt der 1887 eingeweihte Zug den Berg. Neben einer tiefen Schlucht hält der Zug zum Fotostopp. Tee, Kaffee und Snacks werden kostenlos serviert. Das Ambiente im Zug wirkt mit seinen uralten Ledersesseln gediegen und altehrwürdig.

Unser Ziel Kuranda ist ein dicht von Regenwald umgebenes, idyllisches Dorf im nördlichen Queensland. Jährlich kommen viele Touristen in das nur knapp 1.000 Einwohner zählende Örtchen am Barron River. Bereits vor 10.000 Jahren besiedelten Aborigines das Gebiet. Zu Beginn des 19. Jahrhunderts erreichten europäische Forschertrupps die Region, 1885 gründeten Holzfäller und Goldsucher die erste Siedlung. Heute pflegen die Menschen hier künstlerische Traditionen und leben in Ehrfurcht und Einklang mit der grandiosen Naturkulisse, von der sie umgeben sind.

Entlang der von Feigenbäumen gesäumten Hauptstraße sehen wir uns die Märkte und Galerien des Ortes an. Viele Künstler sind hier heimisch geworden und bieten ihre Waren an. Wir schauen Malern, Töpfern und anderen Handwerkern über die Schulter. Neben einem Vogelpark und einer Schmetterlingsaufzuchtstation ist es vor allem das Schlangenmuseum, das uns fasziniert. Die giftigsten Tiere Australiens, neben den Schlangen auch Spinnen und Insekten, sind hier versammelt! Eine fingergroße Tausendfüßler-Art soll übrigens am tödlichsten von allen sein ... iiieeeh!

Die Heimreise treten wir mit der Skyrail Rainforest Cableway an – einer 7,5 Kilometer langen Seilbahn, die bis ins Tal führt. Eine ganze Stunde dauert die Fahrt mit der zweitlängsten Gondelbahn der Welt! Dicht über den Baumwipfeln schweben wir den Berg hinab, lautes Geschrei von Papageien und anderen Tieren begleitet uns. Die Ursprünglichkeit der Natur ist fühlbar nah.

7,5 Kilometer in rund 500 Metern Höhe

Cairns (YCBS) – 16° 55′ 0″ S, 145° 46′ 47″ E
Port Moresby (AYPY) – 9° 28′ 0″ S, 147° 10′ 0″ E
Distanz: 550 NM
Flugzeit: 2,5 Stunden

Australien
Papua-Neuguinea
Indonesien
Philippinen
Taiwan
Japan
Russland
USA
Kanada
USA

Papua-Neuguinea

Fläche:	462.840 km²
Einwohner:	6.577.000 = 14,2 je km²
Hauptstadt:	Port Moresby
Amtssprache:	Englisch, Tok Pisin, Hiri Motu
Währung:	Kina

Gestrandet auf Papua-Neuguinea:

Wir hängen fest auf der zweitgrößten Insel der Erde

Als wir heute Morgen losfliegen und noch einmal die großartige Zeit „down under" Revue passieren lassen, sind Arnim und ich uns einig: Australien ist ein tolles Land!

Nun geht es nordwärts. Noch einmal überqueren wir das gigantische Great Barrier Reef, bevor wir bis auf 20.000 Fuß steigen. Weit und breit nur Ozean. Was wird uns in Papua-Neuguinea wohl erwarten? Ich assoziiere mit dem Land vor allem Bilder von dichtem Dschungel, Baumhausmenschen mit Giftpfeilen, Entdeckungstouren und unerforschten Gebieten. An Ureinwohner muss ich denken, mystische Riten und tief verwurzelte Traditionen. Von den über 600 Inseln, die der Staat umfasst, ist Neuguinea die mit Abstand größte. Mehr noch: Sie ist sogar die zweitgrößte Insel der Welt! Die Berge erreichen Höhen von bis zu 5.000 Metern – noch heute sind Teile der Insel nicht kartografiert.

Zum Tanken landen wir zunächst in Port Moresby, der Hauptstadt von Papua-Neuguinea. Eigentlich ist nur ein kurzer Stopp geplant, aber die Dinge entwickeln sich anders. Zunächst warten wir eine Stunde auf den Zollbeamten, dann weitere zwei Stunden auf den Tankwagen – nur um zu erfahren, dass der Fahrer heute keinen Sprit zur Verfügung stellen darf, denn: Es ist Sonntag! Außerdem akzeptiert er nur eine Bezahlung in der Landeswährung Kina, die wir nicht dabei haben. Wir werden auf morgen vertröstet, dann hätten auch die Banken geöffnet. Damit nicht genug: Auch unsere beantragte Einreisegenehmigung zum Weiterflug in den indonesischen Teil der Insel liegt nicht vor. Man erzählt uns, dass im vergangenen Jahr ein australischer Pilot zu sechs Jahren Gefängnis in West-Neuguinea verurteilt wurde, weil er keine Einreisegenehmigung hatte. Er sitze dort noch immer fest. Für Arnim und mich ist klar, dass wir morgen nur weiterfliegen, wenn alle noch fehlenden Unterlagen vorliegen. Der FSI-Agent und Marissa arbeiten nun von Deutschland aus unter Hochdruck.

Da es schon später Nachmittag ist, wird eine Übernachtung hier in Port Moresby unumgänglich. Auf dem Weg in die Hauptstadt zeigt sich die Landschaft bergig, zerklüftet und von großen fruchtbaren Tälern durchzogen. Taxifahrer Nikolaus, Vater von neun Kindern, zeigt uns die nähere Umgebung und wir stoppen oft, um mit den sehr liebenswürdigen Menschen ins Gespräch zu kommen. Völlig überraschend erzählt mir Maria, ein junges Mädchen, dass „Lena" den Eurovision Song Contest gewonnen hat. Ich bin baff! Maria liebt Musik und möchte später einmal Sängerin werden.

Am Abend kehren wir in das einzige offenes Lokal der Stadt ein und besprechen unsere Möglichkeiten. Wir wollen das Beste aus der Zwangspause machen und hoffen inständig, bald starten zu können.

Flughafen Port Moresby, die Zweite:

Sieben Stunden warten und kein Ende in Sicht

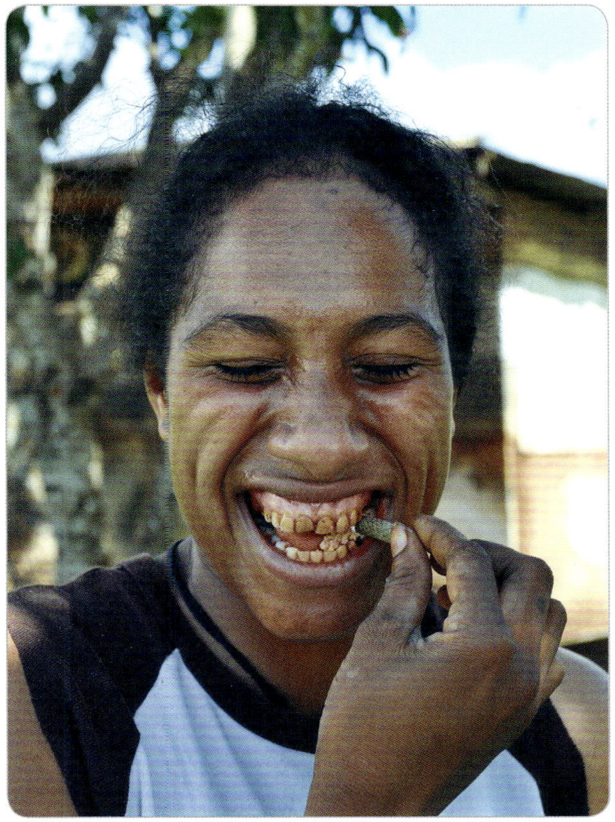

Nachdem der bestellte Tankwagen pünktlich um 9 Uhr unsere Cheyenne aufgetankt hat, beginnt das große Warten. Laut Flugleitstelle in Karlsruhe soll heute die Einreisegenehmigung für Indonesien kommen – doch noch haben wir nichts vorliegen. Die Stunden verstreichen, um 15 Uhr sitzen wir immer noch fest. Arnim hat es sich unter der Tragfläche im Schatten gemütlich gemacht, ich sitze in der Piper und arbeite am Laptop.

Nach sieben Stunden des Wartens weiterhin keine positive Nachricht, unsere Ausdauer ist langsam erschöpft. Mittlerweile zweifelt die Flugleitstelle sogar daran, dass die Weiterfluggenehmigung morgen vorliegen wird. Kurzerhand entscheiden wir uns, noch zwei Tage in Papua-Neuguinea dranzuhängen und das Land zu erkunden, statt die wertvolle Zeit mit Warten zu vergeuden. Gleich morgen wollen wir eine Tour in den Dschungel unternehmen.

Vor allem in Port Moresby fallen uns die vielen Verbotsschilder auf, die das Kauen und vor allem das Ausspucken von Betelnüssen untersagen. Trotzdem sehen wir überall diese roten Kleckse auf dem Boden. Fast alle Einheimischen kauen permanent auf diesen gehackten Nüssen herum, die – mit abgelöschtem Kalk vermischt und in ein Palmenblatt gewickelt – überall angeboten werden. Unschwer sind die Konsumenten an ihren tief braunrot gefärbten Zähnen zu erkennen. Der Nuss wird eine anregende, leicht berauschende Wirkung nachgesagt.

Für die Nacht rät man uns, das Haus nicht zu verlassen. Es gibt Probleme mit rivalisierenden Banden, Häuser stehen fast jede Nacht in Flammen – allein gestern haben fünf gebrannt! Wir sind vorsichtig.

Australien
Papua-Neuguinea
Indonesien
Philippinen
Taiwan
Japan
Russland
USA
Kanada
USA

Spontane Unterstützung im Urwald:
Spenden für eine Dschungelgrundschule

Wie erwartet, gibt es noch keine positive Rückmeldung von unserer Flugleitstelle. Zum Glück haben wir uns gestern schon ein Alternativprogramm überlegt. Nicht noch einmal sieben lange Stunden am Flughafen warten!

Mit einem Mietwagen fahren wir am Vormittag ins Landesinnere von Papua-Neuguinea. Karl, unser Fahrer, ist 22 Jahre alt, verheiratet und hat ein einjähriges Kind. Eine Tochter, über die er sehr glücklich ist. Eines Tages, wenn ein Mann sie zur Frau nehmen will, wird sie ihm Geld und andere Annehmlichkeiten bescheren. Der Tradition folgend werden junge Frauen ihren Familien für einen hohen Brautpreis abgekauft.

„Die Geduld nicht verlieren, auch wenn es unmöglich scheint, das ist Geduld."
(Japanische Weisheit)

Hinter Port Moresby wird die Landschaft schnell wilder. Bewaldete Hügel und naturbelassene Buchten ziehen vorüber, die Vegetation wird immer dichter, der Dschungel rückt näher. Nur fünf Kilometer vom Ausgangspunkt entfernt liegt es vor uns: das weltweit drittgrößte Urwaldgebiet überhaupt. Hundert Kilometer weiter enden die exakten Karten. Es heißt, dass in etwa 150 Kilometern Entfernung eventuell Menschen leben könnten, die noch nie Kontakt zur Außenwelt hatten. Eine faszinierende Vorstellung – fast unwirklich.

In der Nähe von Sogeri kommen wir an einer Grundschule vorbei. Alles ist sehr spärlich und ärmlich eingerichtet, die Klassenräume sehen schmutzig aus. Alle 65 Kinder werden von einem einzigen Lehrer unterrichtet: Theobald, der uns inständig bittet, ihm beim Kauf von Unterrichtsmaterial zu helfen. 500 Euro für drei Jahre würden bereits reichen, sagt er. Ich sage ihm umgehend die Unterstützung von FLY & HELP zu!

Weiter führt uns die Fahrt quer durch tiefe Schluchten, hoch hinaus in die Highlands. Tosende Wasserfälle und fast unberührte Natur erwarten uns. Seltene Schmetterlinge und riesengroße Ameisen haben hier ihre Heimat. Die Menschen leben teilweise noch in Baumhäusern und wir merken an ihrer Reaktion, dass viele von ihnen nur selten Fremde sehen. Auf Buschpfaden kämen wir von hier aus auf einem rund dreitägigen Marsch in das Gebiet der Ureinwohner Papua-Neuguineas. Noch vor 30 Jahren soll es dort Kannibalen gegeben haben, das verursacht mir eine Gänsehaut!

Nach sieben Stunden neigt sich unser Tagestrip dem Ende zu, wir sind müde und die Gedanken zum Flughafenchaos schleichen sich wieder ein. Ob es morgen wohl weitergeht?

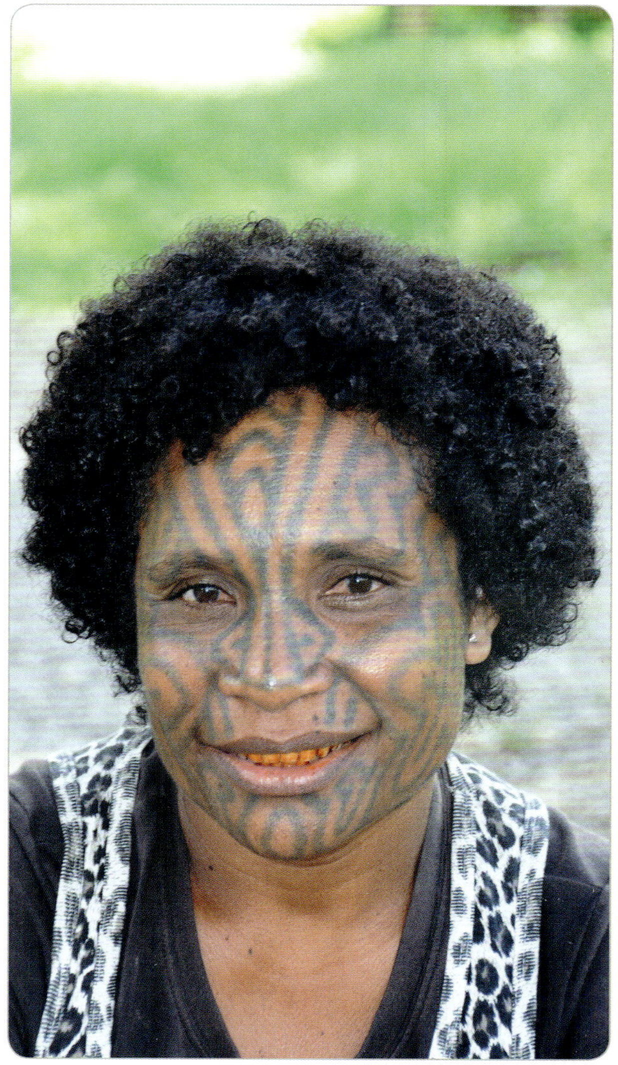

Port Moresby (AYPY) – 9° 28′ 0″ S, 147° 10′ 0″ E | Port Numbay (WAJJ) – 2° 32′ 30″ S, 140° 42′ 22″ E | Distanz: 625 NM | Flugzeit: 3 Stunden

Flughafen im Dschungeldickicht:
Landung in Port Numbay

Punkt Mitternacht bringt Arnim die frohe Kunde: Wir haben endlich die Genehmigung zum Einflug in den indonesischen Teil Neuguineas erhalten! Da uns die Verantwortlichen am Flughafen schon kennen, geht die Abfertigung am frühen Morgen zügig vonstatten – schon um 8:30 Uhr sind wir in der Luft. Komisch ist nur: Es fallen keine An- und Abfluggebühr, keine Abstell- oder Handlingkosten an.

Vorbei an riesigen Bergen, tosenden Wasserfällen, schillernd grünen Tälern und tiefen Schluchten geht unsere Reise gen Nordwesten. Unser heutiges Ziel ist Port Numbay (früher Jayapura), die Hauptstadt der indonesischen Provinz West-Papua, die vor einigen Jahren von der Provinz Papua abgetrennt wurde. Wie ein dicker Teppich liegt der weite Dschungel unter uns, was für ein Bild! Dann und wann ziehen kleine Hütten vorbei. Die wenigen Menschen leben fernab der Zivilisation. Für die Jagd verwenden sie noch heute Pfeil und Bogen.

Wir fliegen tief, knapp über den Baumwipfeln – bis plötzlich der Funk seinen Dienst quittiert. Fast 30 Minuten lang herrscht Stille. Erst glauben wir an einen Defekt, doch weit gefehlt: Wir sind so weit ins Landesinnere vorgedrungen, dass uns schlichtweg die Funkwellen nicht mehr erreichen. Pure Abgeschiedenheit. Ich muss an einige Talkgäste meiner Radiosendung „MEIN ABENTEUER" bei RPR1 denken. An Rüdiger Nehberg, Schorsch Kirner und an Dieter Junghans (genannt Dodo). All diese Abenteurer haben die enorme Reiselust in mir geweckt. Die Insel Neuguinea übertrifft meine Vorstellungen von Wildnis, Urwald und unendlicher Weite um ein Vielfaches.

Der Landeanflug auf Port Numbay gleicht einem Weg durchs Labyrinth: Über Bergketten hinein in ein von Berghängen flankiertes Tal, wir kommen uns winzig vor. Und plötzlich taucht direkt vor unserer Nase der am Wasser gelegene Flugplatz auf! Jetzt heißt es volle Konzentration: Right downwind, Landeklappen voll ausfahren, Speed auf Blue Line, aufsetzen, in die Eisen zum Bremsen – und aufatmen: Herzlich willkommen in West-Papua!

Während der einstündigen Fahrt zu unserer Unterkunft bleibt uns die Armut der Menschen nicht verborgen. Unser Fahrer Sehatu (25 Jahre) erzählt mir, dass er eine Million Rupiah (ca. 100 Dollar) im Monat verdient und damit seine Frau und das einjährige Kind versorgt. Australien würde er so gerne einmal sehen, nur ein einziges Mal. Er hofft, dass es sein Baby später einmal besser haben wird. Ich merke ihm seine Zielstrebigkeit an und wünsche ihm, dass sich dieser Traum eines Tages erfüllt. Für uns geht es schon morgen früh weiter. Eines steht fest: Neuguinea hat mich in seinen Bann gezogen.

Indonesien

Fläche:	1.912.988 km²
Einwohner:	227.345.000 = 119 je km²
Hauptstadt:	Jakarta
Amtssprache:	Indonesisch (Bahasa Indonesia)
Währung:	Rupiah

Port Numbay (WAJJ) – 2° 32′ 30″ S, 140° 42′ 22″ E
Ambon (WAPP) – 3° 40′ 0″ S, 128° 10′ 0″ E
Distanz: 790 NM
Flugzeit: 3,5 Stunden

Tief hängende Wolken über Ambon:

Kurs auf die „Gewürzinseln“

Schon früh am Morgen verlassen wir unser Hotel in Richtung Flughafen, machen einen letzten Safety-Check und lassen die Motoren an. Schnell steigen wir nach dem Start in Port Numbay auf 14.000 Fuß, das Maokegebirge scheint zum Greifen nah. Noch einmal genießen wir die urwüchsige Vegetation mit ihren mächtigen Flüssen. Die größten Krokodile der Welt sollen in diesen Flüssen leben.

Die Triebwerke der Piper schnurren Gott sei Dank ohne Probleme. Im Falle einer technischen Panne würde uns in dieser Gegend wohl so schnell niemand finden. Nach 90 Minuten Flugzeit geht es schließlich hinaus auf den Indischen Ozean.

Insgesamt 1.500 Kilometer werden wir heute abfliegen. Unser Ziel: Ambon, die Hauptstadt der Molukken, einer indonesischen Inselgruppe, die auch als „Gewürzinseln“ bekannt sind. Gut 20 Minuten vor der Landung erhalten wir per Funk die Durchsage, dass die Wolken über dem Platz sehr tief hängen. Wir weichen kurzerhand auf ein benachbartes Tal aus. In 300 Metern über dem Boden halten wir Kurs auf den Flugplatz. Direkt in der Anflugschneise befindet sich ein Hügel, den ich umfliege, um dann sofort wieder auf links einzudrehen. Geschafft! Ich lande die Piper auf dem einsamen Flugplatz, der dazu noch in erdbebengefährdetem Gebiet liegt. Die wenigen Mitarbeiter helfen uns schnell, unkompliziert und unterstützen uns auch bei der Suche nach einer Unterkunft. Der Transfer dorthin gleicht einer Inselrundfahrt. Vorbei an kleinen Siedlungen, blicken wir rechts und links auf unberührte tropische Natur. Plötzlich prasselt ein heftiger Regenguss nieder, aber so schnell wie er aufgezogen ist, klingt er auch wieder ab.

Wir stoppen schließlich in Natsepa, einem kleinen Ort am Meer, nur 20 Kilometer entfernt von Ambon. Türkisblaues Wasser und weiße Strände, ein absolut paradiesisches Fleckchen Erde. So paradiesisch die Strände auch sind: Mitunter wirkt das Leben auf der Insel sehr frostig. Es sind deutliche Spannungen zwischen Christen und Muslimen zu spüren, sie scheinen sich konsequent aus dem Weg zu gehen – im Hotel, auf der Straße, auch am Flugplatz.

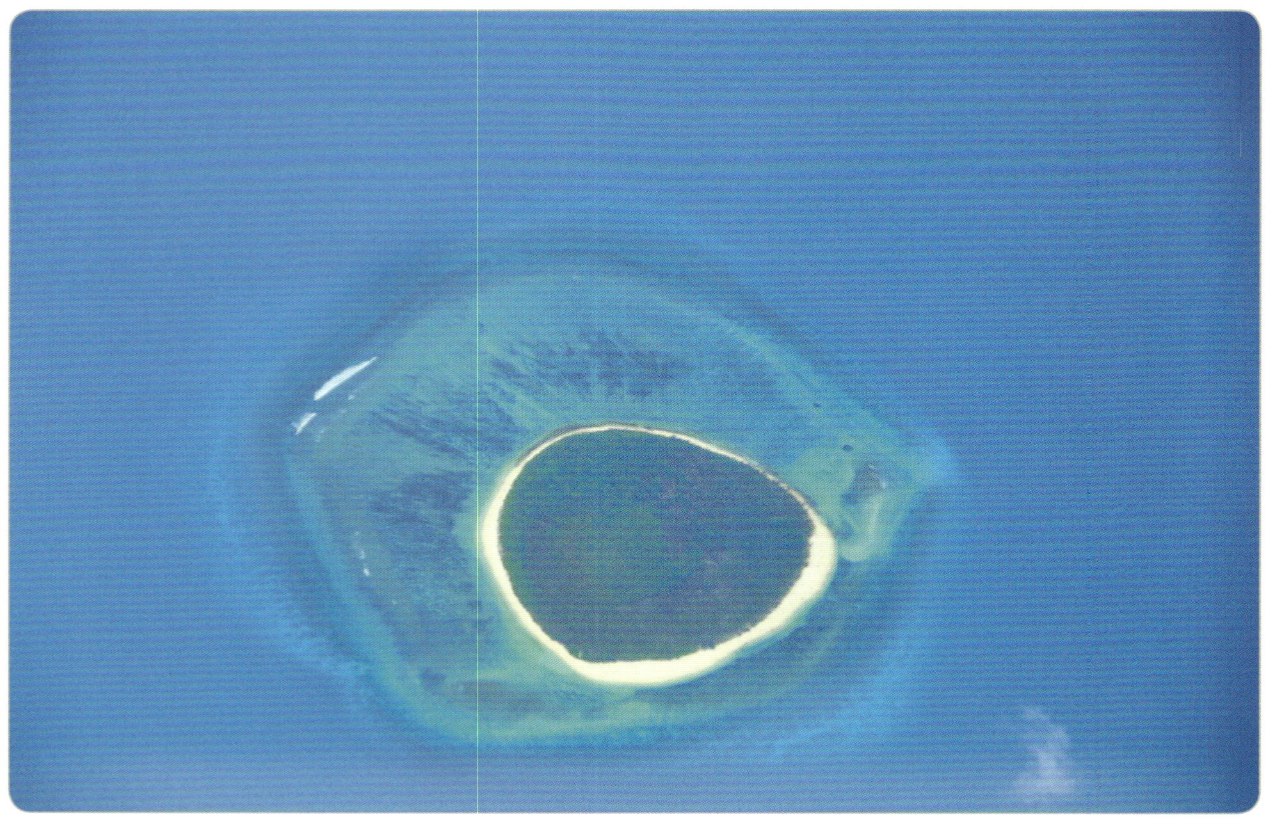

Paradiesische Momente

Ambon (WAPP) – 3° 40′ 0″ S, 128° 10′ 0″ E | Davao City (RPMD) – 7° 4′ 20″ N, 125° 36′ 25″ E | Distanz: 721 NM | Flugzeit: 3.5 Stunden

Philippinen

Fläche: 300.000 km²
Einwohner: 90.348.000 = 301 je km²
Hauptstadt: Manila
Amtssprache: Filipino
Währung: Philippinische Peso

Australien
Papua-Neuguinea
Indonesien
Philippinen
Taiwan
Japan
Russland
USA
Kanada
USA

Tropengewitter auf der Äquatorlinie:

Wir erreichen die Philippinen

Die Fahrt zum Flughafen heute Morgen ist ungewöhnlich schweigsam. Englisch spricht der Taxifahrer nicht, ich wiederum beherrsche die Landessprache nicht. Ich genieße stattdessen die vorbeifliegende Landschaft – und frage mich, was uns wohl auf den Philippinen erwartet.

Kurz nach dem Start haben wir eine wunderbar klare Sicht auf die vielen, teilweise sehr kleinen Inseln der Molukken. Wie an einer Perlenschnur aufgereiht ziehen sie unter uns vorbei: die Obi-Inseln, Halmahera und Morotai. Ein leichtes Tropengewitter, das uns kurz vorm Äquator-Überqueren erwischt, meistern wir ohne Probleme.

„Ihr mögt weit von meinen Augen entfernt sein, aber ihr seid nah in meinem Herzen.“
(Indonesisches Sprichwort)

Nördlich von Sulawesi fliegen wir über die Celebessee und erreichen nach dreieinhalb Stunden die Philippinen. Im Landeanflug sehen wir zahlreiche winzige Inseln. Nur etwa 880 der 7.000 philippinischen Inseln sind bewohnt. Überall kreuzen Fischer auf traditionellen Einbaumbooten im Wasser – mit dem Tagesfang ernähren sie ihre Familien.

Wir landen schließlich in der 1,3-Millionen-Einwohner-Metropole Davao City. Arnim freut sich heute ganz besonders auf den Landgang, denn er hat drei Jahre hier gelebt und war als selbstständiger Pilot tätig. Hier lernte er seine Ehefrau Marissa kennen, die auf den Philippinen geboren ist.

Das Armutsviertel von Davao

Davao City (RPMD) – 7° 4' 20" N, 125° 36' 25" E
Laoag City (RPLI) – 18° 11' 56" N, 120° 35' 37" E
Distanz: 840 NM
Flugzeit: 4 Stunden

Die Heimkinder von Davao:

FLY & HELP gibt Unterstützung

Marissa, Arnims Frau und unsere Flugleitstelle in Deutschland, ist heute Morgen um 9 Uhr angekommen. Sie war 72 Stunden unterwegs, drei Nächte hat sie im Flugzeug verbracht. Aus Deutschland heraus hatte sie uns den Kontakt zu Maria Luisa Bermudo von der hiesigen Gesundheitsbehörde verschafft. Maria Luisa begleitet uns nun zu verschiedenen Schulprojekten und wird zwischen uns und den Organisatoren vermitteln.

In einem Konvoi von drei Fahrzeugen der UN und der UNICEF fahren wir zunächst in das Schulheim Balay Dangupau, in dem sich die Mitarbeiter um 26 missbrauchte Mädchen im Alter von 3 bis 16 Jahren kümmern. Zur Begrüßung singen die Kinder für uns Lieder und ein jedes nimmt unsere Hand und führt sie zur Stirn – ein Zeichen der Achtung.

In Gesprächen mit den Mädchen und der Heimleiterin Sin Joa erfahre ich viel über ihr Schicksal. Besonders betroffen, traurig und wütend zugleich bin ich über die Geschichte der kleinen Julia: Vor vier Monaten wurde sie von 13 Männern missbraucht und anschließend mit 40 Messerstichen verletzt. Im Glauben, sie sei tot, ließen ihre Peiniger das Mädchen in einer Hütte zurück. Schwer verletzt schleppte sich Julia auf die Straße, wo sie in letzter Minute gerettet wurde. Dem unglaublichen Lebenswillen der Kleinen ist es zu verdanken, dass sie heute bei uns ist. Julia erzählt auch von ihrer Mutter, die vor einem Jahr gestorben ist und der sie versprechen musste, nie aufzugeben, egal was kommt. Ich kämpfe um Fassung, trotzdem steigen mir Tränen in die Augen. Innerlich aufgewühlt machen wir uns im Anschluss auf den Weg in ein Heim für Straßenkinder. Auch hier merke ich, wie bemüht die Mitarbeiter sind, um den zur Adoption freigegebenen Kindern ein Gefühl von Geborgenheit zu vermitteln. Der kleine Jasper zum Beispiel wurde als 2-Jähriger in den Straßen Davaos ausgesetzt. Nun wartet er wie viele andere Mädchen und Jungen auf ein neues Zuhause.

Unsere dritte Station an diesem Tag ist das Heim Lampag Sa Kubataan für schwer erziehbare und in die Kriminalität abgerutschte Kinder und Jugendliche. Die jüngsten sind gerade mal vier Jahre alt. Freundlich begrüßen sie uns auf Englisch. Die Heimleitung legt viel Wert auf einen guten Umgangston und die Ausbildung ihrer Schützlinge. Nach anfänglicher Schüchternheit entwickeln sich kleine Gespräche und ich habe das Gefühl, dass unser ehrliches Interesse ihnen guttut.

Die Situation ist für alle nicht ganz einfach, denn wie uns Betreuerin Liwayway Caligdong erzählt, wird zwei Jungen sogar ein Mord angelastet. Ein neunjähriger Straßenjunge habe ein anderes Kind mit einem Messer angegriffen und tödlich verletzt. Eine verstörende Vorstellung.

Ich bin sehr ergriffen von den Begegnungen und zugleich beeindruckt von den Mädchen und Jungen: Sie haben schwere Schicksalsschläge erlebt und dennoch nicht den Mut verloren.

Mit all den Geschichten im Kopf habe ich letzte Nacht nur schwer Schlaf finden können. Immer wieder tauchten Julia und Jasper auf. Dass ich mit diesem Gefühlschaos nicht allein bin, erfahre ich am Morgen von Arnim.

Für uns geht es nach dem Frühstück in den Norden der Philippinen nach Laoag. Hunderte, ja wenn nicht gar Tausende von Inseln sehen wir unter uns. Was für eine Landschaft! In einer Höhe von 1.000 Fuß überfliegen wir Boracay, die Insel, auf der Arnim und Marissa vor 16 Jahren gelebt und gearbeitet haben. Arnim übernimmt nun das Steuer und umkreist „seine" Insel. Er strahlt über das ganze Gesicht. Als Gruß an die alte Heimat macht er in 300 Fuß über der dortigen Landebahn einen Low Approach. Der Tower-Lotse begrüßt uns mit: „Wow, what a nice plane!"

„Will man etwas Großes erreichen, darf man nicht vergessen, den kleinen Dingen seine Aufmerksamkeit zu schenken. Denn aus der Anhäufung von kleinen Dingen erwächst das Große."
(Ninomiya Sontoku)

Immer weiter gen Norden führt die Route vorbei an der Millionenstadt Manila und am 1991 ausgebrochenen Vulkan Pinatubo. Spätnachmittags landen wir in Laoag City.

Ein Lächeln trotz des schweren Schicksals

Zuflucht im Mädchenheim gefunden

Marktstand in Davao

Laoag City (RPLI) – 18° 11′ 56″ N, 120° 35′ 37″ E | Taipeh (RCTP) – 25° 2′ 0″ N, 121° 32′ 0″ E | Distanz: 447 NM | Flugzeit: 2 Stunden

Taiwan

Fläche: 36.006 km²
Einwohner: 23.120.000 = 642 je km²
Hauptstadt: T'aipei (Taipeh)
Amtssprache: Chinesisch
Währung: Neuer Taiwan-Dollar

Über das südchinesische Meer nach Taiwan:

Hupende Mopeds und hektische Betriebsamkeit

Laoag am Südchinesischen Meer ist eine kleine, typisch philippinische Stadt und zählt nur etwa 15.000 Einwohner. Um schnell von A nach B zu kommen, tun wir es den Einheimischen gleich und nutzen eines der vielen Moped-Taxis. Ein rasantes Abenteuer bei diesem flirrenden Verkehr, zumal ich nicht auf dem Moped, sondern mit meinen langen Beinen im engen Beiwagen sitze. Mein Fahrer Peng meint kurz vor Fahrtantritt, dass damals unter Präsident Marcos alles besser gewesen sei in der Stadt. Heute wären viele Beamte korrupt und es würde weniger Ordnung herrschen. Dazu fällt mir ein, dass unsere Unterkunft Fort Ilocandia vor 30 Jahren von Präsidenten Marcos erbaut wurde. Er hat hier die Präsidenten der Welt und wichtige Staatsgäste empfangen. Überall an den Wänden hängen Fotos von ihm und seiner Frau Imelda. Er starb im Exil und seine Schweizer Konten wurden beschlagnahmt.

„Fürchte dich nicht vor langsamen Veränderungen, fürchte dich nur vor dem Stillstand."
(Japanische Weisheit)

Heute nehmen wir Abschied von Marissa. Sie hat uns bei allen Abfertigungen sehr geholfen und nimmt schon mal einen Teil des nicht mehr nötigen Gepäcks mit nach Hause.

Am kommenden Morgen sind wir startklar für das nächste spannende Reiseziel Taiwan. Bei 30 Grad und Sonnenschein heben wir um 9 Uhr nach nur einer Stunde Behördenprozedere vom Flughafen Laoag ab. Zuverlässig bringt uns die Piper Cheyenne über das tiefblaue Meer und wir genießen die großartige Fernsicht. Kaum zweieinhalb Stunden später erreichen wir den internationalen Flughafen von Taipeh und setzen entsprechend der Landegenehmigung pünktlich um 11.30 Uhr auf. Die Handling- und Landegebühren sind die höchsten unserer bisherigen Tour. Dies überrascht mich jedoch nicht sonderlich, habe ich doch vorab in verschiedenen Flugmagazinen darüber gelesen.

Vom Flughafen aus geht es mitten durch Chinatown zum Hotel. Gepäck abladen, kurz frisch machen und wieder zurück ins Getümmel. Die Menschen um uns herum sind alle hektisch unterwegs und so lassen wir uns von ihrer Betriebsamkeit anstecken. Es ist mittlerweile später Nachmittag und wir sind zu Fuß zwischen Parks, Museen und gigantisch großen Gebäuden unterwegs. Überall hupt es und tausende Mopeds drängen sich auf den überfüllten Straßen.

Halbzeit der Weltumrundung:

Stadtrundfahrt im Taxi mit Mr. Tuni

Als ich heute Morgen aufwache, denke ich an die vergangenen Monate, an all das bisher Erlebte, Erreichte und an die vielen Begegnungen mit außergewöhnlichen Menschen. Denn heute ist Halbzeit, die Hälfte unserer Weltumrundung ist geschafft und ich freue mich auf das, was noch vor uns liegt. Ein Stück des Weges begleitet uns ab heute Andreas Meißner, der für die TV-Reportage wieder mitten im Geschehen ist.

Unser Tag beginnt mit einer Stadtrundfahrt, für die wir um 8 Uhr abgeholt werden. Merkwürdig nur, dass wir die einzigen Gäste des Reiseleiters auf der Bustour sind, und so bekommen wir quasi eine vierstündige Privatführung. Die Sonne scheint und bei 29 Grad ist Mr. Tuni bester Dinge, uns seine Stadt zu zeigen: Taipeh, das politische, wirtschaftliche und kulturelle Zentrum Taiwans – eine der bedeutendsten Städte Asiens.

Wir erfahren, dass nahe bei Taipeh die Flüsse Danshui, Xindian und Jilong in einem Becken zusammenfließen. Nördlich davon erheben sich die Berge des Yangmingshan-Nationalparks bis zu tausend Meter hoch. Die Ausläufer des bergigen Gebiets reichen sogar bis ins Stadtzentrum. Der Park ist einer der sieben Nationalparks von Taiwan und nur etwa 30 Minuten außerhalb der Stadt gelegen.

Wir beginnen unsere Besichtigung mit der Chiang-Kai-shek Gedächtnishalle zu Ehren des gleichnamigen 1975 verstorbenen Präsidenten. Rund um das Denkmal werden wir Zeuge einer imposanten Wachablösung: Soldaten mit blank geputzten, silbernen Helmen marschieren im Gleichschritt. Zahlreiche Gärten und Teiche entlang der Anlage laden zum Verweilen ein und ziehen neben Touristen auch viele Einheimische an.

Am Ende der Tour erklimmen wir den Tower 101, noch vor wenigen Jahren das höchste Gebäude der Welt. Knapp über 500 Meter ragt der einem Bambusrohr nachempfundene Wolkenkratzer mit seinen insgesamt 101 Etagen in die Höhe. Der Bambus wird in Taiwan als Symbol für Glück und Reichtum gesehen. In 385 Metern Höhe genießen Arnim und ich einen absolut gigantischen Blick auf Taipeh.

Taipeh (RCTP) – 25° 2' 0" N, 121° 32' 0" E | Nagasaki (RJFU) – 32° 45' 1'' N, 129° 52' 40'' E | Distanz: 743 NM | Flugzeit: 3,5 Stunden

Japan

Fläche:	377.837 km²
Einwohner:	127.704.000 = 338 je km²
Hauptstadt:	Tokyo (Tokio)
Amtssprache:	Japanisch
Währung:	Yen

Australien
Papua-Neuguinea
Indonesien
Philippinen
Taiwan
Japan
Russland
USA
Kanada
USA

Nagasaki und die Last der Geschichte:

Traurige Vergangenheit

Zum Abschied regnet es heute Morgen in Taipeh. Es ist feuchtwarm und stickig, als wir uns mit dem Taxi auf den Weg zum internationalen Flughafen machen. Dort angekommen überbringt uns die Handlingagentin der China Airlines, Yvonne Wenig, eine frohe Botschaft: Wir bekommen 50 Prozent Erlass auf die Handling-Gebühr. Von Deutschland aus hatte Marissa ein Schreiben verfasst, das den Zweck unserer Reise erklärt. Daraufhin zeigte sich China Airlines erkenntlich und wollte uns mit dieser Geste unterstützen.

Für die heutige Flugstrecke haben wir 723 NM ausgerechnet. Anfangs ist es sehr unruhig, da wir in ein Schlechtwettergebiet über dem Chinesischen Meer geraten sind. Für die Ankunft in Nagasaki sind jedoch Sonnenschein und 27 Grad Lufttemperatur vorhergesagt. Die Küste Japans überrascht uns mit ihrer gebirgig grünen, sehr abwechslungsreichen Landschaft. Ein bisschen wie an der Côte d'Azur. Zudem ragen viele kleine Inseln vor der Küste aus dem Wasser.

Der Flughafen von Nagasaki liegt mitten im Meer auf der Insel Minoshima, die extra dafür künstlich erweitert wurde. Ich bringe die Piper in Parkposition und sie scheint der einzige Flieger in diesem Teil des Geländes zu sein. Das ist für uns von Vorteil – die Abfertigung ist schnell erledigt. Allerdings sind die Handling-Gebühren saftig, sie übertreffen sogar die taiwanesischen Preise bei Weitem. Davon stand nichts in den Fliegermagazinen. Auch der Preis für unsere 30-minütige Taxifahrt hat sich gewaschen. 11.000 Yen (ca. 100 Euro) reiche ich dem Fahrer. Die Taxen in Japan sind wirklich die teuersten der Welt.

Beim Abendspaziergang durch die kleinen engen Gassen der Stadt fällt uns die Ruhe auf. Die Menschen hasten nicht, die Autos hupen nicht, alles vollzieht sich besonnen und harmonisch. Wir sind fasziniert von der Gelassenheit, die die Stadt und ihre Menschen ausstrahlen. Ein absolutes Kontrastprogramm zu Taipeh gestern. Zaghaft kommen wir mit einer kleinen Gruppe Japaner ins Gespräch, wobei von einem Gespräch im eigentlichen Sinne nicht die Rede sein kann, eigentlich funktioniert alles über Gesten. Sie sprechen kaum Englisch und wir können ihre Zeichen nicht lesen, aber Lächeln und Händeschütteln sind international und die Hilfsbereitschaft ist groß!

Heute starten wir den Tag mit einer Stadtrundfahrt, die uns auch zum Nagasaki Atomic Bomb Museum führt. Wir sind ergriffen und erschüttert zugleich. Wir erfahren, dass die Bombe am 9. August 1945 gezündet wurde, 500 Meter über der Stadt. Es gab 74.000 Tote, 75.000 Verletzte und Unzählige, die an den Spätfolgen starben. Allein die Hügel rund um Nagasaki verhinderten, dass noch mehr Menschen starben. Im Museum hängt eine Wanduhr, die beim Bombeneinschlag stehen blieb und genau 11:02 Uhr zeigt.

Im Friedenspark deutet eine 10 Meter hohe Statue mit dem Finger in die Richtung, aus der der Flieger damals das Unheil brachte. Viele Schulgruppen stehen andächtig davor. Wir ebenfalls.

„Die Kiefer lebt tausend Jahr lang. Die zarte Wicke des Morgens nur einen Tag. Doch ihre Bestimmung erfüllen beide."
(Japanisches Sprichwort)

Stummer Appell im Friedenspark

Nagasaki (RJFU) – 32° 45′ 1″ N, 129° 52′ 40″ E
Asahikawa (RJEC) – 43° 46′ 14.95″ N, 142° 21′ 53.89″ E
Distanz: 950 NM
Flugzeit: 4,5 Stunden

Geburtstag in Japan:
Flug über das japanische Hochland

Nach dem Auschecken im Hotel geht es Richtung Flughafen. Ich bin auf der Taxifahrt einmal mehr erstaunt, wie wenig Englisch in Japan gesprochen wird. Wir gestikulieren mit Händen und Füßen, um uns verständlich zu machen. Irgendwie klappt es aber immer. Besonders wird mir in Erinnerung bleiben, wie zuvorkommend und freundlich die Japaner sind. Alles ist so geordnet und harmonisch.

Mittags gegen 13 Uhr heben wir wie geplant ab und freuen uns auf die knapp 1.700 Kilometer lange Strecke hoch in den Norden Japans. Das Wetter soll auf der Strecke gut werden. Nach 40 Minuten sehen wir rechts unter uns Hiroshima.

Kurze Zeit später überfliegen wir zahlreiche Vulkankegel. Von den insgesamt 240 Vulkanen sollen noch über 30 aktiv sein. Untersuchungen ergaben, dass die Erde in Japan etwa 1.400-mal pro Jahr bebt. Eine kritische Region also. Von hier oben sieht jedoch alles friedlich aus: Fast jede Minute eröffnet sich uns ein neues Landschaftsbild, unglaublich grün und fruchtbar. Als wir den Norden erreichen, wird es gebirgiger. Der Schichtvulkan Fuji – im Deutschen fälschlicherweise Fudschijama genannt – ist mit seinen 3.776 Metern die höchste Erhebung. Weiter entlang der Küste folgen unzählige kleine Häfen – Japan gilt als eine der größten Fischfangnationen der Erde.

Wir genießen jeden Moment des Fluges und nach etwas mehr als vier Stunden bereiten wir uns zur Landung in Asahikawa auf der Insel Hokkaido vor. Die 350.000 Einwohner zählende Stadt Asahikawa empfängt uns mit traumhaft schönem Wetter und warmen 28 Grad.

Perfektes Geburtstagswetter – wie passend, denn heute werde ich 55 Jahre alt! Das erste Mal ohne Familie und fernab der Heimat, das ist schon ein merkwürdiges Gefühl. Zum Glück ist Arnim da, ich lade ihn zur Feier des Tages in ein japanisches Restaurant ein. Kuchen und Champagner teile ich mit den Kellnerinnen, die mir ein echt japanisches Geburtstagsständchen singen, wie schön! Dazu kommt Peter Steger, der für uns die gesamte Flugabwicklung in Japan erledigt hat und persönlich mit seinem Sportflugzeug hier in den Norden Japans gereist ist, um uns zu begrüßen. Er ist selbst Pilot, lebt seit 16 Jahren in Japan. Da haben wir uns eine Menge zu erzählen!

Heute erkunden wir Asahikawa, was übersetzt „Sonnenaufgang“ bedeutet. Die Stadt liegt 116 Meter über dem Meeresspiegel und ist rund 60 Kilometer von der Küste entfernt. Sie wird vom gleichnamigen Fluss durchzogen. Auf den Straßen begegnen uns sehr freundliche Menschen, die sich vor uns verbeugen, sobald wir in Kontakt miteinander kommen. Wie fast überall in Japan zeigt sich auch hier der spannende Mix aus Tradition und Moderne. Frauen in eleganten Kimonos mit Schirmen vorm Gesicht, um sich vor den Sonnenstrahlen zu schützen, schreiten trippelnd neben schrill gekleideten Punk-Jugendlichen.

Am Abend sitzt Arnim lange an der Flugplanung nach Petropavlovsk in Kamtschatka, unserem nächsten Ziel. Die Wetterprognosen sind nicht besonders gut und es soll merklich kühler werden. Außerdem hatten wir bisher keinen Erfolg bei der Hotelsuche. Gut, dass wir ein Zelt im Gepäck haben.

Geburtstagsmahl

Asahikawa (RJEC) – 43° 46′ 14.95″ N, 142° 21′ 53.89″ E

Petropawlowsk (UHPP) – 53° 1′ 0″ N, 158° 39′ 0″ E

Distanz: 875 NM

Flugzeit: 3,5 Stunden

Russland

Fläche:	17.075.400 km²
Einwohner:	141.950.000 = 8,3 je km²
Hauptstadt:	Moskva (Moskau)
Amtssprache:	Russisch
Währung:	Rubel

Australien
Papua-Neuguinea
Indonesien
Philippinen
Taiwan
Japan
Russland
USA
Kanada
USA

In über 20.000 Fuß Höhe: Eiskristalle im Flugzeug

Wir empfinden die große Höflichkeit der Japaner als Bereicherung, doch die Begrüßungsriten sind ein wahres Geheimnis für mich. In der Art der Verbeugung spiegelt sich der Rang, besser gesagt das Verhältnis zweier Menschen zueinander, wider. Je tiefer und länger die Verbeugung, desto mehr Ehrerbietung wird dem Gegenüber entgegengebracht. In der Regel stehen Ältere über Jüngeren, Gäste über Gastgebern, Männer über Frauen. Ein sehr stolzes und traditionsbewusstes Volk.

Nach dem Frühstück bereiten wir den heutigen Flug nach Petropawlowsk akribisch vor. Arnim gibt mir noch einmal eine sehr genaue Unterweisung zur Handhabung des Rettungsbootes sowie der Überlebensanzüge. Auch die Notsender tragen wir sicherheitshalber. Die Vorkehrungen sind notwendig, weil wir heute mehr als drei Stunden in 23.000 Fuß ohne Landkontakt über den Nordpazifik fliegen.

Bei 32 Grad Außentemperatur starten wir gegen 13 Uhr Richtung Nordosten. Unter uns liegt die sehr gebirgige und dünn besiedelte Nordspitze Japans. Sayonara Japan. Es war eine tolle Zeit.

Zwischenzeitlich fällt unser HF-Radio, das die Verbindung zwischen den Lotsen und uns sicherstellt, aus. Auch über den normalen Funk haben wir keinen Kontakt mehr. In der Flughöhe von über 20.000 Fuß ist es sehr kalt, fast minus 50 Grad. Sogar unsere Innenscheiben setzen Eis an, obwohl es im Innenraum warm ist. Mit einem Auge schielen wir immer wieder auf die Tragflächen, denn jede Ablagerung verschlechtert die Flugeigenschaften bis zum Versagen des Auftriebs. Dann hätten wir wirklich ein Problem – doch alles verläuft ohne Zwischenfälle. Nach über drei Stunden erreichen wir Kamtschatka, deren Vulkanregion zum UNESCO-Weltnaturerbe zählt. Wir befinden uns im Anflug auf die größte Halbinsel Ostasiens. Sie ist 1.200 Kilometer lang und 450 Kilometer breit. Wirklich gigantische Ausmaße. Schneebedeckte Berge von bis zu 4.000 Metern Höhe liegen zu unserer Rechten und die Wolken hängen tief über dem Zielflughafen Petropawlowsk. Das Landeverfahren ist nicht einfach, da sich Landebahn und Rollwege in einem schlechten Zustand befinden. Erleichtert bringe ich die Piper in Parkposition.

Russland empfängt uns etwas unterkühlt – es sind nur 12 Grad und leichter Nieselregen setzt ein. Am Flughafen übernimmt der russische Handlingagent alle Formalitäten für uns. Während der Abwicklung beobachten wir, wie Angehörige des Militärs unsere Maschine umschreiten und alles genauestens prüfen. Wir machen einen Uhrenvergleich und drehen die Zeiger um drei Stunden nach vorn. Die Differenz zu Deutschland beträgt damit zehn Stunden. Als wir abends gegen 23 Uhr zusammensitzen, ist es noch immer hell, obwohl die Sonne schon untergegangen ist. Um 4 Uhr wird sie wieder aufgehen – ähnlich wie wir es aus den Mittsommernächten in Skandinavien kennen.

Abends im Bett fällt mir mein letzter Besuch in der ehemaligen Sowjetunion ein. Das ist nun schon 25 Jahre her und ich war damals mit meinem Vater unterwegs. Er liebte Russland.

Anflug auf Kamtschatka

Australien
Papua-Neuguinea
Indonesien
Philippinen
Taiwan
Japan
Russland
USA
Kanada
USA

Holperpisten und heiße Quellen:
Ein Tag in der Hafenstadt Petropawlowsk

Am Morgen wartet schon Irina Mesterova auf uns. Die 30-jährige Reiseleiterin wird uns in einer achtstündigen Besichtigungstour die Stadt und ihre unmittelbare Umgebung zeigen. Noch hängen die Wolken tief über Petropawlowsk, die Stadt erscheint uns grau und verschlafen. Zusammen mit dem Fahrer Andrej steuern wir als Erstes den Fischereihafen und die riesigen Werftanlagen in der Awatscha-Bucht an. „Der Fischfang und die Fischverarbeitung zählen zu den wichtigsten Industriezweigen auf Kamtschatka", erzählt Irina. Zudem ist der Hafen ein wichtiger Stützpunkt der Marine. Am höchstgelegenen Punkt von Petropawlowsk angekommen haben wir einen fantastischen Ausblick – der Himmel strahlt blau und die Sonne lässt die goldenen Kuppeln der Kirche glitzern.

1740 wurde diese Stadt in einer der entlegensten Regionen Russlands gegründet. Besonders reizvoll sind die schneebedeckten Bergketten mit rund 60 Geysiren und 29 aktiven Vulkanen. Das Gebirge zieht sich fast komplett über die russische Halbinsel. Eine unwirtliche Landschaft. Erst seit circa 20 Jahren dürfen Touristen nach Petropawlowsk reisen, denn der Ort war 50 Jahre lang militärisches Sperrgebiet, unter anderem, weil die russische Atom-U-Boot-Flotte hier stationiert war.

Unterwegs treffen wir immer wieder auf Einheimische, die uns sehr freundlich begegnen. „Der Ton ist zwar manchmal etwas rauer, aber die Menschen sind wenigstens ehrlich", schmunzelt Irina. Die Stadtrundfahrt führt uns zu zahlreichen, imposanten Monumenten und natürlich darf auch die acht Meter hohe Lenin-Statue nicht fehlen. Gegen Mittag kehren wir in einem typisch russischen Restaurant ein. Für 600 Rubel (ca. 15 Euro) werden wir alle gut satt.

Im Anschluss schaukelt uns Andrej im Auto über sehr schlechte Lehmstraßen hinaus aus der Stadt. Ein Schlagloch nach dem anderen und das 80 Kilometer lang – ohne Federung. Zwei Stunden später parken wir am Fuß des mächtigen Vulkans Awatschinskij. Nach einem 25-minütigen Fußmarsch kommen die heißen Quellen in Sichtweite. Ich bin vom Aufstieg bei milden 17 Grad ganz durchgeschwitzt. Jetzt ein schönes Bad nehmen! Gesagt, getan: Schnell schlüpfen wir in unsere Badesachen und steigen in die dampfenden Quellen, eine von schroffen Felswänden umgebene natürliche Badewanne. Das 35 Grad warme Wasser, das aus der Tiefe des Vulkans kommt, bietet zwar keine Abkühlung, ist aber trotzdem eine angenehme Erholung. Mir graust unterdes schon vor der Rücktour: Die Bergabfahrt, die unbefestigten Straßen, das wird wieder abenteuerlich. Nach einer Stunde packen wir unsere Sachen zusammen und treten die Heimreise an.

Beim Abendessen besprechen wir den morgigen Tag: Es erwartet uns die bislang längste Distanz auf unserer Weltumrundung: 2.000 Kilometer sind es bis nach Adak auf den Aleuten. Wir und die Piper Cheyenne gehen auf diesem Flug an die Grenze des Möglichen: die Distanz, der unendliche Pazifik unter uns, die dürftige Landebahn, ein schwieriges Landeanflugverfahren. Ein Ausweichen oder Umdrehen kommt nicht infrage, denn der nächste Flughafen ist über 1.000 Kilometer von Adak entfernt. Zudem sind die Wetterprognosen durchwachsen.

Der mächtige Vulkan Awatschinskij

Petropawlowsk (UHPP) – 53° 1′ 0″ N, 158° 39′ 0″ E | Adak (PADK) – 51° 53′ 0″ N, 176° 39′ 0″ W | Distanz: 1.100 NM | Flugzeit: 5 Stunden

USA/Alaska

Fläche: 9.809.155 km²
Einwohner: 304.060.000 = 31 je km²
Hauptstadt: Washington
Amtssprache: Englisch
Währung: US-Dollar

Australien
Papua-Neuguinea
Indonesien
Philippinen
Taiwan
Japan
Russland
USA
Kanada
USA

Alaska empfängt uns mit Kälte, Sturm und Regen:

Flug über die Datumsgrenze

Höhepunkt unseres heutigen Fluges ist die Überquerung der Datumsgrenze. Denn beim Abflug am 16. Juni von Petropawlowsk wollen wir nach rund fünf Stunden in Adak am 15. Juni landen.

Pünktlich um 7 Uhr morgens holt uns der russische Handlingagent ab. Das Wetter ist einfach genial zum Fliegen, aber die Flugleitstelle stellt sich quer und macht Probleme. Sie akzeptieren unseren Flugplan nicht. Es folgt ein schier endloses Lamentieren zwischen russischen und amerikanischen Behörden. Nach stundenlangen Verhandlungen ist es um 13 Uhr endlich so weit: Mittlerweile sind die Wetterbedingungen nicht mehr so genial. Zwar haben wir in Petropawlowsk den nötigen Rückenwind, ohne den wir nicht hätten starten können, jedoch meldet jetzt der Flughafen in Adak eine Wolkenuntergrenze von 1.250 Fuß, die für unseren Anflug bloß nicht weiter absinken darf. Alles nicht optimal, zumal auch kein ILS oder dergleichen dort vorhanden ist. Der Wind soll zu allem Überfluss mit bis zu 36 Knoten wehen. „Wir schaffen das!", nickt Arnim aufmunternd.

Wir starten zuerst gen Norden mit Blick auf die über 4.000 Meter hohen eingeschneiten Berghänge. Dann drehen wir nach Osten auf 50 Grad. Unter uns zahlreiche kleine Vulkanerhebungen. Zwischenzeitlich bricht die Funkverbindung ab, aber im Anflug auf Adak ist der Kontakt dann wieder stabil. Wir tauchen in die Wolkendecke ein und hoffen, dass uns kein Bodennebel empfängt.

Zum Glück: Klare Sicht auf die rund 350 Meter unter uns liegende Stadt Adak. Doch der Wind bläst ordentlich, 37 Knoten stark. Ich bin angespannt, Arnim gibt mir um die Berge herum kontinuierlich die

Koordinaten für den Anflug durch. Landen, durchatmen und abklatschen. Wir sind auf amerikanischem Boden! Außer dem Tankwagenfahrer ist kein Mensch auf dem Gelände zu sehen. Kein Wunder, dass er so schnell bei uns ist, gibt es doch auf diesem Flughafen nur 155 Flugbewegungen pro Jahr! Das nächste Flugzeug wird erst in drei Tagen erwartet, wie wir erfahren.

Das Wetter ist noch kälter und ungemütlicher als in Russland: Es regnet in Strömen bei nur sechs Grad. Adak ist ein wirklich sehr kleines Dorf am westlichsten Inselzipfel der USA. Wir befinden uns etwa 2.100 Kilometer südwestlich von Anchorage, der Hauptstadt Alaskas. In der Siedlung nahe dem Flugplatz wohnen nur etwa 300 Personen.

Es ist später Abend, als wir unsere Unterkunft beziehen. Wie in Russland ist es auch hier um diese Uhrzeit immer noch taghell. Meine innere Uhr hat sich darauf noch nicht einstellen können, so schwanke ich zwischen Müdigkeit und Unternehmungslust. Unsere Gastwirtin nimmt mir die Entscheidung: Strahlend kommt sie mit frisch gebratenem Hähnchen und freut sich auf ein gemeinsames Abendessen mit uns.

Draußen stürmt es weiter ordentlich, der Regen peitscht an das Häuschen. Was für ein Tag! Was für ein Abenteuer! Wir haben die Uhren jetzt um einen Tag zurückgedreht und erleben den Dienstag quasi noch einmal. Das ferne Deutschland ist uns nun zwölf Stunden in der Zeit voraus.

Die Aleuten in Alaska

Adak (PADK) –
51° 53′ 0″ N, 176° 39′ 0″ W

Unalaska/Dutch Harbour (PADU) –
53° 53′ 46″ N, 166° 32′ 15″ W

Distanz:
396 NM

Flugzeit:
2 Stunden

Windböen, Berge und eine Landebahn am Meer:

Die spektakulärste Landung meines Lebens

Nach einem ausgiebigen Frühstück schauen wir uns das verlassene Örtchen Adak an. Noch vor 20 Jahren waren hier über 10.000 Soldaten stationiert, die meisten von ihnen US-Marines.

Beim traurigen Anblick auf das Städtchen können wir uns das kaum vorstellen: Verlassene Häuser und eine marode Holzkirche, der ein Sturm vor drei Jahren mit Windgeschwindigkeiten von über 180 Knoten den Rest gegeben hat, sind stumme Zeugen in dieser Einöde.

Auch wir verlassen diesen einsamen Ort und starten durch in Richtung Dutch Harbour. Der Wind weht mit fast 40 Knoten kräftig, als wir um 14 Uhr Ortszeit abheben. Sofort muss ich auf 1.200 Fuß steigen, da sich unmittelbar vor der Startbahn ein Berg emporreckt. Bei 9.000 Fuß levele ich aus und fliege mit 270 Knoten (40 km/h) Rückenwind ostwärts über die Inselkette.

Bereits nach zwei Stunden erreichen wir Unalaska, eine etwas größere Siedlung auf den Aleuten. Das vorgegebene Landeverfahren führt uns vom Meer über zerklüftete Inseln und beinahe in Schlangenlinien werden wir über die Bergwelt gelotst. Ich sinke mit der Piper auf 2.000 Fuß, sodass die Gipfel immer näher kommen. Linkerhand zeigt sich bereits Unalaska. Das Flughafengelände ist so klein, dass mir ein entsetztes „Und da sollen wir landen?“ über die Lippen kommt. Ich blicke auf eine kurze, an drei Seiten von Bergen eingefasste Landebahn, allein der Weg Richtung Bucht ist frei. Die Windverhältnisse (30 Knoten Wind) und starken Böen (bis zu 40 Knoten) machen es jedoch unmöglich, die 1.200 Meter lange Bahn von der Seeseite her anzufliegen. Aufgrund des schlechten Wetters mussten bereits 20 Prozent der Flüge abgesagt werden. Arnim steht mir beim Landeanflug zur Seite und gibt punktgenaue Richtungsbefehle. Die Berge sind zum Greifen nah. Ich achte auf das genaue Powersetting und sinke weiter. Halte dabei den Blick zu den Bergen, zur unter uns liegenden Siedlung und der Landebahn. Gegenanflug, kurzer Queranflug ziemlich nah am Platz, Final, Full Flaps, Landerichtung 32 (320 Grad) und Wind mit fast 40 Knoten aus 250 Grad. Genau einen Meter über dem Aufsetzpunkt richte ich das Flugzeug auf 320 Grad aus. Aufsetzen, hart abbremsen – die Landebahn endet am Wasser! – und Backtrack. „Puuh“, die wohl spektakulärste Landung meines Lebens! Arnim lobt das Manöver: „Perfekt“, sagt er. Ich bin überglücklich.

Als wir mit dem Gepäck Richtung Ausgang laufen, kommen wir an einem Hangar vorbei, in dem zwei über 50 Jahre alte Goose Seaplanes mit Sternmotor stehen. Arnim ist kaum zu halten, denn er ist auch Sea-Pilot. Unsere neugierigen Blicke bleiben nicht unbemerkt und so treffen wir auf John und Jack, die uns die wunderschönen Flieger zeigen.

Pilotenherzen schlagen höher

XXL-Format: Riesenkrabbe aus der Tiefe der Meere

Wilde Landschaft Alaskas

Unalaska/Dutch Harbour (PADU) – 53° 53′ 46″ N, 166° 32′ 15″ W

Anchorage (PANC) – 61° 13′ 0″ N, 149° 53′ 0″ W

Distanz: 723 NM

Flugzeit: 3 Stunden

Australien
Papua-Neuguinea
Indonesien
Philippinen
Taiwan
Japan
Russland
USA
Kanada
USA

Im Wasserflugzeug:

Über den Prince-William-Sund

Kaum gelandet, fliegen wir auch schon wieder los und lassen diese verrückte Landebahn hinter uns. Die Aleuten sind teils Inseln, teils mit dem Festland von Alaska verbunden und so überfliegen wir auf dem Weg nach Anchorage eine fast 1.000 Kilometer lange Landzunge. Rechterhand blicke ich auf über 3.300 Meter hohe Berge und links liegt die tosende See. Der Rückenwind schiebt uns mit 50 Knoten an.

Nach 1.200 Kilometern Flug erlaubt uns Anchorage zu meiner Freude vor einem Jumbo-Jet den Direktanflug auf die größte Stadt des Bundesstaates Alaska. Vor mir liegt die Bucht, dahinter gigantische Berge und dazwischen befindet sich Anchorage .

Am nächsten Morgen erkunden wir Anchorage in der Bucht des Cook Inlet. Mit ihren fast 280.000 Einwohnern ist sie die größte Stadt Alaskas. Nach einer Tour durch die Innenstadt zieht es uns sofort zum größten Seaplane-Flugplatz der Welt – einem See! Insgesamt 500 Seaplanes parken hier. Weitere 800 Maschinen sind auf Privatparkplätzen direkt am Ufer abgestellt. Wir entschließen uns kurzfristig, ein Wasserflugzeug C 206 für 30 Minuten zu chartern und fliegen hinein in die Fjorde des Prince-William-Sunds. Manchmal sollen hier Orca-Wale im Meer und Schwarzbären an den Hängen zu sehen sein. Wir haben einen atemberaubend schönen Blick über tiefe Täler und steile Bergformationen. Pilot Rod fliegt uns in eines dieser engen Täler hinein. Rechts und links stürzen Wasserfälle in die Tiefe, eine Umkehrkurve wäre nun unmöglich. Nördlich von Anchorage öffnet sich das Tal wieder und wir setzen zur Landung auf dem kleinen See an.

Der anschließende Besuch des Alaska Aviation Heritage Museum lässt unsere Piloten-Herzen noch höher schlagen.

Anchorage (PANC) –
61° 13′ 0″ N, 149° 53′ 0″ W

Whitehorse (CYXY) –
60° 42′ 58″ N, 135° 3′ 18″ W

Distanz:
565 NM

Flugzeit:
3 Stunden

Wilde Schönheit:
Unendliche Weiten entlang des Yukon River

Wie riesig Alaska ist, erahnen wir auf unserem heutigen Flug ansatzweise. Unendliche Weiten, Berge und Flüsse – ein unbeschreiblich schönes Landschaftsbild erwartet uns. Alaska ist in der Fläche betrachtet der größte, nördlichste und zugleich westlichste Bundesstaat der USA. 1867 erwarben die Vereinigten Staaten das vorher zu Russland gehörende Territorium für den Schnäppchenpreis von 7,2 Mio. Dollar. Auf dem Weg nach Kanada führt uns die Route auch über den größten Strom des Landes, den Yukon River: Von der Quelle in den Rocky Mountains bis zur Mündung in die Beringsee misst der Fluss mehr als 3.200 Kilometer.

Ich steige auf 15.000 Fuß, denn die Gebirgskette der Wrangell Mountains ragt mit dem Mount Blackburn bis zu 5.000 Meter hoch hinaus. Es folgen die Waxell-Barkley Ridge bis 3.261 Meter und die an Kanada grenzende Eliaskette mit dem noch in Alaska liegenden Mount Saint Elias (5.489 Meter).

Dann drehe ich auf Südosten in Richtung der Gletscher. Der Malaspina ist mit 4.275 Quadratkilometern der größte außerpolare Gebirgsgletscher der Erde. Das Wetter ist perfekt und so haben wir eine tolle Sicht auf das Bergmassiv. Nach 90 Minuten und 400 Kilometern zurückgelegter Strecke canceln wir den IFR-Flugplan und fliegen den Rest der Tagesetappe auf Sicht. Unberührte Natur so weit das Auge reicht: Dicht bewaldete Hügel und tausende glasklare Seen reihen sich aneinander. Dann endlich nähern wir uns dem riesigen Yukon River und folgen seinem Lauf bis ins kanadische Whitehorse. Ein echter Highlight-Flug auf unserer Weltumrundung!

Whitehorse selbst hat rund 23.000 Einwohner und ist die Hauptstadt des Territoriums Yukon. Zu Zeiten des Klondike-Goldrauschs Ende des 19. Jahrhunderts war die Stadt ein wichtiger Handelsplatz für Güter aller Art, um die Goldschürfer mit dem Nötigsten zu versorgen. Heute ist die Kleinstadt für viele Kajak- oder Kanufahrer ein idealer Ausgangspunkt für die Yukon-Tour ins 740 Kilometer entfernte Dawson City.

Bei unserem ersten Erkundungsgang stoßen wir auf Warnschilder, die auf das Vorkommen von Schwarz-, Braun- und Grizzlybären hinweisen. Wir sollten also besser wachsam sein. Der Abend endet in einem in Westernmanier hergerichteten Saloon.

Nach einem ausgiebigen Fußmarsch am folgenden Tag entlang des Yukon River machen wir mit der „MV Schwatka“ eine Bootstour. Wir kreuzen durch enge Schluchten, über kleine Stromschnellen und können von Deck sogar Biber am Ufer beobachten. Das ist Wildnis pur, einfach fantastisch.

Whitehorse (CYXY) – 60° 42' 58" N, 135° 3' 18" W
Dease Lake (CYDL) – 58° 26' 14.82" N, 129° 59' 32.86" E
Prince George (CYXS) – 53° 54' 58.75" N, 122° 45' 1.3" W
Distanz: 735 NM
Flugzeit: 3,5 Stunden

Kanada

Fläche: 9.984.670 km²
Einwohner: 33.311.000 = 3,3 je km²
Hauptstadt: Ottawa
Amtssprache: Englisch, Französisch
Währung: Kanadischer Dollar

Australien
Papua-Neuguinea
Indonesien
Philippinen
Taiwan
Japan
Russland
USA
Kanada
USA

1.000 Kilometer über die Rocky Mountains: Schneebedeckte Berggipfel

Die Landschaft Kanadas ist einfach spektakulär und aus der Vogelperspektive noch um ein Vielfaches imposanter.

Gegen 11 Uhr sind wir startklar für den Weiterflug nach Prince George. Aufgrund der ungünstigen Wetterprognose landen wir allerdings nicht wie geplant in Dawson Creek zum Zwischenstopp. Kurzfristig entscheiden wir uns für eine Pause in Dease Lake. Bevor es aber so weit ist, folgen wir in geringer Höhe wieder dem Lauf des Yukon River und des 2.300 Kilometer langen Alaska Highway. Das Gelände steigt rasch an und die Rocky Mountains kommen in Sichtweite: bis zu 6.000 Meter hohe Gipfel. Schneebedeckt, steiler und noch gigantischer als die Alpen. Dazwischen unzählige Seen und Täler – wild, urwüchsig, einsam, aber auch von malerischer Idylle. Ich kann diese Schönheit kaum in Worte fassen.

Bei blauem Himmel und strahlendem Sonnenschein haben wir über eine Entfernung von mindestens 100 Kilometern eine grandiose 360-Grad-Sicht auf die unendliche Weite. In Dease Lake, einem Ort „in the middle of nowhere", gönnen wir uns eine kurze Pause, bevor wir Richtung Süden über die Rockies fliegen. Erst nach der Landung in Prince George in British Columbia wird uns bewusst, dass wir heute ganz locker eine Entfernung zurückgelegt haben, die der Strecke vom Westerwald bis nach Barcelona entspricht. Kanada ist so wahnsinnig groß, dass man weite Wege zurücklegen kann und immer noch in ein und demselben Land ist.

Die 70.000 Einwohner von Prince George leben hauptsächlich von der holzverarbeitenden Industrie. Wir haben die unzähligen Sägewerke und Unternehmen, die sich auf die Sperrholzherstellung sowie Papiererzeugung spezialisiert haben, von oben gesehen.

Abends gegen 19 Uhr wirkt die Innenstadt fast wie ausgestorben. Uns begegnen kaum Passanten, alle Geschäfte sind schon geschlossen, kein Auto ist weit und breit zu sehen. Auch im Steakhouse sind wir praktisch die einzigen Gäste. Eine reine Geschäftsstadt halt, gelebt wird wohl in den Außenbezirken.

„Wenn du am Morgen aufstehst, dann sage Danke für das Morgenlicht, für dein Leben und die Kraft, die du besitzt. Sag Danke für deine Nahrung und die Freude, am Leben zu sein. Wenn du keinen Grund siehst, Danke zu sagen, liegt der Fehler bei dir."
(Ausspruch eines Tecumseh-Indianers)

Wie die Alpen – nur gigantischer

Prince George (CYXS) – 53° 54′ 58.75″ N, 122° 45′ 1.3″ W | Vancouver (CYVR) – 49° 16′ 51.53″ N, 123° 7′ 20.78″ E | Distanz: 360 NM | Flugzeit: 1,5 Stunden

Stadt mit hoher Lebensqualität:

Ankunft in Vancouver

Nach nur einer Übernachtung fliegen wir heute ins 600 Kilometer entfernte Vancouver. Dank der schnellen Piper Cheyenne werden wir schätzungsweise nur rund eineinhalb Stunden in der Luft sein. Per Telefon gebe ich den Flugplan auf und hole eine Wetterberatung ein. Der Mitarbeiter verabschiedet sich von mir mit: „Have a wonderful day, Reiner, and have a safe flight!"

Vom Stadtflughafen Boundary Bay, 20 Kilometer außerhalb von Vancouver, erhalten wir beim Landeanflug die Information, dass sich gleich vier Flugzeuge im Endanflug auf Piste 12 befinden. Sehr früh setze ich die Landeklappen, verringere die Speed und lande direkt hinter einer gerade abgerollten Cessna und einer kurz zuvor gestarteten Piper. Geht auch.

Die Hafenstadt Vancouver liegt im Südwesten von British Columbia zwischen der Straße von Georgia und den Coast Mountains. Die Grenze zu den USA ist nur etwa 45 Kilometer entfernt. Eine dynamische, weltoffene Stadt, umgeben von traumhaft schöner Landschaft, Austragungsort der Olympischen Winterspiele 2010.

Heute ist Sightseeing angesagt. Downtown Vancouver liegt auf einer kleineren Halbinsel, ebenso Stanley Park, einer der größten städtischen Parks in Nordamerika. Eingerahmt wird die Stadt von den North Shore Mountains. Richtung Südosten ist an klaren Tagen die Sicht auf den Vulkan Mount Baker frei, der im US-Bundesstaat Washington liegt.

Um ein Gefühl für die Stadt zu bekommen, entschließen wir uns zunächst, eine Tour im City-Bus mitzumachen. Wir können hier individuell zu- und aussteigen, damit wir interessante Orte ausgiebiger erkunden können. Zum Glück spielt das Wetter mit, denn eigentlich gilt die kanadische Metropole als eine äußerst regenreiche Region.

Eines der tollsten Panoramen erleben wir von der Aussichtsplattform Vancouver Lookout. Sie befindet sich in 130 Metern Höhe auf dem Dach des Bürokomplexes Harbour Centre im Zentrum des Hafens. Der Astronaut Neil Armstrong eröffnete sie im Jahr 1977.

Sightseeing à la Vancouver

Vancouver (CYVR) –
49° 16′ 51.53″ N, 123° 7′ 20.78″ E

Seattle (KBFI) –
47° 36′ 35″ N, 122° 19′ 59″ W

Distanz:
126 NM

Flugzeit:
1 Stunde

USA

Fläche: 9.809.155 km²
Einwohner: 304.060.000 = 31 je km²
Hauptstadt: Washington
Amtssprache: Englisch
Währung: US-Dollar

Australien
Papua-Neuguinea
Indonesien
Philippinen
Taiwan
Japan
Russland
USA
Kanada
USA

Schreck am Morgen:

Taxi ohne Sprit

Nach dem herrlichen Vancouver-Abend startet der nächste Morgen hektisch: Mitten auf der Autobahn geht unserem Taxi zum Flughafen der Sprit aus. So etwas habe ich noch nie erlebt und auch dem Fahrer ist es sichtlich unangenehm. Die Autos huschen eines nach dem anderen an uns vorbei und die Uhr tickt. Pragmatisch wie Arnim ist, überquert er flugs eine Wiese und winkt auf der Landstraße unweit der Autobahn einen Wagen heran, der uns mitnehmen kann. So schaffen wir es gerade noch pünktlich zum Flughafen.

Bei leichter Bewölkung und milden 20 Grad starte ich unsere treue Piper Cheyenne in Richtung Seattle. Arnim erkundigt sich über Funk bei der Flugsicherung, ob wir einen Rundflug über Victoria Island, einer vorgelagerten, landschaftlich wunderschönen Insel, machen dürfen. Ohne Umstände erhalten wir die Genehmigung und genießen in 3.000 Fuß diesen tollen An- und Ausblick. Wer Vancouver besucht, sollte unbedingt auch einen Abstecher auf die Insel einplanen.

Ich lande auf dem kleinen Flugplatz Boeing Field mit über 700 Flugbewegungen pro Tag. Der Name geht auf das Unternehmen Boeing zurück, das hier noch Hallen hat. Die Einreiseformalitäten sind schnell erledigt und die Beamten begegnen uns sehr freundlich. Verabschiedet werden wir mit: „Enjoy America!" Das werden wir bestimmt!

Seattle (KBFI) – 47° 36′ 35″ N, 122° 19′ 59″ W | Garberville (KACV) – 40° 6′ 0.96″ N, 123° 47′ 37.89″ E | San Francisco (KSQL) – 37° 46′ 45.48″ N, 122° 25′ 9.12″ W | Distanz: 624 NM | Flugzeit: 3 Stunden

Von Jumbos und Dreamlinern: Die Flieger-Wahrzeichen Seattles

Unser Tag startet mit einem ausgiebigen Geburtstagsfrühstück für meinen Freund und Co-Piloten Arnim. Ein guter Anlass, um die vergangenen sechs Monate Revue passieren zu lassen. Ganz schön weit sind wir bisher gekommen: 60.000 Kilometer und 200 Flugstunden liegen zwischen dem Siegerlandflughafen und Seattle. Unglaublich, wie die Zeit vergeht!

Für mich persönlich ist Seattle die wohl schönste Stadt, die ich in den Staaten erlebt habe – eine saubere grüne Oase, dazu viele junge Menschen auf den Straßen. Nicht umsonst trägt sie den Beinamen „Smaragdstadt", eine Anspielung auf das viele Grün.

Besonders freuen wir beide uns heute auf den Besuch des Boeing Werkes, um hautnah bei der Produktion des Jumbo 747-400 sowie des Dreamliners und fünf verschiedener Boeing 777 dabei zu sein. Auf einer anderthalbstündigen Werkstour gibt uns Mark Smith einen sehr eindrucksvollen Einblick in die Arbeit der 150.000 Boeing-Mitarbeiter.

Nachmittags führt unsere Tour zum Wahrzeichen der Stadt, dem fast 200 Meter hohen und über 40 Jahre alten Space Needle, einem Turm mit hervorragender Sicht auf ganz Seattle. Einmal mehr meldet sich meine Höhenangst zurück, als wir den gläsernen Außenfahrstuhl besteigen. Mir ist mulmig, aber ich will auf keinen Fall die Aussicht verpassen.

Am nächsten Morgen starten wir pünktlich Richtung Kalifornien, dem Golden State. Es ist wolkenlos, fast windstill und der Himmel leuchtet sattblau. Was für eine Traumkulisse! Nach gut zweieinhalb Stunden setzen wir für einen Zwischenstopp auf dem kleinen Flugplatz Garberville, inmitten von Bergen und Hügeln gelegen, zur Landung an. Der Anflug führt uns dicht an den Hängen vorbei und knapp über die Baumkronen auf die 1.000 Meter lange Piste.

Vor 14 Jahren war Arnim als Safety Pilot hier und fand ein Quartier bei dem örtlichen Apotheker, der auch gleichzeitig Flugzeugbesitzer ist. Der Ort liegt rund sechs Kilometer vom Platz entfernt – zu weit um zu laufen, da wir ja nur einen kurzen Stopp auf dem Weg nach San Francisco einlegen. Unverhofft drückt uns ein Pilot seinen Autoschlüssel in die Hand. Wir schauen zunächst ungläubig und zögern, er kennt uns doch gar nicht. Dankbar nehmen wir die freundliche Geste schließlich an und fahren in die Stadt zum Essen. Bei der Rückkehr am Flugplatz ist die Überraschung groß, als Arnim Fred Baron erblickt, den Apotheker von damals. Das Wiedersehen ist sehr herzlich, aber kurz, denn der Abflug Richtung San Francisco wartet.

Beim Anflug ist Frisco frei vom berüchtigten Seenebel, nur das Wahrzeichen – die Golden Gate Bridge – versteckt sich hinter Dunstschleiern. Dafür zeigt sich die ehemalige Gefängnisinsel Alcatraz mitten in der Bucht, die auf unserem Weg zum Howard Stadtflugplatz liegt.

Der Abend klingt am Fisherman`s Wharf aus. Die Musikband draußen spielt stilecht „San Francisco" von Scott McKenzie aus dem Jahre 1967 und wir singen kräftig mit!

Die Skyline von „Frisco" im typischen Seenebel

Typisch für San Francisco:
Cable Cars und Golden Gate Bridge

Wenn ich entscheiden müsste, welche Städte mir von der Lebensart besonders gut gefallen, zählen Sydney und San Francisco definitiv dazu. In San Francisco habe ich bereits einige Male Station gemacht und immer wieder entdecke ich neue Facetten.

Die Nähe zum Pazifik beeinflusst das mediterrane Klima der Küstenstadt, so ist es mit 25 Grad recht warm heute. Der Seenebel zieht vom Meer über die Hügel, doch gegen 10 Uhr ist keine Wolke mehr am strahlend blauen Himmel zu sehen. Dieser Advektionsnebel entsteht immer morgens, wenn sich die durch Westwinde transportierte, relativ warme, feuchte Luft vom offenen Meer kommend über dem Kalifornienstrom abkühlt und kondensiert.

„Du findest oft in Flüssen, was du in Ozeanen nicht finden kannst."
(Indianisches Sprichwort)

Ein großartiger Tag, der mich bunt, schrill und laut in seinen Bann zieht. Quasi vor unserem Hotel führt die Strecke der „San Francisco Pride" vorbei und wir werden Zeugen dieser verrückten Schwulen- und Lesben-Parade. Was für Paradiesvögel – ein Spektakel für Augen und Ohren.

Während Arnim im Anschluss an einer geführten Stadtrundfahrt teilnimmt, erkunde ich Chinatown, Fisherman`s Wharf, die Innenstadt, den Washington Square und laufe die blumengeschmückte Lombard Street hinunter. Sie gilt als kurvenreichste Straße der Welt, trotz der nur 145 Meter Länge. Bei einem Gefälle von 27 Prozent war es notwendig, die Straße in Serpentinen zu führen. Auto an Auto schlängelt sich so die engen Kurven hinab.

Als ich in der Ferne die Golden Gate Bridge sehe, denke ich unwillkürlich an meinen Onkel Willi, der mit über 70 Jahren auf einem Motorrad die Brücke überquerte. Willi rief damals mit hochgerecktem Arm auf der Mitte der Golden Gate Bridge: „Ich hab's geschafft!"

Ich fahre noch mit einem Cable Car zum Union Square und schließe meine ganz persönliche Tour am Wolkenkratzer Transamerica Pyramid im Financial District ab. Das Gebäude ist 260 Meter hoch und hat über 40 Stockwerke. Die Pyramide mit ihren prägnanten „Flügeln" sticht in der Skyline San Franciscos besonders hervor. Acht Stunden Fußmarsch liegen hinter mir und ich bin richtig geschafft, aber auch freudig überwältigt von den vielen Eindrücken.

San Francisco (KSQL) – 37° 46′ 45.48″ N, 122° 25′ 9.12″ W
Lone Pine (KO26) – 36° 35′ 11″ N, 118° 4′ 14″ W
Las Vegas (KLAX) – 36° 10′ 30″ N, 115° 8′ 11″ W
Distanz: 364 NM
Flugzeit: 2,5 Stunden

Ein Saloon im Wilden Westen:

Legendärer Pacific Coast Highway No. 1

Nachdem sich der Morgennebel aufgelöst hat, strahlt der Himmel über San Francisco azurblau. Bei besten Wetterbedingungen starten wir um 11 Uhr und blicken linkerhand noch einmal auf die Stadt. Direkt unter uns liegt die Gefängnisinsel Alcatraz und vor uns die Golden Gate Bridge, an der sich noch die letzten Reste des Seenebels wie Spinnenweben festhalten. Wir haben tatsächlich eine Ausnahme-Genehmigung bekommen, in 400 Metern Höhe über der Brücke zu kreisen. Einfach fantastisch! Ich denke an Onkel Willi und seinen glücklichsten Moment auf dieser Brücke. Arnim filmt und fotografiert und ich koste jede Minute dieses Fluges aus. Eine Aussicht, ein Gefühl, das sich ganz bestimmt für ewig einprägen wird.

Nun führt uns der Flug entlang der wohl berühmtesten Küstenstraße der Welt: der Pacific Coast Highway No. 1 gen Süden. Die Straße ist ein Meisterwerk. Auf der einen Seite türmen sich die steilen Küstenfelsen hoch und auf der anderen Seite branden die Wellen des Pazifiks. Dann tauchen unter uns die Orte Monterey und Carmel by the Sea auf. In Letzterem war Clint Eastwood 1986 bis 1988 Bürgermeister!

Wir drehen Richtung Osten ins Landesinnere ab und die Landschaft wird merklich karger. Wir müssen steigen, denn vor uns erhebt sich einer der höchsten Berge der USA, der Mount Whitney. Er liegt mitten in den Rocky Mountains in der Sierra Nevada und ist fast 4.500 Meter hoch. Knapp über den Gipfel hinweg steuere ich die Piper Cheyenne und fliege in eine Talsenke direkt hinter der Bergkette. Zahlreiche Wild-West-Filme, viele davon mit John Wayne, wurden hier gedreht. Das Örtchen Lone Pine haben wir für einen Zwischenstopp ausgewählt – bereits beim Klang des Namens fühle ich mich wie in einem Western.

Es ist trockenheiß bei 43 Grad, kein Lüftchen weht. Ein wackliges Gebäude aus dem 19. Jahrhundert dient als „Tower" und Lisa von der Flugleitung empfängt uns. Sie hat einen ruhigen Job, denn es landen nur zwei Flugzeuge pro Woche. Lisa ist so freundlich, uns ihr Auto für eine Erkundungsfahrt in die Stadt zu leihen. Wir kommen vorbei an rustikalen Saloons, vielen Erinnerungen an die gute alte Zeit und urigen Typen. Natürlich kehren wir in einen Saloon ein und sind beeindruckt von der urigen Wildwest-Atmosphäre. Ein Colt hängt an der Wand – John Wayne steht daneben, aus Pappmaché! Eigentlich fehlen hier nur noch waschechte Sheriffs, Cowboys und Indianer – würde mich nicht wundern, wenn gleich einer hereinstürmt!

Die Einheimischen sind sehr aufgeschlossen und so kommen wir schnell ins Gespräch. Geschichten von Dreharbeiten, Filmcrews und dem allseits verehrten John Wayne machen die Runde.

Kurz vor 18 Uhr geben wir Lisa die Autoschlüssel zurück, verabschieden uns und heben ab Richtung Las Vegas. Unter uns erstreckt sich das Death Valley, eine der trockensten Regionen der Erde, wo es oft über 50 Grad heiß wird. Nach nur 15 Minuten taucht das Spielerparadies Las Vegas, die größte Stadt im US-Bundesstaat Nevada, vor uns auf. Wir landen auf dem Executive-Flugplatz direkt am Stadtrand.

Während der kurzen Taxifahrt in die Stadt ziehen an uns die gigantisch großen Hoteltempel vorbei: MGM, Treasure Island, Luxor, Wynn, Mirage, Bellagio, Caesars Palace.

Las Vegas, spanisch für „Die Auen" oder „Die Wiesen", ist natürlich vor allem aufgrund seiner Kasinos und der vielen Show-Attraktionen bekannt. Auch vergangene Show-Größen wie Frank Sinatra, Marilyn Monroe, Elvis Presley schwirren mir durch den Kopf.

Auf die etwa zwei Millionen Einwohner kommt ein Vielfaches an Touristen pro Jahr. Sie spülen enorm viel Geld in die Kassen. Nicht zu vergessen die vielen Hochzeitskapellen an jeder Ecke. Dank lockerer Eheschließungsgesetze des Staates Nevada läuten die Hochzeitsglocken – meist vom Band – fast durchgehend.

Unvergesslich: Flug über die Golden Gate Bridge

Australien
Papua-Neuguinea
Indonesien
Philippinen
Taiwan
Japan
Russland
USA
Kanada
USA

Glamour und Glitzer in Las Vegas:

Hotelpaläste & Shows der Superlative

Las Vegas hat sich sprunghaft vergrößert – schneller, höher, bombastischer. Neun Jahre sind seit meinem letzten Besuch vergangen. In der Zwischenzeit wurden rasant neue Hotels aus dem Boden gestampft und jede Menge Super-Shows sind hinzugekommen.

Arnim schaut sich Las Vegas heute zu Fuß und per Bus an, während ich mich auf eine Hoteltour begebe – da kommt dann doch mein Touristikerherz durch. Die Route führt zunächst zu meinen Lieblings-Häusern: Bellagio, Caesars Palace und das Golden Nugget, ein Hotel der guten alten Zeit. Das wohl beste Resort am Platz ist das spektakuläre, 2005 eröffnete 5-Sterne-Hotel Wynn mit Golfplatz und Kunstgalerie! Mein persönlicher Favorit ist und bleibt jedoch das Venetian. Es steht als Sinnbild für das neue, quirlige Las Vegas am Strip: Hektik, Neugier und Menschenmassen! Mit über tausend belegten Spieltischen und Automaten platzt die Glücksspielwelt im Venetian fast aus allen Nähten, während in der Main Street die Plätze nur halb besetzt sind.

Las Vegas (KLAX) – 36° 10′ 30″ N, 115° 8′ 11″ W | Grand Canyon West – 35° 59′ 25″ N, 113° 48′ 59″ W | Kayenta Airport Monument Valley – 36° 42′ 54″ N, 110° 13′ 55″ W | Distanz: 409 NM | Flugzeit: 2 Stunden

Mit dem Helikopter über den Grand Canyon:

Spektakuläres Flugerlebnis durch das steinerne Monument

Von Las Vegas Abschied zu nehmen fällt mir wirklich schwer. Die Stadt hat mich in ihren Bann gezogen und ich weiß, dass ich wiederkommen werde. Auf dem Henderson Executive Airport steht unsere Cheyenne für den Abflug bereit. Außer den Spritkosten fallen keine weiteren Gebühren an. Auch in dieser Hinsicht sind Amerika und Kanada für Piloten ein Traum.

„Bete zu Gott, aber rudere weg von den Felsen."
(Indianisches Sprichwort)

Rund 50 Kilometer südlich von Las Vegas drehen wir einige Runden über dem 1935 fertig gestellten Hoover-Staudamm an der Grenze zwischen den Bundesstaaten Nevada und Arizona. Der Damm staut den Colorado River zum Lake Mead auf, der etwa 170 Kilometer lang und bis zu 180 Meter tief ist. Ein Speichervolumen von rund 35 Milliarden Kubikmetern macht ihn zum größten Stausee der USA, dessen Wasser und Strom auch Las Vegas versorgen und das gigantische Wachstum der einsamen Wüstenstadt überhaupt möglich machen.

Nicht weit vom Damm entfernt liegt der Grand Canyon. Arnim hat die VFR-Karte und sieht, dass ich beim Anflug auf den Flughafen Canyon West nicht über die 1,5 Kilometer tiefe Abrisskante fliegen darf. Bei einer Platzhöhe von fast 5.000 Fuß benötige ich über einen Kilometer Landebahn. Schon beim Ausstieg empfängt uns ein Schwall heißer Luft, 42 Grad warm ist es heute. Bei diesem Zwischenstopp erwartet uns ein EC-Helikopter-Trip inklusive Einflug in den Grand Canyon und eine Bootsfahrt auf dem Colorado River. Obwohl im Hubschrauber Platz für sieben Personen ist, sind wir die einzigen Gäste an diesem Tag. Pilot Derrick ist zugleich auch der Tour-Guide. „Für euch Earthrounder lasse ich mir etwas Besonderes einfallen," sagt der 28-Jährige mit einem Augenzwinkern.

Und dann geht es auch schon los. Zuerst fliegen wir über die Abrisskante 1.200 Meter tief in den Canyon hinunter – was für ein spektakulärer Moment! Unter uns sehe ich den Skywalk, eine über den Abgrund hinaus ragende Aussichtsplattform. Ein Schauer läuft mir über den Rücken: Das wäre definitiv nichts für mich.

Pilot Derrick freut sich, dass er mit mir einen Gast mit Helikopter-Lizenz an Bord hat. Stillen Momenten des Staunens folgt munteres Fachsimpeln unter Kollegen. Nach der Landung klettern wir bei mittlerweile 47 Grad ins Boot auf den Canyon River. Auch hier sind wir unter uns und genießen erfrischende 45 Minuten im Fahrtwind, bis uns der Heli wieder aus der Schlucht hinaufträgt.

Kayenta Airport Monument Valley – 36° 42′ 54″ N, 110° 13′ 55″ W

San Diego (KSDM) – 32° 42′ 54″ N, 117° 9′ 45″ W

Distanz: 345 NM

Flugzeit: 3,5 Stunden

Australien
Papua-Neuguinea
Indonesien
Philippinen
Taiwan
Japan
Russland
USA
Kanada
USA

Letzter Zwischenstopp der 3. Etappe:

Navajo-Indianer im Monument Valley

Auf ein Neues steigen Arnim und ich in unsere Piper und fliegen gut 500 Kilometer ins Landesinnere über den Bryce Canyon nach Utah. Wind, Wasser und Eis erodierten die Kante des Plateaus zu einem großen Amphitheater mit bizarren Felsnadeln. Wir umkreisen die Felsen des Canyons, gelegen auf einer Ebene des Colorado Plateaus an der südlichen Grenze zu Arizona. Das Valley ist Teil der Navajo-Nation-Reservation mit den früheren Felsenwohnungen der Indianer. Wir landen kurz auf einem kleinen Flugplatz, entspannen und fliegen anschließend die letzten 640 Kilometer Richtung San Diego. Was für eine urwüchsige Landschaft unter uns!

Nach zwei Stunden landen wir um 19 Uhr im kalifornischen Carlsbad, 50 Kilometern außerhalb von San Diego. Unserem Flugzeug wird hier eine 200-Stunden-Kontrolle zuteil. Es hat uns bisher über eine Distanz von 65.000 Kilometer gute Dienste erwiesen. Der Zuverlässigkeit der Piper Cheyenne und der guten Vorbereitung unserer Flugleitstelle „NFlight" sowie den vielen Helfern im In- und Ausland ist es zu verdanken, dass wir auf den Tag genau im Zeitplan liegen.

Eine atemberaubende Route liegt hinter uns: Australien – Papua-Neuguinea – Indonesien – Philippinen – Taiwan – Japan – Russland – Aleuten – Alaska – Kanada und schließlich die USA. 23.000 Flugkilometer, hunderte neuer Bekanntschaften und unzählige Erlebnisse haben diese Strecke einzigartig gemacht.

Bis zum 26. Juli werden wir nun zu Hause gut drei Wochen lang verschnaufen, das Erlebte verarbeiten und Vorbereitungen für die vierte Etappe treffen, die uns durch Mittel- und Südamerika führen soll.

„Wir müssen von Zeit zu Zeit eine Rast einlegen und warten bis uns unsere Seelen wieder eingeholt haben "
(Indianische Weisheit)

Ein echtes Original

USA
Mexiko
Guatemala
Costa Rica
Kolumbien
Ecuador
Peru
Chile
Argentinien
Brasilien
Guyana
Grenada
Dominica
Niederl. Antillen

Etappe 4

Etappe 4

Von Mexiko bis Florida

Klippenspringer von Acapulco – Mayas und Inkas – Dünne Höhenluft – Traumhafte Bergwelten – Straßenkinder und erschütternde Armut – Karibische Idylle

Anreise nach Carlsbad bei San Diego:

Die 4. Etappe ruft – wir kommen!

Vor uns liegt die vierte Etappe und damit bereits die vorletzte. Wie schnell die Zeit vergeht! Wir werden mehr als 22.000 Flugkilometer zurücklegen und 15 Länder bereisen. Das nächste FLY & HELP-Hilfsprojekt erwartet uns in der nordbrasilianischen Stadt Maceió. Diesmal freue ich mich besonders auf die vor uns liegenden Wochen, denn meine jüngere Tochter Jessina (23) begleitet uns. Sie studiert Tourismus-Management und wird uns mit ihren Spanisch-Kenntnissen eine große Hilfe sein!

Es ist erst vier Uhr morgens, doch wir können einfach nicht mehr schlafen. Das muss an der Aufregung und am Jetlag liegen! Nach dem Frühstück geht es gleich mit dem Auto in Richtung Carlsbad auf einer Küstenstraße am Pazifik entlang. Der traumhafte Anblick auf die brandende See entlohnt für die kurze Nacht.

Im kalifornischen Carlsbad wohnen wir nur wenige Minuten vom schönen, weitläufigen Sandstrand entfernt. Leichter Seenebel liegt heute über der Stadt, milde 21 Grad zeigt das Thermometer. Da auch in den Staaten gerade Ferienzeit ist, nutzen viele Urlaubsgäste das tolle Wetter für einen Strandausflug – wir tun es ihnen gleich und erholen uns einen letzten Tag, bevor wir wieder richtig durchstarten auf unserer Weltumrundung.

Carlsbad (KCRQ) – 33° 7' 19'' N, 117° 17' 49'' W
Culiacán (MMCL) – 24° 48' 17.46'' N, 107° 23' 07.79'' W
Acapulco (MMAA) – 16° 51 6'' N, 99° 54' 35'' W
Distanz: 1.386 NM
Flugzeit: 7,5 Stunden

Unser Empfang in Acapulco:

Tropengewitter beim Landeanflug

Früh morgens stehe ich auf und gehe noch einmal den heutigen Flug durch. Das zeitige Frühstück im Motel ist nicht der Rede wert und so kaufen wir im Shop nebenan einige Sandwiches für unterwegs. Für den fast acht Stunden dauernden Flug brauchen wir unbedingt etwas Nahrhaftes.

Unsere treue Cheyenne wartet am Flughafen Carlsbad auf uns. Seit dem letzten Flug wurde ein neuer Höhenmesser eingebaut und die 200-Stunden-Kontrolle durchgeführt, weshalb Arnim und ich die Piper besonders akribisch in Augenschein nehmen. Jeder Handgriff an der Maschine ist mir mittlerweile vertraut. Endlich ist es so weit: Wir heben Richtung Süden ab und überfliegen nach nur zehn Minuten die mexikanische Grenze. Auf gut der Hälfte unserer heutigen Tagesetappe landen wir nach vier Stunden zum Tanken in Culiacán. Schon beim Landeanflug spüren wir die Hitze: Draußen sind es schwülheiße 36 Grad. Weiter geht's über Guadalajara im westlichen Hochland mit Kurs auf Acapulco, unserem heutigen Tagesziel. Die Landschaft unter uns ist erstaunlich abwechslungsreich. Mal zeigt sie sich karg und eintönig, dann folgt bergiges Gelände, aufgebrochen von grünen Flächen mit traumhaften Seen und schier endlos langen Sandstränden in Küstennähe.

Nach dreieinhalb Stunden erreichen wir schließlich Acapulco. Schon als junger Touristiker mit gerade 20 Jahren wollte ich unbedingt hierher kommen – heute wird dieser Traum endlich Realität! Doch erst einmal müssen wir die Piper sicher herunterbekommen. Gar nicht so einfach, denn das Funkenglisch der Lotsen ist eher schlecht, ich habe meine liebe Mühe. Beim Landeanflug offenbart sich zudem, dass die letzte Hälfte der Bahn von einem heftigen Regenschauer heimgesucht wurde. Ein plötzliches Tropengewitter, das so schnell vorüber zieht, wie es aufkam, hat alles unter Wasser gesetzt.

Mexiko

Fläche:	1.953.162 km²
Einwohner:	106.350.000 = 55 je km²
Hauptstadt:	Ciudad de México (Mexiko-Stadt)
Amtssprache:	Spanisch
Währung:	Mexikan. Peso

USA
Mexiko
Guatemala
Costa Rica
Kolumbien
Ecuador
Peru
Chile
Argentinien
Brasilien
Guyana
Grenada
Dominica
Niederl. Antillen

USA
Mexiko
Guatemala
Costa Rica
Kolumbien
Ecuador
Peru
Chile
Argentinien
Brasilien
Guyana
Grenada
Dominica
Niederl. Antillen

La Quebrada:
Die todesmutigen Felsenspringer

Schon in der Vorbereitung auf die vierte Etappe sind wir auf Warnungen des Auswärtigen Amtes vor kriminellen Übergriffen gestoßen. Polizei und Justiz sollen oftmals korrupt sein, die Drogenkriminalität ist eine der höchsten weltweit. Reisende sollten vor allem in alltäglichen Situationen wachsam sein, um nicht Opfer von Überfällen und Gewalt zu werden. Auch wir sind vorsichtig.

Morgens um 9 Uhr zeigt das Thermometer bereits tropische 30 Grad. Beim Frühstück komme ich mit Pedro ins Gespräch, der seit 30 Jahren im Hotel arbeitet. Er erzählt mir viel über die Menschen und das Leben in Mexiko. Wir sollten unbedingt einen Ausflug ins Hinterland unternehmen, um das wahre Mexiko kennenzulernen, empfiehlt er.

Unser Aufenthaltsort Acapulco liegt an der Pazifikküste rund 300 Kilometer südwestlich von Mexiko-Stadt. Hohe Berge umgeben die halbrunde, traumhafte Bucht von Norden und Osten her, das Meer schillert azurblau.

Doch der idyllische Schein trügt: Etwa ein Viertel der rund 700.000 Bewohner hat keine Möglichkeit, sich mit Wasser oder Strom zu versorgen. Knapp über zehn Prozent der Menschen sind Analphabeten. In der rasant wachsenden Stadt ist die Armut allgegenwärtig.

Bisher habe ich kaum ausländische Touristen gesehen, vor allem Einheimische aus dem Landesinneren genießen das schöne Wetter am feinen Sandstrand. Ich wage mich für ein wenig „Abkühlung" in den 30 Grad warmen Pazifik, muss aber sehr aufpassen, dass mir die Strömung auch als gutem Schwimmer nicht den Boden unter den Füßen wegreißt. Die Wellen sind teilweise fünf Meter hoch, das Schwimmen im Meer wird so zu einem echten Abenteuer. Die Wellen scheinen immer höher zu werden und so verlasse ich nach nur 15 Minuten sicherheitshalber das Meer.

Carlos, unser Fahrer, bringt uns gegen Mittag zu den Clavadistas, den weltberühmten Felsenspringern von La Quebrada. Die mutigen Männer sind ein echter Zuschauermagnet. Unzählige Schaulustige verfolgen das Spektakel. Pünktlich um 13 Uhr springen sie aus etwa 35 Metern Höhe in die Tiefe – immer genau dann, wenn die Wellen des Pazifiks an die Felsen branden. Für einen Dollar riskieren sie ihr Leben.

Und nun auf zur ausgiebigen Stadtrundfahrt! Carlos ist in seinem Element – redet und redet, sodass Jessina mit dem Übersetzen kaum nachkommt. Er unterhält uns mit Promi-Anekdoten und Wissenswertem. Vor Jahrzehnten ging der internationale Jetset hier ein und aus, viele Persönlichkeiten wie der Tarzan-Darsteller Johnny Weissmüller und die Hollywood-Legende John Wayne besaßen Häuser in Acapulco. Heute jedoch habe die Stadt ihre besten Jahre hinter sich, sagt Carlos. Geblieben ist die einmalige Lage.

Aug in Aug mit einem Krokodil:

Ein Mangrovenpark mit wilden Tieren

Frühmorgens holt uns Carlos zum Ausflug ins mexikanische Hinterland ab. Während wir auf der Landstraße gut durchgeschaukelt werden, erzählt er uns aus seinem Leben. Carlos arbeitet sieben Tage die Woche, um seine fünfköpfige Familie zu ernähren – und das bei einem Durchschnittslohn von circa fünf Euro pro Tag.

„Wer etwas außergewöhnliches erleben will, muss eine außergewöhnliche Situation suchen."
(Sergius Golowin)

Die Fahrt führt uns 80 Kilometer landeinwärts nach Coyuca de Benítez, einer Kleinstadt im Bundesstaat Guerrero, im südwestlichen Mexiko. Riesige Kokosnussplantagen und Mangofarmen ziehen vorüber. Auf dem Dorfplatz angekommen, tauchen wir unmittelbar in das Alltagsleben ein. Auf dem rege besuchten Markt mit seinen dicht an dicht aufgestellten Ständen voller Gemüse, Fisch, Fleisch wird angepriesen, gehandelt und sich lautstark unterhalten. Unzählige köstliche und exotische Gerüche liegen in der Luft. Inmitten der Mexikaner fallen wir durch unsere Körpergröße auf, wie Carlos schmunzelnd bemerkt. Seine Landsleute sind kaum größer als 1,60 Meter. Carlos' Vorfahren stammen aus Europa: sein Großvater aus Frankreich, die Großmutter aus Irland, die Mutter ist Amerikanerin und der Vater ein Mexikaner.

Carlos fährt uns in einen nahe gelegenen Mangrovenpark, der über eine rund einen Kilometer lange, klapprige Hängebrücke zu erreichen ist. Nicht nur die Mangrovenbäume sind sehenswert, vor allem die zahlreichen Krokodile machen Gänsehaut. Etliche sind über vier Meter lang! Der Wärter Jesús bringt uns zu einem der großen Krokodilgehege. Ob wir die Tiere nicht einmal anfassen möchten, fragt er uns. Während ich dankend ablehne, macht Arnim Ernst – er klettert gemeinsam mit dem Wärter hinter die Absperrung. Obwohl Jesús die ganze Zeit beteuert, dass alles ganz ungefährlich sei, ist mir nicht wohl dabei. Was bin ich froh, als Arnim wohlbehalten wieder aus dem Gehege herauskommt. Damit nicht genug: Nun lässt er sich auch noch eine rund vier Meter lange Boa um den Hals legen. Den kann auch wirklich nichts erschüttern! Mir scheint, die Boa hat so einen Würgeblick, weshalb ich mich mit dem Halten eines kleinen Baby-Krokodils begnüge. Für mich ist das Action genug!

Etwas zu essen ... Immerhin

Lebensgefahr im Dschungeldickicht

Acapulco (MMAA) –
16° 51′ 6″ N, 99° 54′ 35″ W

Guatemala City (MGGT) –
14° 37′ 54″ N, 90° 31′ 25″ E

Distanz:
539 NM

Flugzeit:
2,5 Stunden

Guatemala

Fläche:	109.021 km²
Einwohner:	12.728.111 = 117 je km²
Hauptstadt:	Guatemala-Stadt
Amtssprache:	Spanisch
Währung:	Quetzal

USA
Mexiko
Guatemala
Costa Rica
Kolumbien
Ecuador
Peru
Chile
Argentinien
Brasilien
Guyana
Grenada
Dominica
Niederl. Antillen

Volle Konzentration:

Landung in 1.300 Metern Höhe

Heute heißt es Abschied nehmen von Mexiko! Was für eine interessante Region! Die Menschen hier werde ich in guter Erinnerung behalten. Mal schauen, ob uns Guatemala City genauso gefallen wird. Zunächst aber sagen wir „Adìos Acapulco" und verabschieden uns mit einem tiefen Überflug und einer 360-Grad-Kurve. Einfach ein Traum, über dieser schönen Bucht zu kreisen.

Wir steigen auf 15.000 Fuß, denn im Süden Mexikos und im Norden Guatemalas liegen bis zu 4.000 Meter hohe Berge, der nördliche Landesteil ist großflächig von tropischem Regenwald bedeckt. Das Flugwetter ist prima, doch etwa 30 Minuten vor der Landung bauen sich gigantische Gewitterwolken auf. Dies und die Lage des Flughafens in fast 5.000 Metern Höhe machen die Landung ziemlich anspruchsvoll. Der Platz von Guatemala City liegt auf einer Anhöhe, darunter die Armenviertel der Favelas in den Steilhängen.

Guatemala City zählt zu den gefährlichsten Städten der Welt. Durchschnittlich alle 40 Minuten geschieht hier ein Verbrechen. Schon bei der Ankunft im Hotel weisen uns die Angestellten eindrücklich darauf hin, dass wir sehr aufpassen müssen. Vor zwei Wochen sei ein Gast unweit des Hauses wegen ein paar Dollars überfallen und erschossen worden. Mir läuft ein kalter Schauer über den Rücken.

Guatemala City mit spanischen Wurzeln:

Das turbulente Stadtleben

Welche Angst vor Verbrechen in Guatemala City herrscht, bekommen wir heute eindrücklich zu spüren. Abends um 20 Uhr will uns der Hotelmitarbeiter Marco nicht mehr allein zum nur zwei Blocks entfernten Restaurant gehen lassen. Er winkt lieber ein Auto heran, das er für uns bestellt hat. So fahren wir also die fünf Minuten bis zum Restaurant.

„Die gefährlichste aller Weltanschauungen ist die jener Leute, welche die Welt nicht angeschaut haben.“
(Alexander von Humboldt)

Der kriminelle Ruf der Stadt wird nicht zuletzt durch aufsehenerregende Gewalttaten geschürt, wie Marco berichtet. Im vergangenen Jahr soll ein Tourist von einer aufgebrachten Menge getötet worden sein, weil er ein Kind fotografiert hatte. Hintergrund ist, dass Kinder oft für Organtransplantationen ausgewählt und verschleppt werden. Häufig komme es zudem vor, dass Menschen entführt werden, während sie an einem Automaten Geld abheben. Wir nehmen all diese Warnungen sehr ernst und bewegen uns äußerst vorsichtig durch die Stadt. Unser Hotel liegt in der Zone neun, einer relativ sicheren Gegend.

Guatemala City befindet sich auf 1.700 Metern Höhe, vor den Toren der Stadt thront der aktive Vulkan Pacaya. Beständig tritt eine feine Aschewolke aus dem Schlot, was gespenstisch und beängstigend wirkt. Dessen ungeachtet machen wir uns bei warmen 25 Grad auf, um die Stadt zu erkunden. Unser Guide für diesen Tag ist dem Hotel bestens bekannt. Man rät uns davon ab, einen Taxifahrer auf eigene Faust zu suchen. So stellt sich uns ein gut gelaunter Roberto Esquived vor. Er ist 44 Jahre, verheiratet und Vater dreier Kinder im Alter von 4, 11 und 19 Jahren.

Entlang imposanter Kolonialbauten starten wir unseren Streifzug durch die Hauptstadt Guatemalas. Zunächst stoppen wir am Palacio Nacional, dem beeindruckenden Präsidentenpalast. Ganz in der Nähe liegt auch das alte Postgebäude, das noch aus der Zeit der Spanier stammt. Wir schlendern durch die Straßen und über den zentralen Marktplatz.

Die Menschen begegnen uns freundlich, ihre Gesichter strahlen. Die dunklen Seiten dieser Stadt können wir so zumindest für einen Moment ausblenden. Nun geht es etwa eine Stunde über Land nach Antigua, einer Kleinstadt im zentralen Hochland mit rund 35.000 Einwohnern. Aufgrund ihrer barocken Kolonialbauten gehört Antigua seit 1979 zum UNESCO-Weltkulturerbe. Wie ein Schwamm sauge ich jede Minuten unseres Aufenthaltes in dieser außergewöhnlich schönen Stadt auf. Immer wieder halten wir und lauschen den spannenden Erklärungen Robertos. Der Stolz auf sein Land wird in jedem seiner Worte deutlich.

Guatemala City (MGGT) – 14° 37′ 54″ N, 90° 31′ 25″ E | San José (MROC) – 9° 55' 29'' N, 84° 4' 41'' E | Distanz: 534 NM | Flugzeit: 2,5 Stunden

Costa Rica

Fläche: 51.100 km²
Einwohner: 4.253.877 = 83 je km²
Hauptstadt: San José
Amtssprache: Spanisch
Währung: Colón

Reiche Küste: Die Schweiz Mittelamerikas

Heute Morgen verstauen wir einmal mehr unser Gepäck in der Piper Cheyenne und Jessina verhandelt mit einem Flughafenmitarbeiter die Kosten für Handling, An- und Abflug, Parken, Abfertigung und Airwaygebühr.

Um Punkt 11 Uhr verlassen wir Guatemala City und nehmen Kurs auf San José, in der Hochebene Costa Ricas gelegen, dem Valle Central. Auf dem Weg dorthin überfliegen wir El Salvador, Honduras und Nicaragua – eine sehr abwechslungsreiche und unglaublich grüne Landschaft. Zwei Stunden lang staunen wir über die zahlreichen Seen, Vulkane, Flüsse und die Pazifikküste.

Auch in Costa Rica sind die Behördenmitarbeiter bei der Abfertigung freundlich, schnell und äußerst hilfsbereit. Der Sprit ist günstig und wir werden sogar noch zum 15 Minuten entfernt gelegenen Hotel gefahren. Der Name Costa Rica bedeutet so viel wie „reiche Küste“ und oftmals wird der Staat auch als die „Schweiz Mittelamerikas“ bezeichnet. Dies hängt zum einen mit der vergleichsweise stabilen politischen Lage zusammen und zum anderen mit der bergiggrünen Landschaft.

Nach der Ankunft im Hotel verlieren wir keine Zeit und fahren mit einem Taxi in Richtung Zentrum: El Pueblo. Wie schon in Guatemala müssen wir uns auch hier in Acht vor kriminellen Banden nehmen. Mit unserem Taxifahrer kommen wir schnell ins Gespräch. Leider weiß auch er Geschichten von Blitz-Entführungen und Überfällen zu erzählen. Trotzdem bin ich guter Dinge.

„Was die Erde befällt, befällt auch die Kinder der Erde.“
(Sprichwort aus Mittelamerika)

Schon recht früh sind wir am nächsten Tag auf den Beinen, damit es pünktlich um 8 Uhr auf eine Tour zum Vulkan Poás gehen kann. Gut 90 Minuten dauert die Fahrt mit dem Auto, bis wir die Gipfelregion in fast 3.000 Metern Höhe erreichen. Obwohl die letzte Eruption bereits 7.500 Jahre zurückliegt, ist der Vulkan bis heute aktiv. Rund um die 400 Meter breite Laguna Botos, einen beeindruckenden Kratersee, hat sich seit dem letzten Ausbruch eine üppige Regenwaldvegetation gebildet. Das Wasser des Sees ist kalt, klar und trinkbar – es erinnert mich ein bisschen an die Bergseen in den Alpen. Ganz anders hingegen der zweite, benachbarte See, der türkisblau schimmert und aus dem sehr heißer Wasserdampf mit hochkonzentriertem Schwefeldioxid und Chlorgas emporsteigt. Die Luft ist dünn und vernebelt. Ich bin vollends fasziniert von diesen Phänomenen entlang des Vulkans.

Auf dem Rückweg machen wir Rast in einem Kaffeeanbaugebiet. Im Doka Estate, einer der größten Kaffeeplantagen des Landes, bekommen wir einen Einblick in die harte Arbeit der Menschen. Bei der Kaffeeernte packen unzählige Arbeiter aus Nicaragua für ein paar Dollar pro Tag mit an.

Surreale Kraterlandschaft

Costa Rica (MROC) – 9° 55′ 29″ N, 84° 4′ 41″ E
Medellin (SKRG) – 6° 14' 44.66'' N, 75° 34' 55.92'' W
Distanz: 543 NM
Flugzeit: 3 Stunden

USA
Mexiko
Guatemala
Costa Rica
Kolumbien
Ecuador
Peru
Chile
Argentinien
Brasilien
Guyana
Grenada
Dominica
Niederl. Antillen

Kolumbien

Fläche: 1.141.748 km²
Einwohner: 45.012.000 = 39 je km²
Hauptstadt: Bogotá
Amtssprache: Spanisch
Währung: Kolumb. Peso

Farbenpracht:
Blumenfest in Medellin

Heute verlassen wir Costa Rica und nehmen Kurs auf Kolumbien – nicht ganz unbefangen, denn auch hier ist allgemein bekannt, dass die Gewaltbereitschaft hoch ist. Wir drei jedoch sind erst einmal gespannt auf dieses faszinierende Land.

Nach dem Start in San José überfliegen wir noch einmal riesige Kaffeeplantagen und aktive Vulkane – wie auf einem Pulverfass leben die Menschen hier. Wir steigen auf eine Höhe von 11.000 Fuß. Schon bald zeigen sich links das Karibische Meer und sehr weit rechts der Pazifik. Die Landschaft unter uns ist so gut wie menschenleer – nur unwegsames Gelände, flach, feucht-grün, mit braunen Flussläufen durchzogen.

Nach rund anderthalb Stunden Flug kommt der Panamakanal in Sichtweite. Wir sinken auf 4.000 Fuß und setzen unseren Flug unter Sichtflugbedingungen fort. Der Kanal ist eine künstliche, knapp 82 Kilometer lange Wasserstraße, die seit 1914 den Atlantik mit dem Pazifik verbindet und zu den wichtigsten der Welt zählt. Dreimal kreisen wir über das monumentale Bauwerk der in Beton eingefassten Wasserstraße und ihrer Schleusen und beobachten die vielen dahin ziehenden Schiffe. Am Ende des Kanals liegen unter uns die größte Schleuse zum Pazifik hin und die Stadt Panama. Wolkenkratzer beherrschen das Stadtbild.

30 Minuten später erreichen wir Kolumbien. Die Luft ist klar, rund 100 Kilometer weit können wir in die Ferne schauen. Bald schon kommen die ersten Ausläufer von Medellín in Sichtweite und wir machen uns zur Landung bereit. Medellín liegt auf 1.600 Höhenmetern in einem Talkessel – und der Flughafen selbst auf 2.500 Metern. Die Stadt ist mit mehr als 2,2 Millionen Einwohnern die zweitgrößte Kolumbiens. Wie der Beiname „Capital de las Flores" unschwer erahnen lässt, ist sie vor allem für ihre Gartenanlagen und Blumen berühmt. Besonders die Vielfalt der Orchideen wird hoch geschätzt. Sie werden extra für den Export in die USA, Europa und Asien gezüchtet. Dieser Tage wird in Medellín das Blumenfest, die „Feria de las Flores", gefeiert. Alles ist geschmückt, die Stadt strahlt vor Glanz und Blütenpracht.

Am Abend besuchen wir den Parque Cultural Nocturno, wo tausende Menschen ausgelassen bis tief in die Nacht feiern. Unzählige Folkloregruppen sorgen für Stimmung. Ein echtes Volksfestgetümmel!

Taxifahrten sind in Medellín sehr günstig. Für eine Stunde zahlt man hier zirka 20.000 Pesos, das entspricht rund 12 US-Dollar. Ich finde, dass Taxifahrten sich perfekt dazu eignen, eine bislang fremde Stadt kennenzulernen. Oft bewegen wir uns dabei abseits der touristischen Pfade und können so die Ursprünglichkeit, das Alltagsleben ungefiltert erleben.

Noch in den 1980er-Jahren litt das öffentliche Leben der Metropole unter der Drogenmafia des Medellín-Kartells, das eine führende Rolle im weltweiten Kokainhandel innehatte. Erst in den vergangenen Jahren hat sich die Lage in und um Medellín verbessert. Hier fühlen wir uns deutlich sicherer.

Mit dem Taxi steuern wir zunächst den Botanischen Garten an und besuchen das Orquideorama. Über 1.600 verschiedene Orchideenarten gibt es hier zu bewundern, eine prachtvoller als die andere. Weiter geht es zum Museo de Antioquia und der Plaza Botero, vorbei an historischen Kirchen und modernen Gebäuden. Viele Grünflächen ziehen sich durch die Stadt, alles ist sauber und gepflegt. Besonders schön ist es in Cerro Nutibara, dem „alten" Medellín, mit seinen unzähligen gut erhaltenen Bauwerken. Für mein Empfinden lässt sich die Stadt in Teilen durchaus mit San Francisco vergleichen.

Blumenpracht wohin wir schauen

Medellín (SKRG) –
6° 14′ 44.66″ N, 75° 34′ 55.92″ W

Quito (SEQU) –
0° 13′ 7″ S, 78° 30′ 35″ W

Distanz:
456 NM

Flugzeit:
2 Stunden

Ecuador

Fläche:	256.370 km²
Einwohner:	13.481.000 = 53 je km²
Hauptstadt:	Quito
Amtssprache:	Spanisch
Währung:	US-Dollar

Wie ein Kondor über die Anden:

Dünne Luft in Quito

In kürzester Zeit bringt uns Taxifahrer Pedro heute Morgen vom Hotel zum 30 Kilometer entfernten Flughafen von Medellín. Wie ein Michael Schumacher der Landstraße fegt er über den Asphalt. Was wir auf der Fahrt an Zeit herausgeholt haben, macht jedoch die zähe Abfertigungsprozedur wieder zunichte. Zahlreiche Formulare müssen ausgefüllt werden. Nicht nur wir und unsere Papiere werden gründlich geprüft, auch die Piper Cheyenne wird von Beamten und einem Drogenspürhund abgesucht. Selbst vor der Deckenverkleidung machen sie nicht Halt!

Gegen 13 Uhr haben wir schließlich die Starterlaubnis und können das kolumbianische Hochland überfliegen. Als wir Ecuador erreichen, müssen wir auf 19.000 Fuß steigen, um die Gipfelhöhen der Anden zu toppen. Aus den dicken Wolken ragt der Gipfel des knapp 6.000 Meter hohen Cotopaxi wie ein mahnender Zeigefinger hervor. Er ist einer der höchstgelegenen aktiven Vulkane der Welt.

„Die größte Sehenswürdigkeit, die es gibt, ist die Welt – sieh sie dir an!“
(Kurt Tucholsky)

Über 10.000 Fuß hoch liegt der Verkehrsflughafen von Quito, der Hauptstadt Ecuadors. Der Airport zählt zu den anspruchsvollen Flughäfen der Welt: Knapp vor dem Aufsetzpunkt stehen noch Hochhäuser. Kurz vor den Bergen müssen wir auf den Gleitpfad, der uns direkt über die Stadt führt. Ich merke, wie angespannt ich bin. Die Luft ist so dünn, dass ich stetig mehr Schub geben muss, um nicht unter „Blueline“, so heißt die Mindestgeschwindigkeit für den Anflug, zu sinken. Über drei Kilometer zieht sich die Landebahn hin, weil die dünne Luft hohe Geschwindigkeit für Landung und Abheben erfordert, die entsprechend lange auf- und abgebaut werden muss.

Nach der sauberen Landung gibt es eine der schnellsten Abfertigungen, die ich bisher mitgemacht habe. Tanken, Formulare ausfüllen, Ausreisen und Abstimmen dauern kaum 35 Minuten. Es gibt weder Pass- noch Zollkontrollen.

Quito liegt rund 20 Kilometer südlich des Äquators in einem 2.850 Meter hohen Becken der Anden. Aufgrund dieser Lage trägt die zwei Millionen Einwohner zählende Stadt den Titel der höchstgelegenen Hauptstadt der Welt. Ecuador hat seine eigene, inflationäre Währung abgeschafft und zahlt nur noch mit US-Dollars.

Am Abend spazieren wir durch die weitläufige, von der Kolonialzeit geprägte Altstadt. Ich erhasche einen ersten Blick auf bedeutende Bauten und Denkmäler, vor allem Klöster und Kirchen. Im Jahr 1978 ist die Altstadt Quitos als erste Stadt überhaupt in die Liste des UNESCO-Weltkulturerbes aufgenommen worden. Von einem Hügel aus genießen wir den nächtlichen Blick auf ein Meer aus Millionen von Lichtern.

Unglaubliche Geschichten vom Äquator:

Streiche mit verbundenen Augen

Heute geht es nach San Antonio de Pichincha zum Mitad del Mundo – zur Mitte der Erde. Hier wollen wir das Museo de Sitio Intiñan besuchen. Es soll ein unglaublicher Vormittag werden.

Zielstrebig steuern wir die Attraktion des Ortes an, die Äquatorlinie. Wir stehen auf der 00:00:00-Markierung, das rechte Bein auf der Südhalbkugel, das linke auf der Nordhalbkugel. Der Museumsführer schiebt mich einen Meter von der Äquatorlinie nach links. Er weist mich an, beide Arme gen Himmel zu heben und meine Hände zusammenzufalten. Arnim soll nun versuchen, mit beiden Händen meine Arme nach unten zu drücken. Ich halte gut dagegen und er hat keine Chance. Dann soll ich mich genau auf die Äquatorlinie stellen und wieder die Arme anheben, Hände falten und Arnim soll mit nur einer Hand versuchen, meine Arme nach unten zu drücken. Es dauert keine Sekunde und er hat es ohne großen Kraftaufwand vollbracht!

Nächste Übung: Wir laufen mit ausgestreckten Armen und geschlossenen Augen über eine Linie, die einen Meter rechts neben der Äquatorlinie auf dem Boden angezeichnet ist. Locker gehen wir fünf Meter voran. Nun das Gleiche auf der Äquatorlinie: Keinen halben Meter halten wir durch, ohne wie beschwipst nach links oder rechts zu wanken. Tatsächlich bleibt auch ein Ei hochkant auf einer Nagelspitze stehen, die auf dem Äquator eingeschlagen ist. Wasser in einer Schüssel dreht einen Meter südlich der Äquatorlinie links herum beim Ablaufen, nördlich davon rechts herum und direkt auf der Linie fällt es gerade herunter. Zurückzuführen sind all diese unglaublich faszinierenden Phänomene auf die unterschiedlich wirkenden Corioliskräfte der Erdrotation auf beiden Erdhälften. Auf der Rückfahrt in die Innenstadt von Quito fachsimpeln wir noch lange über das Erlebte!

Quito (SEQU) –
0° 13′ 7″ S, 78° 30′ 35″ W

Lima (SPIM) –
12° 2′ 6″ S, 77° 1′ 7″ W

Distanz:
810 NM

Flugzeit:
4 Stunden

USA
Mexiko
Guatemala
Costa Rica
Kolumbien
Ecuador
Peru
Chile
Argentinien
Brasilien
Guyana
Grenada
Dominica
Niederl. Antillen

Peru

Fläche:	1.285.216 km²
Einwohner:	28.837.000 = 22 je km²
Hauptstadt:	Lima
Amtssprache:	Spanisch, Ketschua, Aimará
Währung:	Neuer Sol

Volksfeststimmung in Lima:
Viva Alemania, viva Peru!

In Quito erleben wir heute Morgen die schnellste Abfertigung seit Beginn unserer Weltumrundung: Vom Erreichen des Flugplatzes bis zum Start der Motoren vergehen nur 17 Minuten. Unschlagbar!

Schnell steigen wir auf 18.000 Fuß. Unter uns liegen der riesige Cotopaxi und der mehr als 6.300 Meter hohe Chimborazo. Das Wetter ist traumhaft, sodass wir einen klaren Blick auf die Anden haben, deren eisige Gipfel auf einer Strecke von 4.000 Kilometern unter uns liegen werden. Wir sehen kleine Dörfer auf gut 5.000 Metern Höhe, von denen aus sich steile Bergpässe hinunter in die Täler schlängeln.

Nach knapp vier Stunden setzen wir zur Landung in Lima an. Die peruanische Hauptstadt empfängt uns mit grauem Dunst, die Sicht ist schlecht, schwerer Seenebel liegt über der Metropole. Gleich nach der Abfertigung treffen wir auf Carlos, einen 62-jährigen Reiseleiter mit guten Deutschkenntnissen. Er zeigt uns die sechs Millionen Einwohner zählende Stadt mit viel Witz und guter Laune.

Im 16. Jahrhundert kamen die Spanier nach Lima. Die kolonialen Bauten zeugen noch heute von der Geschichte. Viele Häuser spiegeln den Glanz vergangener Zeiten wider. Wir staunen über schöne Kirchen wie die Iglesia San Francisco, die monumentalen Plätze und all die Bauwerke mit ihren riesigen jahrhundertealten Holzbalkonen. Zu unserer Überraschung können wir vor dem Präsidentenpalast einer Parade mit über 100 Musikern beiwohnen. Vor einem Publikum aus Tausenden von Menschen spielen sie unter anderem „Alte Kameraden" und ich rufe „Viva Alemania! Viva Peru!", woraufhin die Leute um mich herum lachen und mir freudig zunicken. Es ist ein glücklicher Moment. Die Menschen strahlen, sind stolz und lebensfroh. Liebespaare umarmen sich und überall empfängt uns eine fast überbordende Farbenpracht. Ich bin hin und weg von diesem Land, diesem Kontinent.

Am Abend sind wir mit Hilaria Supa Huaman verabredet. Sie ist indigener Abstammung und kommt aus der Nähe der Provinzhauptstadt Cusco. Hilaria ist eine der bekanntesten Persönlichkeiten Perus und ich fühle mich geehrt, dass sie sich Zeit für ein Gespräch genommen hat. Eine starke, mutige und beeindruckende Frau! Sie trägt die traditionelle Tracht, hat ein buntes Tuch um die Schultern geschlungen und schwarze geflochtene Zöpfe schauen unter ihrem Hut hervor. Wir erfahren, dass Hilaria leider nie Lesen und Schreiben gelernt hat. Trotzdem hat sie heute einen Sitz im Parlament und setzt sich sehr für die Belange der Bildung ein. Sie berichtet ausführlich über das Aussterben ihres Dialektes, die Ausbeutung der Natur und die Armut ihres Volkes. Gegen all diese Missstände kämpft sie heute im Parlament. Wir spüren förmlich ihre Energie und ihren Kampfesgeist und wünschen ihr alles erdenklich Gute.

Lima (SPIM) –
12° 2′ 6″ S, 77° 1′ 7″ W

Cusco (SPZO) –
13° 31' 6'' S, 71° 58' 41'' W

Distanz:
324 NM

Flugzeit:
1,5 Stunden

Auf Augenhöhe mit den 7.000ern:

Flug über die Anden

Überpünktlich starten wir am nächsten Morgen gen Südwesten. Zügig steigen wir auf 23.000 Fuß, da die Berge hier bis zu 7.000 Meter hoch sind. Unter uns ziehen die schneebedeckten Gipfel der Anden vorbei. Eine beeindruckende Aussicht, die sich uns da bietet! Der Anflug auf den Flughafen von Cusco ist wirklich sehr gefährlich. Wir müssen rasch auf 12.000 Fuß absinken und immer wieder in Schluchten eindrehen. Die Tragflächen der Piper sind nur wenige Meter von den Bergen entfernt. Arnim gibt mir in Sekundenschnelle Richtungsanweisungen und ich bin sehr konzentriert. Mit steilen Rechts- und Linkskurven geht es von einer Schlucht in die nächste, die Berge zum Greifen nah. Endlich liegt Cusco vor uns, die Luft ist glasklar. Ich reduziere die Geschwindigkeit, setze die Landeklappen, das Fahrwerk fährt aus, alles innerhalb von zwei Minuten. Punktgenaue Landung! Geschafft! Das Atmen fällt mir schwer, wir merken deutlich, dass wir uns in 3.400 Höhenmetern befinden. Da sich viele Besucher erst nach mehreren Tagen an den niedrigen Sauerstoffgehalt in der dünnen Luft gewöhnen, bietet unser Hotel hier sogar extra eine Sauerstoffversorgung auf den Zimmern an. Das habe ich noch nirgendwo erlebt!

Monumentale Festung auf 2.360 Metern Höhe

Machu Picchu:
Die Festung der Inkas

Um fünf Uhr in der Früh stehen wir auf, um mit dem Bus nach Ollantaytambo zu fahren. Zwei Stunden benötigt der Bus für die 60-Kilometer-Strecke, die uns über zwei Bergpässe führt. Genug Zeit also für unseren Reiseleiter José, uns die sagenumwobene Geschichte der Inkastadt Machu Picchu näherzubringen.

In Ollantaytambo angekommen, wechseln wir vom Bus in den Zug. Entlang des Vistadome Valley führt die Route vorbei an einem malerischen Flusstal und kleinen Dörfern bis nach Aguas Calientes. Rechts und links der Strecke sehen wir über 5.000 Meter hohe, teils schneebedeckte Berge. Ende Januar hat ein gigantischer Regenschauer in dieser Gegend dafür gesorgt, dass sich Erdmassen und Gesteinsbrocken lösten. Teile der Strecke wurden zerstört, erst seit einigen Wochen ist die Bahnverbindung wieder in Betrieb.

Nach der Ankunft in Aguas Calientes geht es mit einem Kleinbus durch dichtes Grün und über enge Serpentinenstraßen hinauf zur Ruinenstadt Machu Picchu. Meine Höhenangst spielt mir heute erneut übel mit. Immer wieder schließe ich die Augen, um die steilen Abhänge nicht sehen zu müssen.

Endlich am Ziel angekommen, ist der Anblick von Machu Picchu schier überwältigend. Schätzungen zufolge sollen hier nach 1450 zwischen 800 und 1.000 Inkas gelebt haben. Sie errichteten ihre Stadt mit Granit aus Steinbrüchen der Umgebung und schlugen die Quader mühselig in Form. Forscher vermuten, dass die Wasserquellen versiegten und die Bewohner deshalb die Stadt verließen. Wir sehen gut erhaltene Mauern, Tempel und Wasserversorgungssysteme.

Mit jeder Minute, die wir hier oben verbringen, geht es mir jedoch zusehends schlechter. Ich verkrafte die Höhe nicht. Nach vier Stunden Besichtigung treten wir die Rückreise an, bei der ich mich am meisten vor der Serpentinenstraße fürchte. Im Zug und im Bus schlafe ich viel und bekomme kaum etwas von der siebenstündigen Fahrt mit.

Die anschließende Nacht erweist sich als anstrengend, an Schlaf ist nicht zu denken. Ich nutze die Sauerstoffmaske und hoffe inständig, dass das Schwindelgefühl nachlässt.

Am folgenden Vormittag besucht uns die Parlamentarierin Hilaria im Hotel in Begleitung dreier Künstler, die noch die jahrhundertealten Musikinstrumente ihrer Heimat spielen können. Wir lauschen den fremden Klängen und schauen uns ihre Instrumente genau an. Der Höhepunkt der Vorführung ist das weltbekannte peruanische Lied „El Condor Pasa". Hilarias Ziel ist es, allen Schulkindern von klein auf Musikinstrumente zur Verfügung zu stellen, damit das alte Musikgut erhalten bleibt.

Den Rest des Tages verkrieche ich mich wieder auf dem Hotelzimmer und liege im Bett. Ich bin schlapp, von Durchfällen geplagt und noch immer ist keine Besserung in Sicht. Langsam frage ich mich, wie ich den morgigen Sieben-Stunden-Flug nach Santiago de Chile überstehen soll.

Cusco (SPZO) – 13° 31′ 6″ S, 71° 58′ 41″ W | Iquique (SCDA) – 20° 13′ 0″ S, 70° 10′ 0″ W | Santiago de Chile (SCEL) – 33° 27′ 0″ S, 70° 40′ 0″ W | Distanz: 1.350 NM | Flugzeit: 7 Stunden

Chile

Fläche: 756.096 km²
Einwohner: 16.804.000 = 22 je km²
Hauptstadt: Santiago (Santiago de Chile)
Amtssprache: Spanisch
Währung: Chilenischer Peso

Berauschendes Farbenspiel:

Über der Atacama-Wüste

Schon um 7:30 Uhr wartet José vor dem Hotel und bringt uns zum Flughafen. Die Abfertigungsprozedur ist dieses Mal zäh und frustrierend. Erst gegen 10 Uhr stehen wir mit laufenden Motoren an der Startbahn – und werden dann nochmals ans Gate zurückgerufen. Der Grund: In Lima hat man vergessen, uns eine Position der Flugabfertigung abzurechnen, was nun in Cusco nachgeholt werden muss. Es geht um wenige Dollar, die uns jetzt viel Zeit kosten, dabei haben wir heute rund 2.500 Flugkilometer zu bewältigen. Um 11 Uhr ist endlich alles erledigt und wir bekommen grünes Licht. Der Flug führt uns über die Anden Richtung Süden – es soll einer der beeindruckendsten unser Tour werden.

Die 6.000 Meter hohen, schneebedeckten Berge der Anden ziehen vorüber, wenig später überfliegen wir die Atacama-Wüste – ein berauschendes Farbenspiel der Natur, denn die Küstennebel bewirken für einen kurzen Zeitraum das Erblühen der Wüste. Es folgen ein kurzer Tankstopp in Iquique (Chile) und weitere drei Stunden Flugabenteuer. Links blicken wir auf den Titicacasee, der 15-mal größer ist als der Bodensee und auf einer Höhe von 3.810 Meter liegt.

Kurz vor der Ankunft in Santiago de Chile geht schließlich langsam die Sonne unter. Wir sehen den höchsten Berg Lateinamerikas, den Aconcagua (6.962 Meter), in leuchtend oranges Licht getaucht. Einfach gigantisch! Als wir gegen 19 Uhr in Santiago de Chile landen, ist es bereits dunkel. Vom Flughafen aus begeben wir uns direkt ins Hotel. Gerade nach der letzten Nacht und dem langen Flug heute muss ich dringend auskurieren und neue Kräfte sammeln.

Winter in Santiago de Chile:

16 Grad und Sonnenschein

Heute Morgen ist es sonnig und das Thermometer soll im Laufe des Tages nur auf gut 16 Grad ansteigen – es ist Winter in Chile. Mein erster Gang führt mich in eine Apotheke, um noch einige Mittel gegen meine Höhenkrankheit zu besorgen. Grundsätzlich braucht der Körper nur Zeit, um sich an die Umstände zu gewöhnen. Das muss auch ich beachten und mich dementsprechend verhalten. Ich schreibe meinem Fliegerarzt Dr. Michael Mai eine Mail und beschreibe die Beschwerden, vielleicht kann er mir aus der Ferne helfen. Mittlerweile habe ich schon fünf Kilo abgenommen.

Landschaftlich betrachtet liegt Santiago eingebettet in einen Talkessel am Fluss Río Mapocho. Die Kessellage in Verbindung mit Auto- und Industrieabgasen führt häufig zu Smog. Oft soll er so dicht sein, dass von der Innenstadt aus die direkt an der Stadtgrenze beginnende Bergkette der Anden nicht mehr zu erkennen ist.

Trotz der weit zurückreichenden Geschichte Santiagos sehen wir im Stadtbild der knapp Sechs-Millionen-Metropole nur wenige historische Bauten. Ein Grund sind die regelmäßigen Erdbeben und Vulkanausbrüche, die in der Vergangenheit die chilenische Hauptstadt heimgesucht haben. Zu den wenigen erhaltenen Häusern aus der Kolonialzeit zählen unter anderem die Casa Colorada, die Iglesia San Francisco und die Posada del Corregidor.

Santiago de Chile (SCEL) – 33° 27′ 0″ S, 70° 40′ 0″ W
Buenos Aires (SABE) – 34° 35' 59'' S, 58° 22' 55'' W
Distanz: 646 NM
Flugzeit: 3 Stunden

Argentinien

Fläche:	2.780.403 km²
Einwohner:	39.883.000 = 14 je km²
Hauptstadt:	Buenos Aires
Amtssprache:	Spanisch
Währung:	Argentin. Peso

USA
Mexiko
Guatemala
Costa Rica
Kolumbien
Ecuador
Peru
Chile
Argentinien
Brasilien
Guyana
Grenada
Dominica
Niederl. Antillen

Leidenschaftliches Buenos Aires:

Tango auf offener Straße

Früh morgens machen wir uns auf den Weg zum internationalen Flugplatz von Santiago de Chile. Für die Abfertigung hat sich Arnim mit einem Polizisten verständigt, der uns durch alle Kontrollen begleiten wird. Damit entfällt der Handlingagent und wir zahlen nur 37 Dollar Gebühren – bisher der günstigste Flugplatzaufenthalt in Lateinamerika.

Kurz nach dem Start geht es Richtung Osten über die sich hoch auftürmenden, verschneiten Gipfel der Anden. Keine Wolke zeigt sich am Himmel, stattdessen genießen wir freie Fernsicht. Ich glaube, die Alpen werden uns zukünftig doch sehr klein vorkommen im Vergleich zu diesem mächtigen, erhabenen Gebirge. Bei einem Rückenwind von über 70 Knoten fliegen wir 21.000 Fuß hoch, knapp über den Gipfeln.

Wir erreichen den Übergang vom Hochgebirge zur argentinischen Pampa und es kommt, was kommen muss: heftigste Luftverwirbelungen, wir werden richtig durchgeschüttelt. Was bin ich froh, mit der Piper Cheyenne fliegen zu können – einem robusten und zuverlässigen Flugzeug. Als erfahrener Pilot kennt Arnim solche Situationen zur Genüge. Er beruhigt mich immer wieder und erklärt das Phänomen verständlich. Wie von ihm prophezeit, ist der ganze Spuk nach zehn Minuten vorbei und es kehrt absolute Ruhe ein. Die nächsten zwei Stunden geht es recht unspektakulär über die Grassteppe.

Per Funk erhalten wir plötzlich die Information, dass wir nicht auf dem Stadtflughafen in Buenos Aires landen dürfen. Es würde wohl eine Genehmigung fehlen. Arnim und ich sind verwundert und können uns nicht erklären, was denn nun fehlt. Auch der Controller im Funk ist ratlos. Als Ausweichflughafen benennt man uns den nur zehn Minuten entfernten San Fernando Airport. Kein Problem für uns, wir sind bestens ausgestattet und haben Anflugblätter von diesem Flughafen dabei. Auf dem Platz sind alle sehr hilfsbereit und freundlich, so ist die Cheyenne in kürzester Zeit betankt und auch die Einreiseformalitäten sind schnell erledigt.

Kurz nach der Ankunft im Hotel nutzen wir die wertvolle Zeit und begeben uns sogleich auf eine Stadtrundfahrt durch die Hauptstadt Argentiniens. Reiseleiterin Ursula Gnehm lebt seit mehr als 30 Jahren hier und zeigt uns die schönsten Plätze. In Buenos Aires leben über drei Millionen Menschen – ein Schmelztiegel der Nationen und Kulturen. Auf den Straßen des Künstlerviertels wird Tango getanzt und Musiker begleiten den Tanz leidenschaftlich – bei kühlen 10 Grad!

Ursula führt uns auch ans Boca Stadion, das zweite Zuhause des Fußballstars Maradona. Sein Konterfei ist an vielen Hauswänden zu sehen, der Mann ist einfach allgegenwärtig. Die Liebe zum Fußball zieht schon die Kinder und Jugendlichen in ihren Bann – sie spielen nicht nur auf den Straßen, selbst im kleinsten Hinterhof wird fröhlich gekickt.

Weiter geht es entlang zahlreicher Kirchen, prachtvoller Plätze und dem berühmten Präsidentenpalast, auf dessen Balkon im Musical „Evita" das Lied gesungen wird: „Don't cry for me, Argentina". Als wir das hell angestrahlte National-Museum der bildenden Kunst und das Historische Museum erreichen, ist es bereits dunkel geworden in der Stadt. Wie schnell die Sonne hier doch untergeht! Auf der Avenida 9 de Julio geht es vorbei am Obelisken, einem fast 70 Meter hohen Denkmal, das anlässlich des 400-jährigen Stadtjubiläums in den 1930er-Jahren aufgestellt wurde. Auf dem Plaza de Mayo, wo vor 200 Jahren die Unabhängigkeit von Spanien erklärt wurde, protestieren an diesem Abend die Veteranen des Falklandkrieges. Sie warten noch immer auf Entschädigung und Anerkennung.

Heißer Tango bei 10 Grad

Gauchos und Pferde in Salto:

Besuch auf einer Estancia

Kalt ist es heute Morgen in Buenos Aires, nur vier Grad misst das Thermometer. Wir steigen schnell in den Kleinbus und treten die Fahrt zu einer Estancia an – so nennt man in Argentinien eine Farm. Der Bus windet sich durch das Straßengewirr der Metropole, bis wir schließlich die Autobahn 7 erreichen. Rechts und links des Weges durch die fruchtbare Pampa liegen zahlreiche Farmen mit Tausenden von Rindern und Pferden. Das Land ist flach und aufgrund der heftigen Regenfälle der letzten Wochen sehr feucht.

Nach zwei Stunden Fahrt steigen wir in eine offene Kutsche um und passieren das Eingangstor der Farm in Salto. Dort werden wir von einem Gaucho hoch zu Ross mit wehender deutscher Fahne empfangen. Er begleitet uns über das 500 Hektar große Gelände bis zum Haupthaus, wo uns der 48-jährige Besitzer Frederico Büker erwartet. 20 Jahre lang habe ich mit ihm beruflich zusammengearbeitet. Die letzte Begegnung liegt allerdings schon ein Weilchen zurück, sodass es viel zu erzählen gibt. Frederico pendelt immer mal wieder zwischen Argentinien und Deutschland.

Nach der Begrüßung kommen wir mit ein paar Farmarbeitern ins Gespräch. Stolz zeigen sie uns ihre reich mit Silber- und Goldmünzen geschmückten Gürtel. Weil sie wenig Vertrauen in die Banken haben, tragen sie ihre Ersparnisse auf diese Weise immer bei sich. Auch ein scharfes Messer gehört zur Grundausstattung.

Uns zu Ehren hat Frederico ein großes Fest organisiert. Zahlreiche Gäste, Freunde und Familienangehörige wurden eingeladen, sogar ein Rind haben sie extra für uns geschlachtet. Das Essen ist wirklich üppig und schmeckt außergewöhnlich gut. Einige der Gauchos demonstrieren ihr Können im Umgang mit ihren Pferden – sehr beeindruckend!

Auf dem Gelände der Farm besuchen wir anschließend mit Frederico ein Wohnheim, in dem 48 junge Erwachsene, die vom Down-Syndrom betroffen sind, von Montag bis Freitag betreut werden. Die Wochenenden verbringen sie bei ihren Familien. Frederico berichtet jedoch, dass es häufiger Probleme mit den Angehörigen gibt, weil sie keine behindertengerechte Betreuung und Fürsorge übernehmen können oder wollen. Fredericos Ziel ist es, sobald wie möglich ein zweites Heim für die Wochenendbetreuung zu eröffnen. Er hängt sehr an den Menschen und auch sie haben ihn in ihr Herz geschlossen. Zum Abschied bekomme ich von Nestor, einem Jungen mit Down-Syndrom, ein wunderschönes, selbst gemaltes Bild geschenkt. Es zeigt das Haus, das einmal Wohnheim werden soll. Für uns geht es nun zurück nach Buenos Aires. Gegen 20 Uhr sind wir wieder im Hotel – was für ein aufregender Tag!

Gauchos – die Cowboys der Pampa

Buenos Aires (SABE) – 34° 35′ 59″ S, 58° 22′ 55″ W
Florianópolis (SBFL) – 27° 35' 34'' S, 48° 33' 8'' W
Rio de Janeiro (SBRJ) – 22° 54' 30'' S, 43° 11' 47'' W
Distanz: 1.250 NM
Flugzeit: 6 Stunden

Brasilien

Fläche:	8.547.404 km²
Einwohner:	191.972.000 = 23 je km²
Hauptstadt:	Brasilia
Amtssprache:	Portugiesisch
Währung:	Real

Hindernisse auf dem Weg nach Rio:

Lange Wartezeiten und hohe Gebühren

Endlich bin ich wieder beschwerdefrei und fühle mich fit. Die Ratschläge und Medikamentenempfehlungen meines Fliegerarztes Dr. Michael Mai haben mir sehr geholfen. Mit Tatendrang und Vorfreude geht es früh morgens direkt zum Flughafen San Fernando.

Wir starten in Richtung Norden, noch einmal liegt Buenos Aires in seiner ganzen Pracht unter uns. Schon nach wenigen Minuten überqueren wir die Grenze zu Uruguay. Das Wetter ist ruhig, der Himmel strahlend blau und wolkenlos, die Sicht klar.

Auf halber Strecke nach Rio de Janeiro legen wir in Florianópolis einen Tankstopp ein und erledigen auch gleich die brasilianischen Einreiseformalitäten. Der Spritpreis liegt bei zwei US-Dollar pro Liter, sehr teuer also. Hinzu kommen die 500 Dollar für den Handlingagenten und 250 Dollar für die Landegebühr – für Piloten ist Brasilien wirklich kein Vergnügen. Die Abfertigung zieht sich über zwei Stunden hin, bevor wir entlang der Küste Kurs auf Rio nehmen können. Die Landschaft unter uns ist saftig grün, im Ozean sehen wir unzählige kleine Inseln mit schneeweißen Stränden – ein bisschen erinnert mich das an Thailand.

Gegen 18 Uhr erreichen wir schließlich den Stadtflughafen von Rio de Janeiro. Die Neun-Millionen-Metropole empfängt uns mit einem fantastischen Anblick: Hell angestrahlt funkelt die weltberühmte Christus-Statue auf dem Corcovado mit den Lichtern der Großstadt um die Wette. Ein sehr emotionaler Moment!

Zu den Wahrzeichen der Stadt:

Corcovado, Zuckerhut und der Strand von Ipanema

Bei milden 24 Grad starten wir mit einer geführten Stadtbesichtigung durch Rio de Janeiro. Lange Zeit beherrschten Portugiesen, Niederländer und Franzosen das riesige Land. Reiseleiterin Leni Hein, eine deutschstämmige Brasilianerin, zeigt uns als Erstes den Corcovado. Auf dem berühmten Berg steht die Christus-Statue. Das 30 Meter hohe und über 1.100 Tonnen schwere Monument wurde in den 1930er-Jahren von der Stadt selbst als Wahrzeichen Rios erbaut. Mit einer in der Schweiz entwickelten Zahnradbahn geht es in 20 Minuten etwa 700 Meter hinauf zum Aussichtsplateau des Corcovado. Auf der Rückfahrt spielt eine Samba-Gruppe im Zug, alle feiern mit und die Stimmung ist grandios. Überhaupt habe ich den Eindruck, dass an allen Ecken gefeiert und gelacht wird.

Anschließend führt uns Leni auf den Pão de Açúcar, den Zuckerhut. Der 394 Meter hohe Granitfelsen ragt auf einer Halbinsel, die der Stadt in der Guanabara-Bucht vorgelagert ist, aus dem Atlantik. 1979 diente der Felsen als spektakuläre Kulisse für den James-Bond-Film „Moonraker – Streng geheim". So fühle ich mich denn auch ein wenig an Roger Moore erinnert, als wir in einer der rundum verglasten Kabinen der Drahtseilbahn Kurs auf den Gipfel des Felsens nehmen. An der südlichen Seite des Zuckerhuts erstrecken sich die Strände von Copacabana, Ipanema und Leblo. Bis in die 1950er-Jahre verkehrte hier der weltweite Jetset, heute kommen Jahr für Jahr zahllose Touristen.

Abends sind Arnim und ich bei Gerhard Schneider eingeladen, einem langjährigen Bekannten, der aus Höhr-Grenzhausen stammt und seit mehr als 10 Jahren in Rio lebt. Er grinst über beide Ohren, als er uns die Haustür öffnet, denn extra für uns hat er eine köstliche Westerwälder Markklößchensuppe gekocht. Das ist Heimatfeeling pur!

Hilfe für Waisenkinder

Rio de Janeiro (SBRJ) – 22° 54′ 30″ S, 43° 11′ 47″ W
Ilhéus (SBIL) – 14° 47' 30.34'' S, 39° 2' 31.17'' W
Maceió (SBMO) – 9° 39' 58'' S, 35° 44' 17'' W
Distanz: 946 NM
Flugzeit: 6 Stunden

Unser fünftes FLY & HELP-Projekt:

Besuch der Vorschule Canta Sabia in Maceió

Bei sonnigen 22 Grad genießen wir in der Piper Cheyenne einen imposanten 360-Grad-Blick auf Rio de Janeiro. Tagesziel heute ist die Küstenstadt Maceió im Bundesstaat Alagoas. Die Landschaft hier ist urwüchsig, sehr grün und von zahllosen Flüssen durchzogen. Wir folgen der brasilianischen Küste bis zur Stadt Ilhéus, wo ich für einen Tankstopp lande. Für den Weiterflug erhalten wir die Genehmigung, entlang der gesamten Küste in nur 2.000 Fuß Höhe fliegen zu dürfen. Maceió erreichen wir am späten Nachmittag.

Der Nordosten Brasiliens gilt als das Armenhaus des riesigen Landes. Wir kommen hierher, um das fünfte Hilfsprojekt auf der FLY & HELP-Weltumrundung zu besuchen. Ich möchte mit den Menschen sprechen, die sich seit vielen Jahren über die Nichtregierungsorganisation Erê dem Kampf gegen das Elend der Straßenkinder verschrieben haben: Projektleiter Átila Vieira, die Lehrerin Louisi und Jossi, die Betreuerin der Kinder und ihrer Familien.

Ein bestimmt 40 Jahre alter VW-Bus bringt uns in anderthalb Stunden Fahrt vom Flughafen zum Hotel. Der Wagen ist ein Geschenk der Kirchengemeinde Halstenbek aus Deutschland, die das brasilianische Projekt seit vielen Jahren begleitet. Beim Blick aus dem Fenster fällt mir bereits die große Armut auf.

Mit dem VW-Bus geht es dann am nächsten Morgen in die Vorschule Canta Sabiá. Schon seit 20 Jahren

USA
Mexiko
Guatemala
Costa Rica
Kolumbien
Ecuador
Peru
Chile
Argentinien
Brasilien
Guyana
Grenada
Dominica
Niederl. Antillen

errichtet und betreut Erê Projekte für Straßenkinder, darunter auch diese Bildungseinrichtung. Insgesamt 40 Mädchen und Jungen im Alter zwischen vier und sechs Jahren werden in der kleinen Vorschule unterrichtet. Louisi ist die einzige Lehrerin und gibt sich sichtlich große Mühe. Ihre Schützlinge schauen uns zunächst etwas schüchtern an, werden aber recht schnell munter und sind fröhlich. Viele Kinder haben sehr junge Mütter, die ihr Geld mit Prostitution verdienen. Erê verfolgt das Ziel, den Mädchen und Jungen durch Bildung ein Leben abseits der Straße zu ermöglichen. Zu unserem Besuch in der Vorschule sind auch Kamerateams und Journalisten eingeladen. Sofort bin ich umringt und gebe Interviews zu meinem Vorhaben und zur FLY & HELP-Stiftung. Wir planen, die Einrichtung um drei Klassenräume zu erweitern, damit bald 120 Straßenkinder spielend an das Lesen, Schreiben und Rechnen herangeführt werden können. Über meine Stiftung stelle ich dafür 24.000 Euro zur Verfügung. Der Baubeginn ist für September angesetzt und die Bauplaner rechnen damit, die Arbeiten Anfang 2011 abschließen zu können.

„Wir sind nicht nur verantwortlich für das, was wir tun, sondern auch für das, was wir nicht tun."
(Voltaire)

Nach einigen Stunden verabschieden wir uns von den Kindern und fahren mit Atila weiter zu Familien, deren Kinder die Vorschule besuchen. In einer ärmlichen Baracke lebt eine Mutter auf engstem Raum mit ihren 13 Kindern, ihr Mann wurde vergangenes Jahr ermordet. Nun sammelt sie Pappe auf der Straße und verkauft diese weiter, um die Familie zu ernähren. In der Wohnung ist es schmutzig, überall stapelt sich Müll. Es riecht unangenehm, die Betten sind zerlumpt und unzählige Kinder laufen um uns herum.

Der Stadtteil, in dem wir uns hier befinden, gilt als der gefährlichste ganz Maceiós. Die Hauptstraße des Viertels wird von Einwohnern ängstlich „Straße des Todes" genannt. Wöchentlich fallen hier Menschen der Drogenkriminalität zum Opfer, wie Atila berichtet. Ich bin zutiefst erschüttert.

Brasilien

Brasilien ist ein Land der Gegensätze: Paradiesische Urlaubsorte auf der einen Seite, Verwahrlosung und Armut unter den Straßenkindern auf der anderen Seite. Im Norden des Landes, in Maceió, setzen sich menino e.V. und die Kirchengemeinde Halstenbek für die Förderung und Unterstützung von Straßenkindern ein.

Das Projekt Erê begleitet ungefähr 150 Kinder therapeutisch und kulturell. Zudem erhalten die Kinder und Jugendlichen eine Ausbildung, die ihnen ein gesichertes Leben jenseits der Straße ermöglicht. Die Reiner Meutsch Stiftung FLY & HELP unterstützt das Projekt mit dem Ausbau der Vorschule Canta Sabiá im Armenviertel der Stadt. Momentan werden dort 40 Mädchen und Jungen im Alter von vier bis sechs Jahren pädagogisch betreut.

Schüsse in der Nacht:

Erschütternder Alltag in Maceió

USA
Mexiko
Guatemala
Costa Rica
Kolumbien
Ecuador
Peru
Chile
Argentinien
Brasilien
Guyana
Grenada
Dominica
Niederl. Antillen

Ich weiß, die Mitarbeiter von Erê geben ihr Bestes, um die schlimme Situation der Straßenkinder zu verbessern und weiteres Blutvergießen zu verhindern. Mit Bildung und Betreuung wollen sie gegensteuern und ihnen die Chance auf ein anderes Leben geben.

Schüsse fallen, ich schrecke hoch. War es nur ein Traum? Nein, ich habe mich nicht verhört. In der Nähe des Hotels wird offensichtlich wirklich geschossen! Jetzt bin ich hellwach und lausche angespannt, was nun draußen passiert. Dass in Maceió Kriminalität an der Tagesordnung ist, haben uns die Mitarbeiter von Erê gestern auf eindrückliche Art verdeutlicht. Dass ich aber gleich in der ersten Nacht eine Schießerei erleben muss, hätte ich nicht gedacht.

„Ich weiß nicht, ob es besser wird, wenn sich etwas ändert, aber ich weiß, dass sich etwas ändern muss, damit es besser wird."
(Georg Christoph Lichtenberg)

Unser gestriger Besuch in der von Erê geführten Vorschule Canta Sabiá und die Bekanntgabe der Unterstützung durch die FLY & HELP-Stiftung bringen dem Vorhaben massive öffentliche Aufmerksamkeit. So hat Atila heute Morgen einige Zeitungen dabei, die ausführlich über die Hilfsaktion und unsere Weltumrundung berichten. Sogar bis in die nationale Nachrichtensendung am Vorabend haben wir es geschafft, was nicht ohne Folgen bleibt, denn mein Interview hat dazu geführt, dass uns die Leute auf den Straßen überall erkennen. An der Bushaltestelle applaudieren uns die Menschen, die Bedienung im Restaurant möchte ein Autogramm und selbst ein Polizist, der für eine Routinekontrolle unseren VW-Bus anhält, ist sehr ergriffen, als er uns im Bus sitzen sieht. Auch die Hotelangestellten sind stolz, dass wir ihre Gäste sind, eine ältere Frau wechselt die Straßenseite und umarmt mich aus heiterem Himmel, der Tankwagenfahrer des Flughafens überbringt mir ein Dankesschreiben. Eine Welle der Dankbarkeit schwappt über uns. Darauf war ich nicht gefasst.

Für den Abend habe ich das gesamte Team von Erê zum Essen eingeladen. Zu zehnt sitzen wir an einem großen Tisch. Es ist quirlig-laut, wir erzählen viel und tauschen Geschichten aus. Ein wunderbarer Abend und eine willkommene Ablenkung für alle.

Herzlichkeit empfängt uns allerorten

Maceió (SBMO) –
9° 39′ 58″ S, 35° 44′ 17″ W

Fortaleza (SBFZ) –
3° 46′ 53″ S, 38° 35′ 20″ W

Belém (SBBE) –
1° 28′ 0″ S, 48° 29′ 0″ W

Distanz:
1.042 NM

Flugzeit:
5 Stunden

Der wasserreichste Fluss unseres Planeten:

Flug über das Amazonas-Delta

Wir verlassen Maceió Richtung Nordwesten und fliegen zunächst bis Fortaleza. Nach einem kurzen Tankstopp nehmen wir Kurs auf Belém, unser heutiges Tagesziel. Während wir das grüne brasilianische Hinterland überfliegen, sind kaum noch Siedlungen zu sehen. Immer einsamer wird es unter uns, immer dichter der Urwald.

Nach drei Stunden Flug, fast ohne Wolken und mit traumhaft klarer Sicht, erreichen wir das riesige Amazonas-Delta, das wie ein endloses Meer mit Ebbe und Flut anmutet. Arnim übernimmt das Steuer, sinkt auf 50 Meter über Grund und fliegt mit gesetzten Landeklappen entlang des dicht bewachsenen Ufers. Unser Dank gilt den Fluglotsen, ohne deren Zustimmung dieses Manöver nicht möglich gewesen wäre. Der Landeanflug auf Belém erfolgt über der Stadt in 1.000 Fuß Höhe, die Hochhäuser sind zum Greifen nah. Draußen ist es heiß, 32 Grad bei hoher Luftfeuchtigkeit lassen uns in Schweiß ausbrechen.

Wildnis pur:

Flussfahrt auf dem Rio Guama

Die Großstadt Belém liegt an der Mündung des Rio Guamá und ist rund 100 Kilometer vom Atlantik entfernt. Mangobäume säumen die Straßen, weshalb sie den Beinamen „cidade das mangueiras" trägt.

Unser Tagesprogramm sieht heute eine Schiffstour auf dem Rio Guamá vor und wir brechen schon früh am Morgen ins Amazonas-Delta auf. An Bord der „Amazon Queen", einem typischen Ausflugsboot aus alten Zeiten, erreichen wir über einen Nebenfluss eine urwüchsige Insel, die von Indianern bewohnt wird. Pedro, der Fremdenführer, begleitet uns auf das Eiland. Es scheint, als kenne er hier jeden Grashalm, so viel hat er über Flora und Fauna zu berichten. Am Rande einer kleinen Siedlung sehen wir einen älteren Mann – wir erfahren später, dass er 67 ist – geschwind auf eine 20 Meter hohe Palme klettern. Dann schwingt er die Palmspitze mit geschmeidigen Bewegungen hin und her und springt hinüber zur nächsten Palme.

Aus dem Dickicht dringen exotische Geräusche von Affen und Vögeln, die uns auf der Wanderung entlang verschlungener Pfade über die Insel begleiten. Unterwegs bekommen wir Kakaopflanzen und Mangobäume gezeigt und öffnen Paranüsse. Die Menschen führen ein Leben im Einklang mit der Natur.

Am späten Nachmittag treten wir die Rückreise nach Belém an. Am besten lernen wir die Stadt an Orten kennen, an denen sich das Alltagsleben der Menschen abspielt. Einer dieser Orte ist der Ver-o-Peso, der Fisch- und Gemüsemarkt. Fangfrischer Fisch aus dem Amazonas-Gebiet wird neben intensiv duftenden Kräutern feilgeboten. Viele der Pflanzen werden als Naturheilmittel eingesetzt.

Abends im Hotel erreicht uns eine Nachricht von der FSI, die für uns die Überfluggenehmigungen der Südamerikadurchquerung regelt. Aktuell fehlen noch Papiere für den Überflug von Venezuela, wahrscheinlich wurden diese zu spät beantragt. Manche Prozesse im Genehmigungsverfahren ziehen sich gut und gerne bis zu zehn Tagen hin. Leider können wir in Belém nicht länger auf die Dokumente warten, da unser Zeitplan sehr eng gesteckt ist. Wirklich schade! Vor allem Arnim hatte sich so auf die Angel Falls in Venezuela, die höchsten Wasserfälle der Welt, gefreut. Stattdessen wird es nun morgen über Französisch-Guayana nach Grenada gehen, weit von der venezolanischen Küste entfernt.

Belém (SBBE) – 1° 28' 0'' S, 48° 29' 0'' W
Georgetown (SYCJ) – 6° 47' 0'' N, 58° 10' 0'' W
St. George's (TGPY) – 12° 2' 40'' N, 61° 44' 30'' W
Distanz: 1.176 NM
Flugzeit: 6 Stunden

Grenada

Fläche:	355 km²
Einwohner:	104.000 = 302 je km²
Hauptstadt:	St. George's
Amtssprache:	Englisch
Währung:	Ostkarib. Dollar

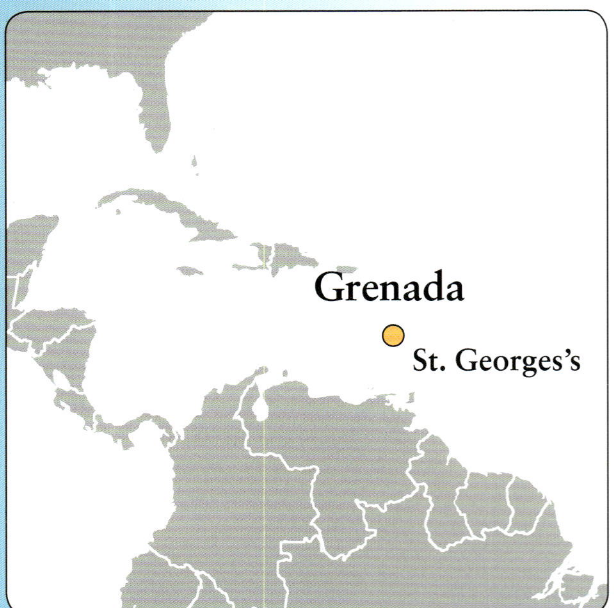

Sturmwarnung:

Hurrikansaison in der Karibik

Während der Abfertigung am Flughafen ist von den Mitarbeitern der Zoll- und Passkontrolle nichts zu sehen, ohne Check können wir passieren. Entsprechend früh sind wir in der Luft, zu unseren Füßen das brasilianische Amazonas-Delta mit Hunderten von Wasserarmen. Wir überqueren das riesige Mündungsgebiet des Stroms in den Atlantik.

Schon kurz nach dem Start erreichen wir die Grenze zu Französisch-Guayana. Der Dschungel liegt wie ein dichter grüner Teppich unter uns und gibt kaum den Blick auf bewohnte Siedlungen frei. Um die Tanks der Cheyenne aufzufüllen, landen wir gegen Mittag in Georgetown und nehmen von hier aus Kurs auf die Nordküste Venezuelas. Auf Höhe des Orinoco-Deltas verlassen wir Lateinamerika, in der Ferne erkennen wir Trinidad und Tobago. Als wir uns dem Inselstaat nähern, sinke ich für einen tiefen Überflug mit toller Sicht. 20 Minuten vor Grenada stimmen wir mit den Lotsen im Tower einen Rundflug über die Insel ab. Schatzinselatmosphäre stellt sich ein.

Unser Hotel auf Grenada ist zwar in die Jahre gekommen, hat aber einen unschlagbaren Vorteil: die direkte Lage an einem der schönsten Strände der Welt, dem Grand Anse Bay Beach. Von den 248 Zimmern des 40 Jahre alten Hauses sind momentan nur 18 Zimmer belegt. Es ist Nebensaison, selbst der weiße, feinsandige Strand ist wie leergefegt. Wir genießen nach viereinhalb Wochen Dauerprogramm die unglaubliche Ruhe, während die Wellen des 30 Grad warmen Ozeans an Land plätschern.

Schon morgen fliegen wir auf die anderthalb Stunden entfernte Insel Dominica, eine weitere paradiesische Karibikinsel. Mit leichten Bedenken beobachten wir die Entwicklung des Hurrikans Danielle, der sich zurzeit in 1.200 Meilen Entfernung auf uns zu bewegt. Danielle ist der zweite Tropensturm der diesjährigen atlantischen Hurrikansaison und wird aktuell auf Stufe 3 eingestuft – das bedeutet, dass Windgeschwindigkeiten von 200 km/h erwartet werden.

Kunterbuntes St. George's

St. George's (TGPY) – 12° 2' 40" N, 61° 44' 30" W | Canefield (TDPD) – 15° 20' 12'' N, 61° 23' 32'' W | Distanz: 236 NM | Flugzeit: 1 Stunde

Dominica

Fläche:	751 km²
Einwohner:	73.000 = 97 je km²
Hauptstadt:	Roseau
Amtssprache:	Englisch
Währung:	Ostkarib. Dollar

USA
Mexiko
Guatemala
Costa Rica
Kolumbien
Ecuador
Peru
Chile
Argentinien
Brasilien
Guyana
Grenada
Dominica
Niederl. Antillen

Karibische Trauminseln:
Berge, Wasserfälle und Orchideen

Für Piloten sind die Westindischen Inseln ein einziges Paradies. Innerhalb von nur 15 Minuten haben wir die Landegebühr bezahlt und den Flugplan abgestimmt, das ging deutlich schneller als erwartet. Wir verlassen Grenada bei schönstem Wetter Richtung Norden. Der Flug führt uns in geringer Höhe über diverse Trauminseln, darunter St. Vincent, St. Lucia und Martinique. Alle sind bergig und von dichtem Grün überzogen.

„Nur jemand, der weiß, was Schönheit ist, blickt einen Baum oder die Sterne oder das funkelnde Wasser eines Flusses mit völliger Hingabe an, und wenn wir wirklich sehen, befinden wir uns im Zustand der Liebe."
(Krishnamurti)

Nach nur einer Stunde erreichen wir Dominica und umfliegen die Insel einmal im Uhrzeigersinn. Unter uns liegen 740 Quadratkilometer Paradies. Der dann folgende Landeanflug hat es jedoch in sich: Die Piste des kleinen Flughafens Canefield ist nur 1.000 Meter lang und liegt direkt am Meer hinter einem Fischerdörfchen. Linkerhand ist die Szenerie von Gebirge eingerahmt. Der Kirchturm des Ortes kommt bedrohlich nahe und ich passiere ihn mit nur 25 Meter Abstand. Das ist riskant, muss aber für den korrekten Endanflug sein. Zur Sicherheit hatten Arnim und ich vorher das Durchstartmanöver für den Notfall besprochen, aber Gott sei Dank erübrigt es sich, es klappt alles wie am Schnürchen.

Bei wolkenlosem Himmel und 32 Grad genießen wir am späten Nachmittag eine dreistündige Inseltour mit dem Auto. Reiseleiter Patrick führt uns bergauf und bergab über Dominica. Immer wieder stoppen wir: Der 57-Jährige erklärt uns die Tagesarbeit der Menschen und die reiche Pflanzenwelt: Bananenstauden, Mango- und Avocadofrüchte, Kaffee- und Kakaopflanzen, Muskatnüsse und prächtige Orchideen. Ein wirklich paradiesischer Ort!

Arnim, Jessina & Reiner im 35 ° warmen Schwefelwasser

Üppige Natur auf Dominica

Wir lassen den Abend entspannt ausklingen

Canefield (TDPD) – 15° 20' 12" N, 61° 23' 32" W | Saint-Martin (TNCM) – 18° 3' 48'' N, 63° 3' 37'' W | Distanz: 185 NM | Flugzeit: 1 Stunde

Niederl. Antillen

Fläche:	800 km²
Einwohner:	218.126 = 227 je km²
Hauptstadt:	Willemstad
Amtssprache:	Niederländisch
Währung:	Antillen-Gulden

USA
Mexiko
Guatemala
Costa Rica
Kolumbien
Ecuador
Peru
Chile
Argentinien
Brasilien
Guyana
Grenada
Dominica
Niederl. Antillen

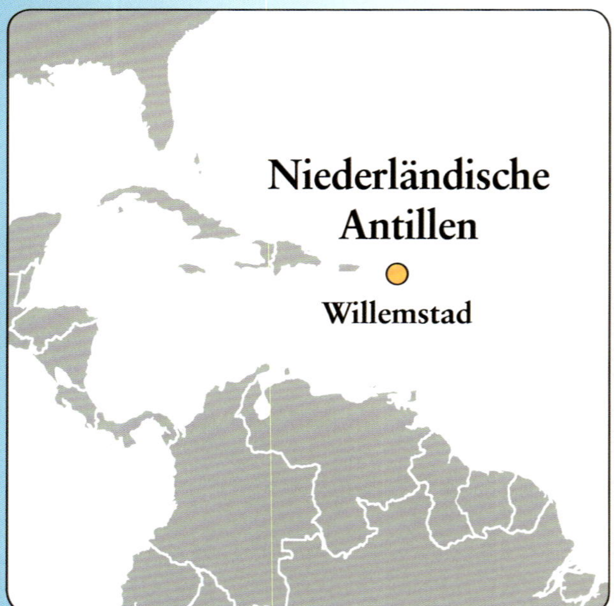

Am Strand von Maho Beach:

Jumbos zum Greifen nahe

Herzliche Menschen, atemberaubende Natur: Ja, der heutige Abschied von Dominica fällt uns wirklich schwer. Die Flughafenmitarbeiter erkundigen sich, ob wir denn wiederkommen würden – „sehr gern", antworte ich. Ohne Zoll- und Passkontrollen sind wir um 11 Uhr in der Luft.

In 3.500 Fuß Höhe überfliegen wir die Inseln Marie-Galante, Guadeloupe und Montserrat, vorbei am Soufrière, dem gefürchteten Vulkan auf Montserrat. Bei dem letzten schweren Ausbruch im Jahr 1995 hat der Lavastrom eine ganze Stadt unter sich begraben, deren graue Ruinen wir jetzt sehen können. Heute sind zwei Drittel der Insel verwüstet und unbewohnbar.

Weiter geht es über Antigua und St. Kitts und Nevis, eine Inselgruppe der Karibik, die kaum bekannt und doch voller Schönheit ist. Nach einer Stunde Flugzeit kommt schließlich Saint-Martin in Sicht. Aus der Ferne sehen wir schon Schaulustige an der Landschwelle des Princess Juliana Airports stehen – direkt am Strand. Alle Maschinen, darunter auch Großraumflugzeuge wie die Boeing 747 oder der Airbus A 340, fliegen hier äußerst niedrig ein. Der Abstand zwischen den landenden Flugzeugen und dem Zaun beträgt oft nur einige Meter. Viele Touristen stehen quasi unter den Flugzeugen und fotografieren begeistert.

Unser Hotel liegt am Strand von Maho Beach, unmittelbar neben der Aufsetzschwelle für die Flugzeuge. Von einem guten Platz in der Strandbar beobachten wir das Geschehen. Witzigerweise ist auf einem Surfbrett der aktuelle Flugplan angeschlagen. Um 16 Uhr landet das größte Flugzeug für den heutigen Tag, eine MD11 der KLM. Beim Landeanflug stehe ich geschätzte zehn Meter unter dem riesigen Koloss.

Rauchender Vulkan Soufriere

Farbenspiel über Korallenbänken

Long Island/Bahamas (MYLS) –	Fort Pierce (KFPR) –	Fort Myers (KFMY) –	Distanz:	Flugzeit:
23° 15' 55'' N, 75° 5' 40'' W	27° 26' 20'' N, 80° 20' 8'' W	26° 37' 54'' N, 81° 51' 26'' W	1.215 NM	6 Stunden

Die Bahamas:

Nicht verschollen im Bermuda-Dreieck

Schon am nächsten Morgen sitzen wir wieder im Flieger und nehmen Kurs auf die Bahamas. Unter uns liegt Tortola, die größte Insel der Britischen Jungferninseln, gefolgt von Puerto Rico und der Dominikanischen Republik auf der linken Seite. Nach dreieinhalb Stunden Flug ist Long Island erreicht und wieder zeigt sich die Karibik von einer völlig anderen Seite. Die Inseln sind flach, gesäumt von endlos weiten, weißen Stränden. Das Meer schillert türkisblau, die Sicht ist atemberaubend schön. Auf der rund 100 Kilometer langen und maximal fünf Kilometer breiten Insel leben nur 3.800 Menschen.

Am Abend laufen wir am Strand entlang und hören dem Rauschen des Meeres zu. Langsam versinkt die Sonne am Horizont, ein wohlig warmes Licht umhüllt die gesamte Promenade. Ein Traum!

Am nächsten Morgen heben wir zum letzten Mal für diese Etappe mit der Piper Cheyenne ab. Es geht über Nassau, die Hauptstadt der Bahamas, und Paradise Island. Ich fliege tief und werde diesen spektakulären Anblick wohl niemals vergessen. Zu unserer Überraschung sehen wir unter uns auch ein im Meer versunkenes Flugzeugwrack.

Nach zwei Stunden Flug erreichen wir Fort Pierce und erledigen unsere Einreiseformalitäten in die USA. Dann geht es schnell weiter zum Flugplatz Page Field in Fort Myers an den Golf von Mexiko. Während unserer Mittel- und Lateinamerika-Etappe haben wir 23.000 Kilometer zurückgelegt, unglaublich interessante Menschen getroffen und tausende Eindrücke gesammelt. Während der nun folgenden Reisepause wird die Cheyenne in einer Flugzeugwerft in Melbourne an der Ostküste Floridas fit für die letzte FLY & HELP-Etappe gemacht. Ich nutze die Zeit bis zum Start unter anderem zum Ablegen einer Englischprüfung, die ab dem 1. Januar 2011 für Piloten mit BZF 1 und AZF-Lizenz vorgeschrieben ist.

USA
Kanada
Grönland
Island
Großbritannien
Deutschland

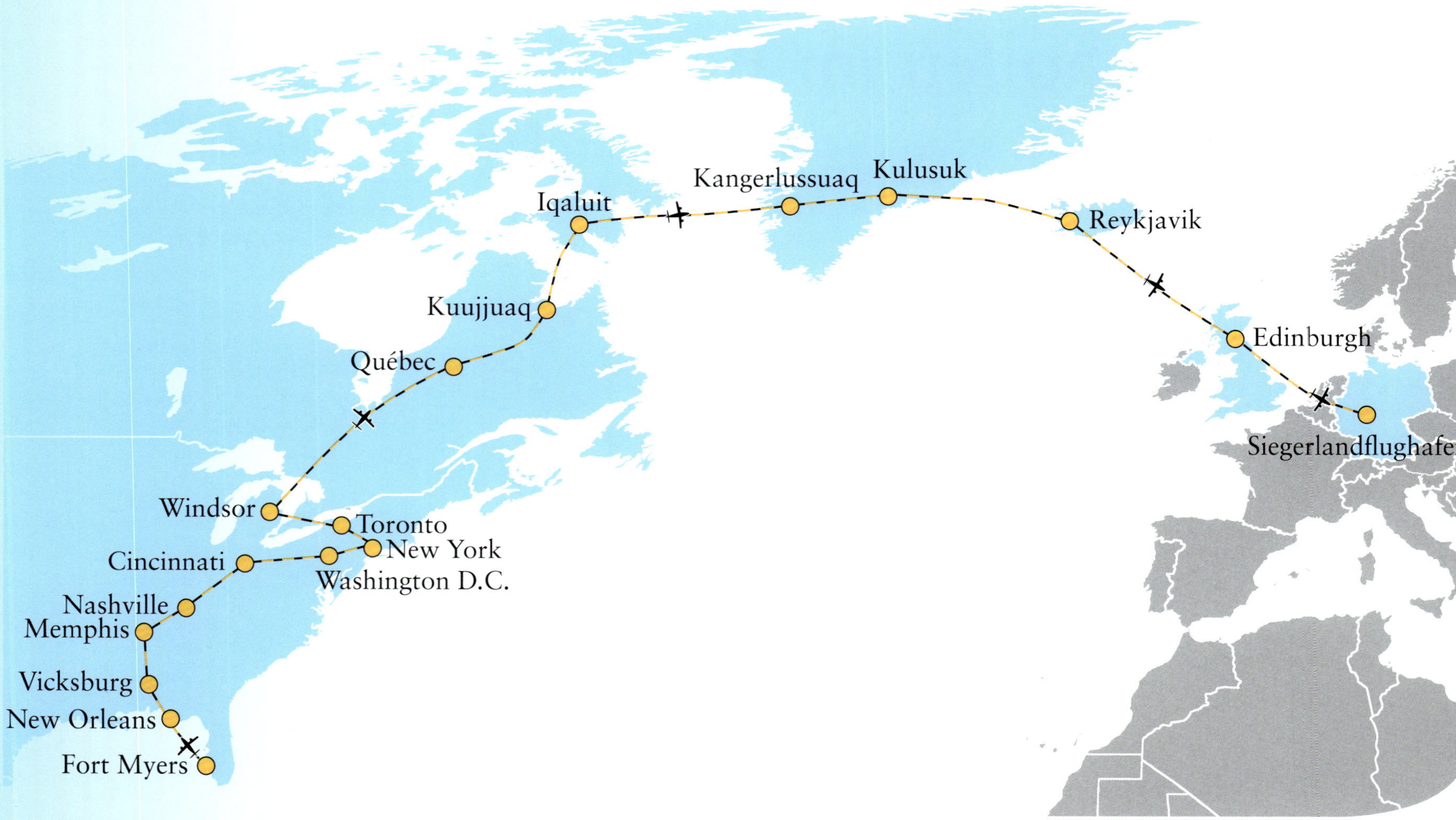

Etappe 5

Etappe 5

Von Amerikas Ostküste bis Deutschland

Mississippi Blues und Elvis – Big Apple – Flammende Wälder – Kalte Nächte und Dunkelheit – Eiswüsten – Ruhende Vulkane – Hallo Heimat

Fort Myers (KFMY) - 26° 37′ 54″ N, 81° 51′ 26″ W | New Orleans (KNEW) - 30° 0′ 0″ N, 90° 4′ 0″ W | Distanz: 574 NM | Flugzeit: 2,75 Stunden

USA
Kanada
Grönland
Island
Großbritannien
Deutschland

Kaum zu fassen:

Die FLY & HELP-Weltumrundung geht in die letzte Runde

Grundüberholt und frisch poliert wartet die Piper Cheyenne auf dem Stadtflughafen Page Field in Fort Myers auf den Start zur fünften und letzten Etappe der Weltumrundung. Nach den mehr als 23.000 Flugkilometern von Acapulco bis Florida stand sie in einer Werft an der Ostküste Floridas zur Inspektion und für einige kleinere Umbauten.

Unser erstes Tagesziel ist nun New Orleans im US-Bundesstaat Louisiana. Auch diesmal sind wir im Cockpit nicht allein, denn in den kommenden zwei Wochen wird uns Michael Schürdt, der Freund meiner Tochter Jessina, begleiten. In Toronto gibt es einen fliegenden Wechsel und n-tv-Kameramann Andreas Meißner geht mit uns auf die Reise bis zur Landung auf dem heimischen Siegerlandflughafen.

Bei 30 Grad Sonnenschein und blauem Himmel heben wir um 11 Uhr ab mit Kurs auf „The Big Easy", wie New Orleans auch genannt wird. In 4.500 Fuß Höhe, rund 1.500 Meter, überqueren wir die Westküste Floridas. Unter uns liegen die Orte St. Petersburg und Clearwater, dazu traumhaft weiße Strände, links von uns der Golf von Mexiko. In der Apalachee Bay erkennen wir aus dem Cockpit jede Menge Ölplattformen, doch Spuren der Ölpest sind nicht zu sehen – zumindest nicht mit bloßem Auge. Der Untergang der Plattform „Deepwater Horizon" im April 2010 hat eine Naturkatastrophe mit kaum abschätzbaren Langzeitfolgen für Mensch und Tier sowie das gesamte Ökosystem ausgelöst. Monatelang flossen hunderttausende Tonnen Öl ungehindert ins Meer. Einzig ein Schutzwall am Küstenabschnitt erinnert jetzt im Oktober noch an die Katastrophe.

Nach zwei Stunden Flugzeit überfliegen wir Panama City, Destin und Fort Walton Beach. Gut 40 Minuten später kommt New Orleans am Mississippi in Sichtweite, die größte Stadt Louisianas. Bekannt ist der Ort vor allem für seine historische Altstadt, das French Quarter, die lokale kreolische Küche und natürlich den Jazz. Am 29. August 2005 wütete der Hurrikan Katrina in New Orleans und zerstörte ganze Straßenzüge. 1,3 Millionen Menschen flohen damals vor den Wassermassen der Sturmflut und verloren in vielen Fällen ihr gesamtes Hab und Gut.

„Es gibt immer mystische Gegenden, die Teil unserer Kindheit sind. An die wir uns erinnern und die wir manchmal im Traum besuchen. Wenn man aufbricht, um sie mit eigenen Augen zu sehen, sind sie nicht da. Aber nachts, wenn man das Glück hat, von ihnen zu träumen, sind sie so schön wie eh und je."
(Ernest Hemingway, „Die Wahrheit im Morgenlicht")

Nach 1.000 Flugkilometern landen wir auf dem Stadtflughafen Lakefront. Wir müssen nicht durch eine Passkontrolle und der Spritpreis ist mit knapp einem Dollar pro Liter JET A -1 sehr günstig.

Anflug auf New Orleans

USA
Kanada
Grönland
Island
Großbritannien
Deutschland

Sümpfe, Jazz und Schaufelraddampfer:

Wir bleiben noch einen Tag länger in New Orleans

Bei strahlendem Sonnenschein machen wir uns heute Morgen auf, um das quirlige New Orleans am Delta des riesigen Mississippi River zu erkunden. Bedingt durch die Deltalage befinden sich rund 70 Prozent des Stadtgebietes bis zu 1,6 Meter unterhalb des Meeresspiegels. Während des verheerenden Hurrikans Katrina sind in diesen tief liegenden Bereichen 1.800 Menschen ums Leben gekommen. Noch heute ist dort die Hälfte der Häuser unbewohnbar. Versuche, die von Sümpfen umringte Stadt trockenzulegen, gab es seit Jahrzehnten immer wieder mittels zahlreicher Pumpen und eines ausgeklügelten Drainagesystems von mehreren hundert Kilometern Länge. Wenn die Regenfälle zu gewaltig sind, reicht diese Entwässerung allerdings nicht aus.

„Reisen veredelt wunderbar den Geist und räumt mit all unseren Vorurteilen auf."
(Oskar Wilde)

Wie viele andere Weltenbummler haben auch wir einen Lonely-Planet-Reiseführer für die USA in der Tasche und folgen einer Routenempfehlung durch das French Quarter, ein leicht erhöht liegendes Viertel, das französische Siedler im 18. Jahrhundert im Zuge der Stadtgründung erbauten. Den Tipp, das 1862 eröffnete „Café du Monde" für eine stilvolle Kaffeepause aufzusuchen, können wir nur weitergeben. Wir genießen den Kaffee und den Blick auf das bunte Leben auf der Straße. Am nördlichen Ende des Viertels liegt der Louis Armstrong Park. Die Melodien des einzigartigen Jazz-Virtuosen sind vor allem in der legendären Bourbon Street allgegenwärtig.

In den unterschiedlichsten Bars treten in den Abendstunden an die 100 Bands auf: ein wahrer Genuss für Musikliebhaber und Feierfreudige. Von Rock, Pop, Rhythm & Blues über Rock ´n´ Roll bis Jazz und Country ist hier alles vertreten und für jeden Geschmack etwas dabei. Unweit des French Market laufen wir an einer Galerie vorbei und lassen uns spontan von den filigranen, detailgenauen Gemälden des Galeristen und Künstlers Jamie Hayes in den Bann ziehen. Zu unserer Überraschung erfahren wir im Gespräch mit dem 60-jährigen Maler, dass er vor 42 Jahren aus Österreich ausgewandert ist. Seine Bilder sind fantastisch. Doch Jamie ist nicht nur Maler: Das kreative Multitalent ist zudem begnadeter Komponist, Musiker und Schriftsteller mit einem Faible für Märchen. Die alte Heimat liebt er noch immer sehr, wie er uns erzählt. In den Staaten hat er sich in all den Jahren jedoch eine neue und erfolgreiche Existenz aufgebaut.

Am Abend nehmen wir an einer Dinner-Jazz-Cruise auf der „Natchez" teil, einem historisch anmutenden Schaufelraddampfer, der wohl auch zu Zeiten Mark Twains auf dem Mississippi hätte fahren können.

Auf den verschiedenen Decks spielen Jazz-Bands und irgendwann an diesem schönen Abend höre ich auch mein Lieblingslied „Old Man River". Es ist nun dunkel geworden und vom Schiff aus blicken wir auf die funkelnden Lichter der Südstaatenmetropole.

Abschiedsstimmung kommt aber noch nicht auf, denn aufgrund eines technischen Problems an der Piper Cheyenne müssen wir unseren Aufenthalt um einen Tag verlängern. Auf dem gestrigen Flug von Fort Myers nach New Orleans ist uns ein Transponder ausgefallen, der einen Code an die Fluglotsen sendet. Für die Reparatur brauchen die Techniker noch etwas Zeit. Keine schlechte Aussicht, wie ich finde. Wir freuen uns auf neue Entdeckungstouren durch New Orleans!

Berittene Polizisten in der Bourbon Street

Typisch für das French Quarter

Bei der Musik muss man einfach tanzen

Jazz-Combo in New Orleans

Lebensfreude pur

Mitreißender Jazz und überbordende Stimmung

Während Arnim heute Vormittag zum Flugplatz fährt, um die Reparaturarbeiten an der Cheyenne fachkundig zu begleiten, mache ich einen Abstecher in den Louis Armstrong Park. Der Stadtpark ehrt namentlich den bekanntesten Einwohner New Orleans' und grenzt direkt an das French Quarter. Vor einer der Eingangspforten stelle ich leider fest, dass der Park wegen Bauarbeiten geschlossen ist. Kurzerhand steige ich in die nächste Straßenbahn und gönne mir eine kostengünstige Stadtrundfahrt. Unterwegs halte ich inne an einer Gedenkstätte für die vielen Opfer des Hurrikans Katrina.

Es ist spätnachmittags, als ich den Auswanderer und Maler Jamie Hayes erneut in seiner Galerie besuche und ihn für die Radiosendung „Mein Abenteuer" interviewe. Er erzählt von Begebenheiten aus seinem Leben und schildert eindringlich die schlimme Zeit während und nach dem Hurrikan 2005.

Fürs Abendessen suchen wir uns ein nettes Restaurant in der Frenchman Street. Laut Jamie zieht es hier vor allem Einheimische hin – er empfiehlt uns das „Adolfos". Direkt nebenan spielt in der Bar „Spotted Cat" eine Acht-Mann-Jazzband auf engstem Raum. Wir quetschen uns auch noch ins Publikum und sind begeistert! Sängerin Sarah hat Weltklasse und die Stimmung brodelt. Musikalisch fühlen wir uns in die 1930er-Jahre versetzt. Mehr als 50 Leute passen nicht in den Raum, aber irgendwie ist trotzdem noch Platz für eine kleine, brechend volle Tanzfläche. Einfach grandios!

New Orleans - 30° 0′ 0″ N, 90° 4′ 0″ W
Vicksburg (KTVR) - 32° 20′ 10″ N, 90° 52′ 31″ W
Distanz: 165 NM
Flugzeit: 1 Stunde

USA
Kanada
Grönland
Island
Großbritannien
Deutschland

Grandioser Blick von oben:
Flug entlang des Mississippi

Die Transponder in der Cheyenne funktionieren wieder einwandfrei und so starten wir bei bestem Flugwetter um 11 Uhr in New Orleans. Schon bald liegt der Mississippi River unter uns. Mit seinen 3.778 Kilometern reiht er sich ein in die Top 25 der längsten Flüsse der Erde. Seinen Ursprung hat er im Lake Itasca im nördlichen Minnesota, fließt durch insgesamt zehn US-Bundesstaaten, vereint sich bei St. Louis mit dem Missouri River und bei Cairo mit dem Ohio River, bevor er rund 160 Kilometer südlich von New Orleans in den Golf von Mexiko mündet.

Wir fliegen in 2.500 Fuß auf Sicht entlang des Flusses. Unter uns ziehen unzählige Schiffe vorüber und wir staunen über die gewaltige Breite des „Old Man River", wie der Mississippi auch genannt wird. Kleine Orte liegen vereinzelt am Ufer. Fast unbemerkt vergeht eine Stunde und wir erreichen den Stadtflughafen von Vicksburg.

Nach der Landung stellt uns der freundliche Flughafenmanager Jeff kostenfrei ein Auto zur Verfügung, um in die Innenstadt zu fahren. Auf dem Weg kommen wir an einem alten, am Ufer vertäuten Schaufelraddampfer vorbei. Hier essen wir gut zu Mittag und genießen die Idylle.

Weiter geht es dann durch den Vicksburg National Military Park: Über 500 Denkmäler verteilen sich über das Gelände, auf dem auch ein sehr großer Soldatenfriedhof liegt. Vicksburg war während des amerikanischen Bürgerkriegs in den 1860er-Jahren aufgrund einer über den Mississippi verlaufenden Eisenbahnlinie und der direkten Flusslage von zentraler Bedeutung für die Truppen. Auch im Stadtbild selbst sehen wir viele Denkmäler aus der damaligen Zeit und historische Gebäude. Fast fühle ich mich in die Kulisse des Filmklassikers „Vom Winde verweht" versetzt.

In Vicksburg fand 1863 nicht nur eine entscheidende Schlacht zwischen Nord- und Südstaaten statt, sondern hier wurde zum ersten Mal auch die braune Coca-Cola-Brause in Flaschen abgefüllt. Ein kleines Museum im restaurierten Süßwarenladen von Joseph Biederharn zeugt noch heute von diesem historischen Moment des Jahres 1894. Ab 700 n. Chr. siedelten im Tal des Mississippi indianische Stämme, bevor im 16. Jahrhundert erstmals europäische Entdecker in ihre Territorien eindrangen. Auf dem Territorium des heutigen Mississippi siedelten ursprünglich die Völker der Natchez, Caddo und Chickasaw. Auch die Namensgebung unseres Flugzeugs durch den Hersteller ist nicht zufällig. Das Unternehmen Piper gab vielen seiner Modelle Namen indianischer Völker wie zum Beispiel Cheyenne, Cherokee oder Navajo. Beim Abendessen mit Blick auf den Mississippi River fachsimpeln Arnim und ich noch ein bisschen zum Thema Flugzeugmodelle und lassen die vergangenen Stunden Revue passieren. Unser Gespräch kommt auch auf den Besuch des Vicksburg National Military Park zurück. Wir sind nachdenklich gestimmt. Der Anblick der vielen Gräber auf dem Soldatenfriedhof war schockierend und mahnend zugleich.

Unter uns schlängelt sich der Mississippi

Im Vicksburg National Military Park

Arnim Stief vor einer Mustang

Beale Street – Straße der Musik

Vicksburg (KTVR) –
32° 20′ 10″ N, 90° 52′ 31″ W

Memphis (KM01) -
35° 7′ 2″ N, 89° 58′ 15″ W

Distanz:
188 NM

Flugzeit:
1 Stunde

Geisterstadt:
I´m walking in Memphis

Um 10 Uhr morgens verstauen wir schon wieder unser Gepäck im Auto und fahren zum kleinen Flugplatz von Vicksburg. Wir geben das uns kostenfrei überlassene Fahrzeug wieder bei Jeff ab und freuen uns, dass keine weiteren Gebühren am Platz anfallen: Amerika ist wirklich ein Paradies für Privatpiloten.

Für den Flug wählen wir erneut eine geringe Flughöhe, um die Schönheit der Landschaft rund um das Tal des Mississippi zu genießen. Unzählige Baumwollplantagen liegen unter uns, kaum eine Ortschaft unterbricht diese malerische Szenerie, in der der Fluss gemächlich dahin fließt. Die sich langsam verfärbenden Wälder unter uns kündigen den bevorstehenden Herbst an. Am Himmel ist nicht eine Wolke zu sehen, es ist fast windstill – was für ein Genuss. Nach einer Stunde Flugzeit erreichen wir Memphis, die größte Stadt im Bundesstaat Tennessee. Nachdem Walther, der Flughafenmanager, unsere Cheyenne betankt hat, führt er uns zu einem Hangar. Als sich das Tor langsam öffnet, bekommen Arnim und ich große Augen: Hier stehen historische Flugzeuge, die teilweise noch aus der Zeit des Zweiten Weltkriegs stammen. Alle sind sehr gepflegt und gut in Schuss.

Im Jahr 2009 lag Memphis in der Forbes-Liste der gefährlichsten Städte der USA auf Platz zwei. Auf unseren bisherigen Stationen der Weltumrundung haben wir gelernt, mit solchen Warnungen umzugehen. Im Gespräch mit den Hotelangestellten bekommen wir wichtige Hinweise, an welchen Orten es brenzlig werden könnte.

Zu Fuß erkunden wir am Nachmittag Memphis, doch obwohl wir in einer Großstadt sind, wirkt alles wie ausgestorben. Auf der Main Street sind kaum Passanten unterwegs und im größten Shoppingcenter sind wir die einzigen Besucher! Mehr als die Hälfte der Geschäfte hat aufgegeben und musste schließen – eine Folge der hohen Arbeitslosigkeit.

„Wahrer Reichtum besteht nicht im Besitz, sondern im Genießen.“ (Ralph Waldo Emerson)

Während der Bürgerrechtsbewegung kam der Baptistenpastor Martin Luther King in die Stadt, um den Poor People´s March der Antikriegsbewegung zu organisieren. Am Abend des 4. April 1968 fiel er einem Fanatiker zum Opfer, der ihn auf dem Balkon des Lorraine Motels erschoss. Unvergessen ist bis heute sein Wirken für die Gleichstellung der Farbigen in Amerika und das friedliche Miteinander. Sein Ausspruch „I have a dream“ ist auch in der Gegenwart immer noch ein Leitbild für visionäre Gedanken. Musikalisch ist Memphis ebenfalls ein sehr bedeutender Ort – sowohl für die Entwicklung des Blues und Souls als auch für die des Rock 'n' Rolls. Elvis Presley ist wohl der bekannteste Sohn der Stadt und auch viele andere Rockgrößen begannen hier ihre Karriere.

USA
Kanada
Grönland
Island
Großbritannien
Deutschland

Im Elvis-Fieber:

Auf den Spuren des Kings durch Graceland

Bereits am Vormittag klettert das Thermometer auf 27 Grad – perfektes Ausflugswetter also in Memphis/Tennessee. Wir sind schon ganz im Elvis-Fieber, denn wir starten gleich zur Tour nach Graceland. Während wir vor dem Hotel auf ein Taxi warten, schauen wir auf das gegenüberliegende „Peabody Hotel" in der Union Avenue. Eine feine Adresse im Glanz vergangener Zeiten mit einer skurrilen Besonderheit: der „Entenparade". Zweimal täglich, um 11 Uhr und 17 Uhr, watscheln die „Peabody Ducks" durch die Lobby des Hauses: Morgens geht es vom Park auf dem Hoteldach per Aufzug zum Brunnen in der Lobby und nachmittags wieder zurück.

„Alles, was ich immer gewollt habe, war, Menschen zu helfen, sie zu lieben, sie aufzubauen, ihnen Freude zu machen." (Elvis Presley)

Doch nun auf zum King of Rock ´n' Roll! Das Taxi bringt uns vor die Tore der Stadt nach Graceland, einem Ende der 1950er-Jahre von der Musiklegende Elvis Presley erworbenen Anwesen. Der umschwärmte Star lebte gut 20 Jahre hier, bevor er im August 1977 im Badezimmer dieser Villa tot aufgefunden wurde. Seine Frau Priscilla öffnete 1982 weite Teile des Anwesens für die Öffentlichkeit. Seitdem ist Graceland eine Pilgerstätte für hunderttausende Fans, die hier ihrem Idol nah sein wollen. Beim Rundgang treffen Arnim und ich viele Deutsche und spüren, wie lebendig der Fan-Kult auch heutzutage noch ist.

Ausgestattet mit Kopfhörern folgen wir einer Tour von Raum zu Raum: Ess- und Schlafzimmer der Eltern von Elvis, sein Wohn- und Billardzimmer, die Küche, das Musikzimmer und vieles mehr stehen uns offen. Wir fühlen uns direkt in die 1970er zurückversetzt. Das Mobiliar – vom Kühlschrank bis hin zu den Lampen und Tapeten – zeugt vom Stil dieser Zeit. Das Highlight ist jedoch der „Jungle Room": Der Raum ist in Grün- und Brauntönen gehalten, Tierskulpturen und Holzelemente sollen den Eindruck eines Dschungels entstehen lassen. Hier nahm Elvis im Februar und Oktober 1976 seine letzten beiden Alben „From Elvis Presley Boulevard, Memphis, Tennessee" und „Moody Blue" auf. Seine Karriere begann im Studio der Sun Records hier in Memphis. Seither gilt die Stadt als Ursprungsort des Rock 'n' Roll.

Das obere Geschoss des Wohnhauses, das unter anderem das Schlafzimmer des Stars beherbergt, ist für die Öffentlichkeit nicht zugänglich. In einem separaten Gebäude staunen wir dafür über seine Autosammlung – und die hat er scheinbar gesammelt wie andere Leute Briefmarken. Denn hier stehen unzählige Cadillacs, Lincolns, Fords und viele andere. Unweit davon können wir auch seine beiden Flugzeuge „Lisa Marie“ (Convair CV 880) und „Hound Dog II“ (Lockheed JetStar) begutachten.

Ebenfalls außerhalb des Haupthauses gelegen gibt es einen Raum, der wie eine Hall of Fame alle Auszeichnungen präsentiert, die Elvis Presley im Laufe seiner Karriere erhalten hat. Unzählige Platinplatten und Goldene Schallplatten hängen meterhoch an den Wänden. Dazu kommen viele andere Trophäen und Würdigungen in Glaskästen.

Auf dem Parkgelände von Graceland wurde der Star neben seinen Eltern und seiner Großmutter beerdigt. Die Fans haben an diesem Ort unzählige Blumen, Plüschtiere und kleine Engelsfiguren niedergelegt.

Am Abend besuchen wir die Bluesshow „B. B. King Allstars“ im B. B. King-Restaurant. Wir erleben köstliches Essen und dazu sensationelle Musik von markigen Südstaatenmusikern, die ihr ganzes Herzblut in die Songs legen – einfach legendär!

Elvis private Räume

Elvis' Grab

Hey man! How are you?

Memphis (KM01) 35° 9' 57" N, 86° 47' 4" W — Nashville (KBNA) 36° 9' 57" N, 86° 47' 4" W — Cincinnati (KLUK) 39° 8' 10" N, 84° 30' 11" W — Distanz: 388 NM — Flugzeit: 2 Stunden

USA
Kanada
Grönland
Island
Großbritannien
Deutschland

Stopover in Nashville: Braukessel der Country-Musik

Nach einem ausgiebigen Frühstück starten wir heute um 11 Uhr bei bestem Wetter vom „Memphis Dewitt Spain Airport". Zunächst fliegen wir entlang des Mississippi River und drehen nach rund 30 Minuten Flugzeit rechts ab mit Kurs auf Nashville. Unser Ziel ist der Flugplatz „Cornelia Fort Airpark", benannt nach der ersten Pilotin Amerikas, die im aktiven Dienst starb. Im Frühsommer dieses Jahres wurde der gesamte Platz vom nahen Cumberland River überflutet. Fast alle hier abgestellten Flugzeuge haben durch die Wassermassen Schaden genommen, erzählt uns ein Mitarbeiter.

Unsere vier Stunden Aufenthalt in der Stadt nutzen wir, um auf den Spuren der Country-Musik zu wandeln. Das Stadtbild ist geprägt von Cowboyhüten und Harley-Davidson-Motorrädern. Aus den meisten Restaurants und Bars am Boulevard dringt unverkennbar Country-Musik und wir steuern einfach die nächstgelegene an, um uns im Westernsong-Rhythmus mit einem herzhaften Burger zu stärken.

Im Anschluss an die kleine Pause besuchen wir die „Country Music Hall of Fame". Zahlreiche Stars der Szene haben dem Museum persönliche Gegenstände und Erinnerungsstücke vermacht, um die Geschichte, die Entwicklung und die Tradition des Country lebendig zu vermitteln. Alte Filme zeigen die Entstehung dieser Musikrichtung und an einer riesigen Wand hängen Unmengen Goldener Platten und anderer Auszeichnungen bedeutender Künstler und Gruppen. Viel zu kurz ist die Zeit, um alles aufzusaugen.

Spät nachmittags heben wir ab gen Norden mit Kurs auf Cincinnati in Ohio. Direkt nach dem Start überfliegen wir die von blaugrünen Grasweiden bedeckten Hügel. Sehr viel Farmland und dazugehörige Höfe liegen unter uns, jedoch kaum Ortschaften. Es geht über Städte mit Namen wie Glasgow und Frankfort – der europäische Einfluss ist hier nicht zu verkennen. Dann folgt linkerhand Fort Knox, Stützpunkt der US Army und riesiges Lager für die Goldreserven des Schatzamtes der Vereinigten Staaten. Hier soll Gold im Wert von 140 Milliarden Euro liegen.

Nach nur einer Stunde Flugzeit setze ich mit der Piper zur Landung in Cincinnati an. Die Stadt gilt als eine der bedeutendsten Handels- und Fabrikmetropolen der USA und trägt auch den Beinamen „Queen City".

Unser Hotel liegt im Stadtteil Covington direkt am Fluss Ohio. Hier wird gerade ein Weinfest gefeiert. Die Musik lockt uns an und so essen wir in gemütlicher Atmosphäre und geselliger Runde in „Joe´s Restaurant" zu Abend. Jazzmusiker haben sich an der Theke versammelt und spielen wie entfesselt. Wir sitzen kaum zwei Meter entfernt und genießen die Songs der „guten alten Zeit".

Das Country-Fieber hat uns erfasst

Cincinnati (KLUK) - 39° 8′ 10″ N, 84° 30′ 11″ W | Washington, D.C. (KDCA) - 38° 53′ 142″ N, 77° 2′ 12″ W | Distanz: 344 NM | Flugzeit: 1,5 Stunden

Höchste Sicherheitsvorkehrungen:

Action im Luftraum von Washington, D.C.

Ein stabiles Hoch liegt über dem Zentrum der USA und beschert uns erstklassiges Flugwetter für die Tagesetappe Richtung Washington D.C. Arnim ist heute Morgen etwas angespannt und sichtlich nervös – was sonst gar nicht seine Art ist. Die vielen Restriktionen, die beim Einflug in die Kontrollzone des Luftraumes von Washington D.C. beachtet werden müssen, haben ihm nachts keine Ruhe gelassen. Die hohen Sicherheitsvorkehrungen sind eine Folge der Attentate vom 11. September 2001. Zum Glück läuft während des Sichtfluges aber alles ohne Komplikationen. Wir sind in jeder Hinsicht gut vorbereitet – Arnims Sorgfalt sei Dank. Mit 45 Knoten Rückenwind geht es über die Appalachen, ein bewaldetes Mittelgebirge im Osten Nordamerikas. Es erstreckt sich insgesamt über 2.400 Kilometer vom kanadischen Quebec bis in den Norden des US-Bundesstaates Alabama. Unter uns schillert das Laub der Bäume herbstlich bunt und die Sonne lässt alles leuchten.

Nach weniger als zwei Stunden Flugzeit lande ich die Cheyenne auf dem Flughafen Montgomery in Maryland, vor den Toren der Stadt. Der District of Columbia ist mit dem Stadtgebiet von Washington identisch. Das Gebiet wird jedoch keinem Bundesstaat zugerechnet, sondern ist dem Kongress der Vereinigten Staaten direkt unterstellt. Benannt wurde die Stadt nach George Washington, dem ersten Präsidenten der Vereinigten Staaten.

Nachdem wir unser Gepäck im Hotel abgestellt haben, führt unsere erste Station der Sightseeing-Tour zum Nationalfriedhof Arlington, jenseits der „Memorial Bridge". Berühmte Staatsmänner wie John F., Robert und Edward Kennedy haben hier ebenso ihre letzte Ruhestätte gefunden wie tausende Kriegsveteranen und Angehörige des Militärs. Auf diesem seit 1864 bestehenden zweitgrößten Friedhof der USA werden jährlich über 5.000 Beisetzungen vorgenommen. Wir sind überwältigt von den Dimensionen des Areals und der Stille, die über allem liegt.

Zu Fuß geht es weiter zum Washington Monument, dem wahrhaft herausstechenden Bauwerk im Stadtbild. Der 185 Meter hohe Obelisk aus weißem Marmor steht auf einer kleinen Anhöhe auf der Sichtachse zwischen dem Lincoln Memorial und dem Kapitol. Im „Reflecting Pool", einem gut 600 Meter langen Wasserbecken, spiegelt sich das Monument eindrucksvoll. Ich denke an den Film „Forrest Gump" mit Tom Hanks. In einer Szene findet er vor dem Wasserbecken seine große Liebe wieder. Gänsehautfeeling pur.

Aufgrund der vielen Sehenswürdigkeiten, der Parks, des Pathos und der Würde erinnert mich Washington D.C. an Besuche in Rom und Wien. Der ganze Stolz der Amerikaner drückt sich in dieser Stadt aus. Alles ist groß, pompös und fast übermächtig. Man erstarrt in Ehrfurcht.

Das Arlington Monument in Washington D.C.

Vom Weißen Haus bis zum Pentagon:

Zu den Hot Spots von Washington

An unserem zweiten Tag in Washington D.C. steigen wir in einen „Hop-on-Hop-off Double Decker Bus" für eine ausgiebige Tour durch die knapp 600.000 Einwohner zählende Stadt. Erster bedeutender Haltepunkt ist das wohl bekannteste Gebäude der Vereinigten Staaten, das Weiße Haus. Trotz strenger Bewachung sind wir überrascht, bis auf rund 300 Meter an das Gebäude heranzukommen. Auf dem Dach sehe ich Scharfschützen – so etwas ist in Deutschland kaum vorstellbar. Wir machen ein paar Fotos und dann geht's auch schon weiter. Die Tour führt nun aus der Stadt nach Arlington in Virginia zum Pentagon, dem Hauptsitz des Verteidigungsministeriums der USA. Aufgrund der riesigen Ausmaße zählt es zu den größten Gebäuden der Welt. Nach einem kurzen Fotostopp fahren wir zurück über den Potomac River zum Kapitol, dem Sitz des Kongresses. In ganz Washington D.C. gibt es übrigens keinen Wolkenkratzer, der das weiße, majestätisch auf dem Capitol Hill thronende Gebäude überragt. Im Südflügel ist die Abgeordnetenkammer untergebracht und im Nordflügel tagt der Senat. Barack Obama leistete im Januar 2008 auf den Stufen des Kapitols seinen Amtseid vor hunderttausenden Menschen – ein gewaltiges und historisches Ereignis. Heute, an diesem sonnigen Oktobertag, liegt eine friedliche Herbststille über dem Hügel. Nur wenige Touristen sind unterwegs.

Dann steigen wir wieder in den Bus und fahren vorbei an verschiedenen Museen: dem American Indian Museum, dem Holocaust Museum, dem National Museum of American History und dem National Museum of Natural History. Alles beeindruckende und schöne Gebäude, fast Prunkpaläste. Als Piloten ist der Besuch des National Air and Space Museum für Arnim und mich der Höhepunkt des Tages, denn das Museum besitzt die weltgrößte Sammlung historischer Luft- und Raumfahrzeuge. Es ist außerdem ein wichtiges Forschungszentrum der Luft- und Raumfahrt sowie der Geo- und Planetenwissenschaften. Wir streifen vorbei an Exponaten aus der Geschichte der Fliegerei. Darunter auch Gleitapparate der Brüder Wright, die „Spirit of St. Louis" von Charles Lindbergh und die Apollo-11-Kommandokapsel „Columbia".

Stimmungsvoller Abschluss unseres Aufenthalts in Washington ist eine nächtliche Taxifahrt mit dem unterhaltsamen Fahrer Josef. Die Sehenswürdigkeiten erleben wir dabei wahrhaftig noch einmal in einem ganz anderen Licht. Josef stammt aus Eritrea. Er ist 40 und lebt seit acht Jahren in den Staaten. Ein netter Kerl.

Washington, D.C. (KDCA) -	New York (KFRG) -	Distanz:	Flugzeit:
38° 53′ 42″ N, 77° 2′ 12″ W	40° 42′ 46″ N, 74° 0′ 21″ W	188 NM	1 Stunde

New York:
Weltstadt und Glitzermetropole

Mit Josef geht es heute Morgen zum Flugplatz. Das nächste Highlight unserer Amerikatour wartet auf uns: New York! Die beiden Städte liegen nicht allzu weit voneinander entfernt und so dauert der Flug nur eine Stunde. Ich fliege nach Instrumentenflugregeln, da die Lufträume zwischen Washington und New York recht anspruchsvoll sind. Alles in allem bleibt es aber in 9.000 Fuß Höhe stressfrei. Unseren Wetterinformationen zufolge hat es die vergangenen Tage viel geregnet, aber wir haben Glück: New York empfängt uns mit strahlendem Sonnenschein und 15 Grad.

„New York, New York. Ich möchte aufwachen in einer Stadt, die niemals schläft. Ich entdecke, ich bin der König des Bergs, der Erste in der Menge. Diese Kleinstadt-Schwermut schmilzt dahin. Ich fange ganz neu an im alten New York. Wenn ich es hier schaffen kann, kann ich es überall schaffen.“ (Frank Sinatra)

Wir landen die Cheyenne nördlich des J. F. Kennedy Airport (JFK) in Farmingdale. Als sich unser Taxi Manhattan nähert, sind wir ganz ergriffen von den vielen Eindrücken, die auf uns einströmen. Der „Big Apple“ fasziniert mich jedes Mal aufs Neue! Mehr als 30 Mal war ich schon in der Stadt – meist aus beruflichen Gründen.

Am späten Nachmittag lassen wir uns zu Fuß durch die Menschenmengen treiben: Fifth Avenue, Trump Tower, Tiffany, The Pierre, den südlichen Teil des Central Park, Rockefeller Plaza und vieles mehr. Meine Tochter Silanca hat mehrere Monate in New York gearbeitet. Wir sind bei unseren Treffen oft zusammen hier entlang geschlendert. Erinnerungen werden wach und ich hätte gerne meine Familie bei mir.

Wir haben übers Internet Tickets für das NBA-Spiel der „New York Knicks“ gegen die „New Jersey Nets“ gebucht. Bis zur letzten Minute bleibt es spannend im Madison Square Garden. Am Ende gewinnt New York 115:111. Es ist 23 Uhr, am Times Square funkelt und glitzert es hell, Menschen strömen aus allen Richtungen vorbei und wir sind restlos begeistert.

Frank Sinatra hatte recht: Diese Stadt schläft nie!

Herbst in Washington D.C.

The White House

Am Ground Zero:

Momente des Innehaltens

Aus dem Hotelzimmer kann ich direkt auf den Times Square schauen – was für ein gewaltiger Anblick! Bereits morgens um 6 Uhr wimmelt es nur so vor Menschen. New York hat mehr als acht Millionen Einwohner und ist damit die größte Stadt der USA, noch vor Los Angeles und Chicago. Das Stadtgebiet gliedert sich in fünf Bezirke: Manhattan, The Bronx, Brooklyn, Queens und Staten Island. Eine fast unüberschaubare Menge an Sehenswürdigkeiten, kulturellen Angeboten, Restaurants und Einkaufsmöglichkeiten lässt Besucher aus allen Regionen der Welt nicht mehr aus dem Staunen kommen. Auch ich entdecke jedes Mal aufs Neue verborgene Plätze und Orte und nehme mir Zeit, sie genauer zu erkunden.

„Trenne dich nie von deinen Illusionen und Träumen. Wenn sie verschwunden sind, wirst du weiter existieren, aber aufgehört haben, zu leben." (Mark Twain)

In New York leben und arbeiten seit jeher Menschen aus allen Kulturen der Erde, was in engem Zusammenhang mit den Einwanderungswellen der amerikanischen Geschichte zu sehen ist. Diese bunte Mischung, der Melting Pot, macht den Reiz aus. In dieser Stadt ist sozusagen die ganze Welt zu Hause.

Unser vollgepacktes Tagesprogramm beginnen wir erneut mit einer Fahrt im „Hop-on-Hop-off"-Bus. Durch beeindruckende Häuserschluchten und vorbei an imposanten Wolkenkratzern geht es zum Empire State Building. Vom höchsten Gebäude der Stadt aus genießen wir eine herrliche Aussicht auf Manhattan. Bis zu den schockierenden Terroranschlägen vom 11. September 2001 prägten die Zwillingstürme des World Trade Center die Skyline der Stadt als höchste Gebäude. Wir besuchen den „Ground Zero": Neun Jahre nach den verheerenden Attentaten befindet sich hier eine riesige Baustelle. An der Stelle, wo die Türme standen, werden neue Gebäude errichtet, doch eine Gedenkstätte soll auf immer an die mehr als 3.000 Opfer von 9/11 erinnern. Trotz des Baulärms schwebt über dem Gelände eine ganz eigene Stimmung, ich habe die Bilder des Einsturzes des World Trade Center noch sehr gut im Gedächtnis. Arnim und ich kommen mit Feuerwehrmännern einer nahen Wache ins Gespräch. Jeder hier kennt jemanden, der in diese von Panik und Angst beherrschten Tage vor neun Jahren involviert war.

The Big Apple:
Mit dem Helikopter über Manhattan

Auch am dritten Tag unseres Aufenthalts hält das Wetter: Bei 14 Grad ist es nur leicht zugezogen. Am Vormittag fliegen wir mit dem Helikopter über Manhattan und erleben die Stadt von einer ganz anderen Seite. Wir sehen den Hudson River, auf dem der Pilot Chesley Sullenberger im Januar 2009 eine A320-Maschine der US Airways mit einer Notwasserung spektakulär landete. Aus der Vogelperspektive blicken wir auch auf den „Ground Zero" – wie eine riesige Wunde klafft die Lücke in den Häuserschluchten.

In sicherer Entfernung fliegen wir an New Yorks Wahrzeichen, der Freiheitsstatue, vorbei. Die „Statue of Liberty" befindet sich im südlichen Teil Manhattans, im Hafengebiet auf der Insel Liberty Island. Sie ist ein Geschenk Frankreichs an die USA anlässlich des 100. Jahrestages der amerikanischen Unabhängigkeitserklärung. Seit 1886 begrüßt die Göttin der Freiheit nun schon Heimkehrer und Neuankömmlinge.

Nach der Landung geht's per Taxi und zu Fuß weiter durch diesen riesigen Ameisenhaufen. Mich zieht es in den Central Park, das grüne Herz, die Lunge New Yorks. Auf einer Länge von vier Kilometern und 750 Metern Breite tummeln sich Spaziergänger, Sportler, Lebenskünstler und viele Touristen – wie wir – auf den Gehwegen, Wiesen, an den Seen und im Central Park Zoo. Fast vergessen wir, dass um uns herum das Großstadt-Getümmel einer 8-Millionen-Metropole pulsiert.

Zum Abschied fahren wir um 23 Uhr noch einmal auf die Besucherplattform des Empire State Building und genießen eine Traumaussicht auf das funkelnde Lichtermeer des Big Apple.

Morgen klettern wir wieder in die Cheyenne. Wir hoffen sehr, dass uns die Fluglotsen die Freiheitsstatue umkreisen lassen und wir im Tiefflug am Hudson River entlang der Stadtsilhouette folgen dürfen.

New York (KFRG) – 40° 42′ 46″ N, 74° 0′ 21″ W
Toronto (CYKZ) – 43° 39′ 40.86″ N, 79° 22′ 59.11″ W
Distanz: 388 NM
Flugzeit: 2,5 Stunden

Kanada

Fläche:	9.984.670 km²
Einwohner:	33.311.000 = 3,3 je km²
Hauptstadt:	Ottawa
Amtssprache:	Englisch, Französisch
Währung:	Kanadischer Dollar

USA
Kanada
Grönland
Island
Großbritannien
Deutschland

Hautnahe Highlights:

Flug um die Freiheitsstatue und über die Niagarafälle

Der Morgen startet typisch in New York. Wir stecken in der Rushhour fest. Die halbe Stadt scheint auf dem Weg zu ihren Arbeitsstellen zu sein und unser Taxi bewegt sich nur mit Schrittgeschwindigkeit durch die Blechlawine. Fast zwei Stunden vergehen schließlich, bis wir den Stadtflughafen nördlich des J. F. Kennedy Airport erreichen. Arnim lässt sich nicht aus der Ruhe bringen und erledigt geduldig die umfangreichen Formalitäten. Wir wollen uns heute unbedingt mit einem Besichtigungsflug um die Freiheitsstatue und über den Hudson River von New York verabschieden. Wir bekommen auch das Go, doch müssen wir uns sehr detailliert mit den Fluglotsen abstimmen und dürfen bloß nicht vom vorgegebenen Kurs abweichen.

Gegen 12 Uhr haben wir alles geklärt. Sofort nach dem Start erhalten wir vom Tower die Anweisung, uns bei den Lotsen des JFK-Airports zu melden. In ungefähr 15 Kilometern Entfernung zeigt sich rechter Hand schon die Skyline von Manhattan. Ich nutze jeden kostbaren Moment und möchte am liebsten die Zeit anhalten, so schön ist es. Nach nur fünf Minuten ist die „Lady" erreicht: die Freiheitsstatue – zum Greifen nah.

Wir halten nun eine Flughöhe von 1.000 Fuß. Gute 500 Fuß schweben Helikopter unter uns, die Touristen ganz nah an die Statue heran fliegen. Dreimal umkreisen wir die Freiheitsstatue, ich kann gar nicht genug bekommen von dem imposanten Anblick. Während der vergangenen Monate haben Arnim und ich oft von diesem Moment gesprochen, ihm entgegengefiebert und nun wird der Traum wahr! Dank der gesetzten

Landeklappen liegt die Cheyenne relativ stabil, obwohl wir 25 Knoten Wind haben. Noch einmal steuern wir nun auf Manhattan zu: Rechts klafft unübersehbar die Wunde New Yorks, der „Ground Zero". Nun fliegen wir auf 1.000 Fuß über den Hudson River, auch hier wieder viele Helikopter. Im Cockpit ertönt daher eine warnende Computerstimme: „Traffic, traffic". Arnim und ich sind jetzt äußerst wachsam und beobachten unablässig den Luftraum. Dennoch genießen wir unser Sightseeing aus der Luft: Empire State Building, Central Park und Harlem. Mit etwas Wehmut verlassen wir das Stadtgebiet von New York City in Richtung Nordwesten. Schon bald breiten sich bunt schillernde Herbstwälder in allen nur erdenklichen Gelb-, Rot- und Grüntönen unter uns aus. Dazwischen hunderte kleinerer und größerer Seen. Eine gute Stunde später sind die Niagarafälle an der Grenze zwischen dem Bundesstaat New York und der kanadischen Provinz Ontario erreicht. Mehrmals kreise ich mit der Cheyenne über den Wassermassen. Was für eine tosende Wucht! Der Begriff „Niagara" bedeutet in der Sprache der Indianer so viel wie „donnerndes Wasser". Das trifft es genau! Es sind die größten Fälle, die ich je gesehen habe.

Der Niagara-Fluss stürzt an dieser Stelle 58 Meter in die Tiefe. Oberhalb des Falls teilt die sogenannte Ziegeninsel den hinabrauschenden Fluss in zwei Hälften, einen US-amerikanischen und einen kanadischen Teil. Arnim und ich klatschen uns ab: Wieder ein Tag voller fliegerischer Highlights.

Das Symbol für Freiheit und Hoffnung

New Jersey im Farbenrausch

Majestätisches Château Frontenac

Spirituelle Begegnung:

Der Dalai Lama in Toronto

Mit einer geführten Bustour durch Toronto starten wir in den Tag. Diese „Hop-on-hop-off"-Busse sind wirklich prima geeignet, um sich einen Überblick zu verschaffen und nach Belieben dort aus- und zuzusteigen, wo es uns gefällt. Eine praktische Ergänzung zum Reiseführer im Rucksack.

„Du bist das, wozu dich deine eigenen Gedanken machen. Achte darum auf das, was du denkst." (Swami Vivekananda)

Im Großraum Toronto leben rund sechs Millionen Menschen, direkt in der Stadt über 2,6 Millionen. Eine beachtliche Menge – zieht man in Betracht, dass die kanadische Metropole im Jahr 1820 nur 1.250 Einwohner zählte. Torontos Lage besticht durch die unmittelbare Nähe zum Ufer des Ontariosees, dem kleinsten der fünf Großen Seen. Das 4 Grad kalte Wasser aus der Tiefe des Sees nutzt die Stadt zur Kühlung diverser Gebäude - eine umweltfreundliche Art der Klimatisierung.

Das Straßensystem Torontos ist größtenteils schachbrettförmig ausgerichtet – die Orientierung fällt deshalb leicht. Eine der wichtigsten Straßen ist die Yonge Street. Sie nimmt ihren Anfang in Toronto und endet nach über 1.800 Kilometern als kleine Straße im Norden der Provinz Ontario. Vor den europäischen Siedlern nutzten indianische Stämme den Weg, dann wurde er für militärische Zwecke ausgebaut. Eine weitere Besonderheit von „T. O.", wie Toronto auch genannt wird, ist deren unterirdische Stadt in Downtown. Hier findet sich über endlos scheinende Gänge so ziemlich alles, was es auch über Tage gibt: kleine Läden, Bars, Boutiquen, Kinos, sogar Hotels, Zeitungsverlage und Rundfunksender. Und auch Teile des eleganten Eaton Center, einer riesigen Shopping-Mall, sind an das weitläufige Tunnelsystem für Fußgänger (PATH) angeschlossen. Auf einer Strecke von rund 27 Kilometern gibt es zahlreiche Einstiegspunkte.

Über 2.000 Gebäude, die höher als 90 Meter sind, prägen die Silhouette der Innenstadt. Nach New York City hat Toronto damit die zweithöchste Anzahl an Wolkenkratzern in Nordamerika. Der mit Abstand höchste sakrale Bau ist die 93 Meter emporragende St.-James-Kathedrale. Ein Besuch des wunderschönen Kirchenbaus lohnt sich sehr.

Der Innenraum besticht durch eine einmalige Architektur. Erstaunlich, dass die zwölf Glocken der Kathedrale auch heute noch von Hand von einem Glöckner geläutet werden!

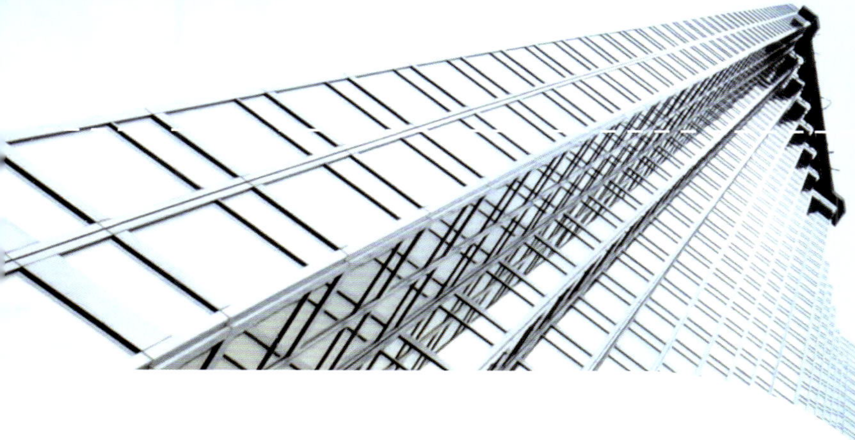

Ein ganz anderes Flair verströmt das Stadtviertel Chinatown. Während der Weltumrundung haben wir in verschiedenen Großstädten einige solcher Viertel erkundet, aber dieses hier ist wirklich gigantisch groß. Vor einem einfachen Geschäftshaus bleibe ich stehen und bin fasziniert von der unglaublichen Menge der chinesischen Reklameschilder.

Insgesamt ist Toronto eine grüne Stadt. Weit über 200 Parkanlagen und Gärten mit endlosen Kilometern Spazierwegen stehen den Einwohnern und Besuchern zur Verfügung. Hier sehen wir auch, dass der Herbst in Kanada Einzug gehalten hat: Die Blätter an den Bäumen färben sich in kräftiges Rot, Gelb und Orange. Ein wunderschönes Farbspiel der Natur.

Eine unerwartete Begegnung auf dem Weg zu unserem Hotel dominiert unsere Gespräche für den Rest des Abends: Vor dem Fairmont Hotel sehen wir den Dalai Lama. Das geistliche Oberhaupt der Tibeter schreitet aus der Hotellobby. Wir haben kurz Blickkontakt, dann winkt er uns zu, steigt in die Limousine und fährt davon. Ein „Wow-Gefühl" mit Gänsehaut bleibt. Der 75-Jährige hatte an der Eröffnungsfeier eines tibetanischen Kulturzentrums teilgenommen, wie ich später in der Zeitung lese.

Beeindruckende Wolkenkratzer

USA
Kanada
Grönland
Island
Großbritannien
Deutschland

Nebelschwaden über Toronto:
Kein Ausblick vom CN Tower

Heute ist Andreas Meißner, unser n-tv-Kameramann, angekommen, um die letzte Etappe der FLY & HELP-Weltumrundung zu dokumentieren.

Wir fahren aus der Großstadt heraus ins Umland zu den südlich gelegenen Toronto Islands. Die vier künstlich erweiterten Inseln schirmen den Hafen Torontos vom Ontariosee ab. Auf der westlichsten Insel liegt der Toronto City Centre Airport, ein kleiner Flughafen, der über eine direkte Fährverbindung in die Innenstadt verfügt. Die übrigen Inseln sind als Parkanlagen mit Wasserläufen, Seebrücke, Stränden und Vergnügungseinrichtungen gestaltet. Vor allem im Sommer sind diese Inseln beliebte Ausflugsziele für die Bewohner Torontos.

Zurück im Zentrum statten wir einem der Wahrzeichen Torontos einen Besuch ab: dem 1976 fertiggestellten „Canadian National Tower", kurz „CN Tower". Bis 2009 galt das Bauwerk mit seinen rund 400 Metern als der höchste Fernsehturm der Welt. Höher ist momentan nur noch der „Canton Tower" im südchinesischen Guangzhou mit 600 Metern. Doch mit einer herrlichen Weitsicht über Toronto ist heute leider nicht zu rechnen. Dichte Wolkenschwaden umwabern den Tower. Durch die Nebelfetzen kann ich dann und wann einige Wolkenkratzer unter uns erkennen. Ein etwas schauerliches Szenario, verliere ich doch jeglichen Bezug zu Höhe und Entfernung bei fehlender Sicht. Ein Gutes haben die Nebelschwaden – von meiner Höhenangst bleibe ich diesmal verschont.

Toronto (CYKZ) –
43° 39' 40.86" N, 79° 22' 59.11" W

Kingston (CYGK) –
44° 13' 53" N, 76° 29' 5" W

Distanz:
120 NM

Flugzeit:
1 Stunde

Reizvolle Natur:

Thousand Islands am Sankt-Lorenz-Strom

Entgegen der Vorhersagen ist das Wetter zum Abschied in Toronto ausgesprochen gut. Vormittags starten wir vom Westufer des Ontariosees in Richtung Norden ins 200 Kilometer entfernte Kingston.

Kanadas Landschaft ist nach allem, was wir bisher auf unseren Flügen sehen konnten, berauschend schön und sprengt für uns Europäer jegliche Vorstellungskraft hinsichtlich der schier unendlichen Weite. Wir können auf unserer FLY & HELP-Weltumrundung wahrlich nur einen verschwindend geringen Teil der Natur, der Artenvielfalt und der Kultur dieses reizvollen Landes erkunden. Doch schon während dieser wenigen Tage sind die Kontraste immens: Wolkenkratzer, Hightech und Geschäftswelt prallen auf kleine Siedlungen, grüne Oasen, Stille und Wälder, so weit das Auge reicht.

„Es ist gut, wenn uns die verrinnende Zeit nicht als etwas erscheint, das uns verbraucht, sondern als etwas, das uns vollendet." (Antoine de Saint-Exupéry)

Nach einer Stunde Flugzeit, weitestgehend in 700 Metern Höhe, erreichen wir den Flughafen von Kingston am Ontariosee. Die 100.000 Einwohner zählende Stadt ist eine der ältesten Kanadas und besonders bekannt für ihre vielen historischen Kalksteingebäude: darunter auch der Campus der angesehenen Queen's University. Touristisch reizvoll ist die Region vor allem aufgrund der „Thousand Islands" an den Anfängen des Sankt-Lorenz-Stroms. Die Inselgruppe besteht aus über 1.700 kleineren und größeren Inseln. „Wolfe Island" ist mit 29 Kilometer Länge die Hauptinsel und wird per Fähre erreicht.

USA
Kanada
Grönland
Island
Großbritannien
Deutschland

Mitten in Kanada:

Weltreisende treffen sich

Kingston liegt am Südende des „Rideau Canal", einer gut 200 Kilometer langen Wasserstraße, die bis in die Bundeshauptstadt Ottawa führt. Ursprünglich wurde der Kanal als Versorgungsweg für militärische Zwecke im Britisch-Amerikanischen Krieg von 1812 geplant und gebaut. Heute wird er jedoch nur noch touristisch genutzt. Schiffe überwinden auf der gesamten Strecke ganze 84 Höhenmeter und 47 Schleusen an 24 verschiedenen Haltepunkten. Wenn das Wasser im Winter zufriert, zieht es unzählige Schlittschuhläufer auf die Eisfläche. Sicher ist dann auch der ein oder andere Hockeyspieler am Start. Lange Zeit wurde Kingston als Geburtsstätte des Eishockeys gehandelt. Der Tagebucheintrag eines britischen Offiziers aus dem Jahr 1843 soll diese These unterstützen. Er habe vermerkt: „Man hat viel Spaß bei Hockey auf dem Eis." – und damit meinte er seine Soldaten, die das schottische „Shinney" auf Schnee und Eis spielten.

Zu Fuß erkunden wir die Stadt und staunen über die „Limestone City", Kingstons Beiname, der sich auf den Kalkstein bezieht. Noch freuen wir uns über Temperaturen von 18 Grad – erwarten uns doch am Nordpolarmeer fünf bis zehn Grad unter Null.

Auf einem Parkplatz in der Innenstadt treffen wir auf Martina, eine Düsseldorferin auf Weltreise. Sie erzählt uns, dass sie zusammen mit ihrem Mann seit einem halben Jahr in einem MAN-Truck unterwegs ist. Zwei Jahre Zeit haben sie sich für die Reise genommen. Wir alle können jedem nur empfehlen, sich diese Auszeit einmal zu gönnen und die Welt zu entdecken.

Bienvenue à Quebec: Spaziergang durch die historische Altstadt

Bei schönstem Wetter und strahlend blauem Himmel starte ich die Cheyenne auf dem Rollfeld des Flughafens von Kingston. Ich bin schon voller Vorfreude auf unser Etappenziel Quebec. Für den Trip haben wir bei Rückenwind von 40 Knoten eine Stunde und 15 Minuten Flugzeit berechnet. Auch heute können wir dabei wieder tief fliegen und die Landschaft in vollen Zügen genießen.

Auf den gut 450 Kilometern Strecke führt die Route am westlichen Ufer des Sankt-Lorenz-Stroms vorbei. Rechter Hand liegen die Vereinigten Staaten. Auf einer Distanz von 1.200 Kilometern Länge verbindet der Fluss die Großen Seen mit dem Atlantik.

Bevor wir Quebec erreichen, passieren wir die Stadt Montreal im Osten Kanadas. Die Fluglotsen hier sind sehr hilfsbereit und erlauben uns, den Luftraum Montreals zu durchfliegen. Fast genau vor einem Jahr haben Arnim, Jan Brill, der Chefredakteur des Magazins „Pilot und Flugzeug", und ich die Piper Cheyenne über Montreal nach Deutschland überführt. Im Prinzip hat unsere treue Maschine jetzt bereits einmal die Erde umrundet.

In Quebec gelandet, heißt es schnell das Gepäck im Taxi verstauen und ab in die City. Das Hotel liegt auf einer Anhöhe, mit Blick auf den Sankt-Lorenz-Strom und die wunderschönen Altstadtfassaden.

Beim Spaziergang durch die Altstadt von Quebec fühle ich mich, als sei ich in Monschau in der Eifel, in Rüdesheim am Rhein oder auf dem Montparnasse in Paris.

Quebec gefällt mir sehr. Die eindrucksvollen Gebäude verströmen so viel Charme und die Lage am Strom ist unvergleichlich.

Die rund 500.000 Québécois de Québec, wie die Bewohner der kanadischen Stadt sich selbst betiteln, sind ein lebensfrohes Völkchen.

„Die Erinnerungen, die du später haben willst, musst du jetzt in die Tat umsetzen." (Redewendung)

Besonders zeigt sich das wohl im Winterkarneval, dem „carnaval d'hiver": ein großer Event in den ersten zehn Februartagen mit Schneeskulpturenfestival, Eispalast, Nachtparade, Kanurennen auf dem Sankt-Lorenz-Strom und vielen anderen anderen Vergnügungen ..., alles bei minus 20 Grad, brrrrr!

Es wird früh dunkel und wir sind alle ein wenig müde. So endet der Tag beim leckeren Abendessen in einem französischen Restaurant. Wir haben 15 Grad, gerade noch ausreichend, um draußen zu sitzen. Man hat uns erzählt, dass es hier letzte Woche bereits geschneit hat und nur ein kurzfristiger Föhn-Einbruch uns diese Wärme schenkt.

Quebec leuchtet Rot und Gold:

Klein-Frankreich in Kanada

Quebec City hat mich sofort verzaubert. Die so europäisch anmutende Stadt am Sankt-Lorenz-Strom wirkt trotz ihrer mehr als 500.000 Einwohner irgendwie klein und idyllisch auf mich. Das Thermometer zeigt heute kaum 10 Grad und immer wieder regnet es leicht. Wir lassen uns davon jedoch nicht entmutigen und erkunden die Stadt zu Fuß. Nach dem kleinen Abstecher in die Neustadt wollen wir die von einer stattlichen Mauer umgebene Altstadt besichtigen.

Quebec ist die Hauptstadt der gleichnamigen Provinz Quebec, die sich von der Grenze zur USA bis hoch in den Norden an die Hudson Bay erstreckt. Die Stadt feierte vor zwei Jahren das 400-jährige Bestehen und ist damit die zweitälteste europäische Kolonie in Kanada. Der historische Stadtkern wurde bereits vor 15 Jahren von der UNESCO zum Weltkulturerbe gekürt.

Wir gelangen durch eins der vier Stadttore in der Festungsmauer in die Altstadt, die sich in eine Ober- und Unterstadt aufteilt – Haute-Ville und Basse-Ville. Die altertümlichen Gebäude und Kirchen erinnern sehr stark an Frankreich und Paris. In der Oberstadt beherrscht die Zitadelle das Stadtbild. Hierzu gibt es eine schöne Anekdote: Zu Beginn des vergangenen Jahrhunderts hat Queen Elisabeth dem Regiment in der Zitadelle eine heilige Ziege geschenkt. Seither ist diese das Maskottchen des Regiments und bei jeder Wachablösung anwesend. Naja, wohl kaum mehr dieselbe wie damals ...!

Wesentlich imposanter als die Zitadelle erscheint das Château Frontenac. Das Nobelhotel mit seiner mittelalterlich anmutenden Architektur ragt an der Spitze einer Landzunge am Sankt-Lorenz-Strom majestätisch empor. Ebenso ruhmreich waren auch viele Gäste: Könige und berühmte Präsidenten sollen hier bereits genächtigt haben. Wer sich einmal den Luxus gönnen möchte, kann ab 180 Euro eine Übernachtung buchen.

Nach so viel Architektur zieht es uns in das Umland von Quebec, an die etwas außerhalb der Stadt liegenden Montmorency Falls. Der Wasserfall ist zwar höher als die Niagarafälle, rauscht aber nicht mit einem so enormen Getöse in die Tiefe. Wir könnten noch auf einer Brücke über die Abrisskante des Wasserfalls laufen – doch ich mit meiner Höhenangst bleibe lieber am Boden. Auch von hier wirken die herabstürzenden Wassermassen sehr beeindruckend.

Brücke über Montmorency Falls

Historische Altstadt von Québec

Parlez-vous français?
Geschichten aus Quebec

Am zweiten Tag unseres Aufenthaltes in Quebec erkunden wir die Unterstadt genauer. Zwar liegt die Basse-Ville außerhalb der historischen Stadtmauer, doch auch hier versetzen uns die Bauwerke in längst vergangene Zeiten. Wie die meisten Touristen fahren wir mit einer Zahnradbahn dorthin. Fast könnte man meinen, die Bahn selbst stamme noch aus Kolonialzeiten. Der Place Royale, an dessen Südseite sich die Kirche Notre Dame des Victoires befindet, ist das Zentrum des Viertels. Wir schlendern durch die kleinen, engen Gassen. In einem gemütlichen Café machen wir eine kurze Rast und schauen auf das bunte Treiben um uns herum. Bei der Bestellung fällt uns wieder auf, wie französisch geprägt Quebec ist: Mancherorts kommen wir mit Englisch nicht weit, da etliche Québécois nur Französisch sprechen.

Ein Schauspiel ist die 1919 fertiggestellte Quebec-Brücke, die größte Ausleger-Fachwerkbrücke der Welt. Während der zwölfjährigen Bauzeit stürzte die Brücke zweimal ein und forderte fast 90 Todesopfer. Am Ende entstand jedoch ein 987 Meter langes, statisches Meisterwerk, das 1987 zu einem Nationaldenkmal Kanadas erklärt wurde.

Quebec (CYQB) - 46° 49′ N, 71° 13′ W
Kuujjuaq (CYVP) - 58° 9′ N, 68° 18′ W
Iqaluit (CYFB) - 63° 45′ N, 68° 33′ W
Distanz: 1.600 NM
Flugzeit: 8 Stunden

USA
Kanada
Grönland
Island
Großbritannien
Deutschland

Es wird frostig:

Unser Flug in den hohen Norden Kanadas

Wir rüsten uns mit einem ausgiebigen Frühstück für die heutige Mammutstrecke: Etwa 1.600 nautische Meilen fliegen wir heute mit der Piper Cheyenne von Quebec bis nach Iqaluit. Die Wettervorhersagen sehen gut aus: Uns soll hoch oben im Norden der Provinz Quebec Sonnenschein erwarten – allerdings bei frostigen Temperaturen, die unter null Grad liegen.

Kurz nach dem Start erstecken sich unter uns bereits die unendlichen Weiten Kanadas. Der für diese Region so typische Indian Summer hat Einzug gehalten: Feuerrot, gelb und orange leuchten die Blätter der Wälder. Unterbrochen wird das Farbspiel von den zahlreichen Seen und Flüssen, die die Landschaft durchziehen. Am Anfang erlaubt uns das Wetter noch tief zu fliegen.

Wir sehen keine Siedlungen mehr unter uns. Hier und da liegen versteckt einige Hütten von Einsiedlern. Ich kann mir nicht vorstellen für immer in so einer Einöde zu leben – vor allem nicht in den Wintermonaten, in denen es kaum hell wird und Schnee und Eis das Leben beherrschen. Nur zwei größere Ortschaften liegen auf der gesamten Route unter uns. Nach fast vier Stunden Flug müssen wir für einen Tankstopp landen. Der Flughafen liegt in Kuujjuaq, der größten Inuit-Siedlung in dieser Region.

Das Tanken geht schnell und unkompliziert über die Bühne. Wir müssen keine zusätzlichen Gebühren zahlen. Und auch so weit im Norden werden die Kreditkarten problemlos akzeptiert. Was haben wir ein Glück, dass wir in den vergangenen drei Wochen nicht einmal unsere Bargeldvorräte anpacken mussten.

Nach dem kurzen Zwischenstopp sitzen wir schnell wieder im Cockpit. Bis Iqaluit sind es noch ein paar Stunden. Bald haben wir den Polarkreis überquert. Ganz allgemein bezeichnet man das Gebiet nördlich des Polarkreises als die Hohe Arktis. Da die Luft kristallklar ist, sehen wir schon in der Ferne unser heutiges Etappenziel. Wir landen bei starkem Wind. Der Flughafen ist sehr gut ausgebaut und wird auch von Verkehrsflugzeugen angeflogen. Hier ist sogar schon einmal ein A 380 gelandet. Die Region ist auch perfekt geeignet, um die Flugbedingungen bei eisigen Temperaturen zu testen.

Iqaluit ist die Hauptstadt des kanadischen Territoriums Nunavut. Die Stadt hat nur etwas mehr als 7.000 Einwohner. Die meisten von ihnen sind Inuit. Iqaluit bedeutet „Ort mit viel Fisch". Die Provinz selbst ist flächenmäßig siebenmal größer als Deutschland und hat jedoch nur 35.000 Einwohner.

Umhüllt von der Dunkelheit spazieren wir durch den Ort. Doch nicht ohne die folgende Warnung im Ohr: Nehmt euch in Acht vor Eisbären. Auf der Suche nach Nahrung kommen die weißen Riesen immer häufiger in die Nähe von menschlichen Siedlungen. Doch heute läuft uns keiner über den Weg. Es ist sowieso sehr, sehr still hier. Wir haben das Gefühl, dass der gesamte Ort bereits schläft.

„Alt werden ist wie auf einen Berg steigen: Je höher man kommt, umso mehr Kräfte sind verbraucht, aber umso weiter sieht man."
(Ingmar Bergman)

Zugefrorene Bucht vor Iqaluit

Iqaluit (CYFB) - 63° 45′ N, 68° 33′ W — Kangerlussuaq (BGSF) - 67° 0′ 36″ N, 50° 42′ 0″ W — Distanz: 490 NM — Flugzeit: 3 Stunden

Grönland

Fläche:	2.166.086 km²
Einwohner:	56.462 = 0,026 je km²
Hauptstadt:	Nuuk
Amtssprache:	Grönländisch, Dänisch
Währung:	Dänische Krone

USA
Kanada
Grönland
Island
Großbritannien
Deutschland

Der Sprung nach Europa: Wir landen auf Grönland

Und schon geht unsere Tour weiter. Wir lassen mit Nordamerika den letzten großen Kontinent unserer Weltumrundung hinter uns und nehmen Kurs auf europäisches Gebiet. Bei bestem Wetter starten wir die Triebwerke. Die Landschaft unter uns ist sehr karg. Kein Wunder, denn im Winter kann das Thermometer schon mal auf minus 30 Grad abfallen, während es im Sommer kaum wärmer als 10 Grad wird.

Nach etwa einer Stunde verlassen wir den Kontinent und überfliegen das unendlich scheinende Meer. Wir befinden uns über der Davisstraße, einer Meerenge zwischen den kanadischen Baffininseln und Grönland. Die Wellen scheinen sich meterhoch aufzutürmen und wir können die Schaumkronen deutlich sehen. Das sieht nicht einladend aus, zumal kurze Zeit später die ersten Eisberge unter uns auftauchen. Trotz des starken Windes scheinen diese eisigen Ungetüme fast gemächlich durch die See zu schaukeln.

Arnim erzählt während des Fluges Geschichten aus seinem Alltag als Ferry-Pilot. Über hundertmal ist er bereits mit verschiedenen Kleinflugzeugen die Route über den Atlantik geflogen. Kein Flug war wie der andere. Ich höre begeistert zu. So sehr ich ihn um seinen Beruf beneide: Arnim hat auch die Kehrseite dieses Jobs erlebt. So erzählt er, dass innerhalb eines Jahres vier Ferry-Piloten mit ihren Maschinen abgestürzt und dabei ums Leben gekommen seien. Doch Arnim möchte diesen Beruf noch solange es geht ausüben. Ich wünsche ihm, dass er immer wieder wohlauf zu Hause ankommt.

Nach knapp zwei weiteren Stunden Flugzeit erreichen wir unser heutiges Tagesziel Kangerlussuaq. Der kleine Ort auf Höhe des Polarkreises liegt am Ende eines etwa 200 Kilometer langen Fjordes an der Westküste Grönlands. Daher auch der Name, der nichts anderes als „langer Fjord“ bedeutet. Wir schlafen in dem einzigen Hotel des Ortes und besprechen den morgigen Tag: Ein Ausflug zum ewigen Eis steht auf dem Plan.

Nordlichter

Mitten im ewigen Eis:

Unbekannte Geräusche in der Stille

Der Tag beginnt für uns – ungewollt – spät. Erst gegen 10 Uhr wird es einigermaßen hell. Da die Dunkelheit jedoch auch schon wieder früh einsetzt, wollen wir keine weitere Minute verschwenden. Über alte Kontakte besorgt Arnim ein Auto mit Fahrer. Die heutige Strecke sollte nur von Ortskundigen gefahren werden.

Kangerlussuaq liegt ungefähr 20 Kilometer vom sogenannten Inlandeis entfernt. Neben der Antarktis gibt es diese von einer Eisschicht bedeckte, feste Landmasse nur noch auf Grönland. Durch die zunehmende Erwärmung der Erde geht das Eis jedoch immer weiter zurück.

Insgesamt vier Straßen führen aus dem Ort heraus: Die längste befestigte Straße verbindet die Stadt mit der zwölf Kilometer entfernten Hafenanlage. Unser Fahrer Aqi wählt natürlich die unbefestigte Straße. Über 20 Kilometer ruckeln und holpern wir ins Landesinnere zum Fuß der endlosen Eisfläche Grönlands. Doch der Weg hat sich gelohnt: Vor uns türmt sich gewaltig die Abbruchkante der Gletscher auf. Tief aus dem Eis hören wir immer wieder ein Knacken und Knirschen. Es bewegt sich, atmet sozusagen. Das Eis ist auch nicht nur weiß – in unzähligen Blauschattierungen zeigt es seine Facetten. Wir bleiben in respektvollem Abstand, denn hier sind in der Vergangenheit bereits mehrfach Menschen vom abbrechenden Eis erschlagen worden. Überwältigende, pure Natur.

„Wenn Du ein Schiff bauen willst, so trommle nicht die Männer zusammen, um Holz zu beschaffen und Werkzeuge vorzubereiten oder die Arbeiten einzuteilen und Aufgaben zu vergeben, sondern lehre die Männer die Sehnsucht nach dem endlos weiten Meer.“
(Antoine de Saint-Exupéry)

Kangerlussuaq (BGSF) - 67° 0′ 36″ N, 50° 42′ 0″ W

Kulusuk (BGKK) – 65° 33′ 59″ N, 37° 10′ 59″ W

Distanz: 340 NM

Flugzeit: 2 Stunden

Willkommen in Kulusuk:

Landebahn aus Vulkanasche

Ein neuer Tag beginnt. Beim Abflug in Kangerlussuaq begleitet uns noch Sonnenschein, doch für Kulusuk wurden Bewölkung und sogar Schneefall vorhergesagt. Wir sind gespannt, was auf uns zukommt.

Wir fliegen quer über einen großen Teil Grönlands. Unsere Flughöhe beträgt eigentlich 4.000 Meter. Doch wir sind rund 90 Prozent unseres Fluges nur 1.000 Meter über dem Eis, denn die Eisschicht unter uns ist bis zu 3.000 Meter dick. Grönland von oben zu sehen ist wunderschön. Die Sonne lässt den Boden schneeweiß erstrahlen. Eis so weit das Auge reicht. Wir genießen es.

Unsere heutige Strecke ist etwa 700 Kilometer lang. Nach ungefähr zwei Stunden kommt Kulusuk in Sicht. Heute müssen wir bei der Landung wieder hoch konzentriert sein. Die Landebahn ist zwar gut 1.200 Meter lang, jedoch besteht sie hauptsächlich aus Sand, Schotter und Vulkanasche. Kein Asphalt, der die Bahn einigermaßen hätte befestigen können. Doch wie bereits bei den unzähligen Landungen zuvor funktioniert unsere Abstimmung perfekt. Wir setzen die Cheyenne sicher auf der Bahn auf. Allerdings verzichten wir auf Umkehrschub wegen der dadurch aufgewirbelten Steine. Geschafft, die Ostküste Grönlands ist erreicht.

Auf Kulusuk freut sich Arnim seit dem Start unserer fünften Etappe. Ich kann ihn nun verstehen: Der kleine, etwas einsam wirkende Ort überzeugt mit sehr viel Charme. Die bunten Häuser leuchten wie Farbkleckse in der sonst eher eintönigen Landschaft. Die Bewohner der Siedlung sind zwar etwas zurückhaltend, dafür aber sehr hilfsbereit.

Arnim kennt fast jeden der rund 300 Einwohner. Als Ferry-Pilot hat er bei der Überführung von Flugzeugen in diesem Ort oft Halt gemacht und so begrüßt er einige wie alte Freunde. Wir sind in unmittelbarer Nähe des Flugfeldes an der unbefestigten Straße zur Siedlung Kulusuk untergebracht. Bei dem geringen Flugverkehr werden wir wohl nicht von Fluglärm gestört. Hier gibt es nur einen „Tante Emma“-Laden, ein Postamt, ein Bade- und Waschhaus und eine kleine Kirche.

Bevor die Nacht einbricht, machen wir uns noch einmal zusammen mit einem Dorfbewohner zu den Eisbergen auf. Mit seinem kleinen Motorboot geht es hinaus zu den majestätisch erscheinenden Eisfelsen, die lautlos und sanft im Meer treiben. In der Ferne hören wir manchmal gewaltiges Tosen. Norsaq erzählt uns, dass dabei riesige Flächen von den Eisbergen abbrechen und ins Meer stürzen.

Die Umgebung von Kulusuk ist bekannt für Eisbären, die im Winterhalbjahr auf der Suche nach Nahrung in diese Gegend ziehen, sowie für die berühmte Schnitzkunst der Inuit. Seit Generationen verwerten die Inuit die Knochen der von ihnen gejagten Tiere für traditionelle Schnitzereien.

Während unseres leckeren Abendessens im Hotel halten wir Ausschau, ob wir draußen vor dem Fenster wilde Tiere entdecken können. Doch es lässt sich keines blicken.

Unsere eingefrorene Cheyenne

Sonnenuntergang um 15 Uhr

Kulusuk (BGKK) – 65° 33′ 59″ N, 37° 10′ 59″ W | Reykjavik (BIRK) - 64° 9′ 0″ N, 21° 56′ 0″ W | Distanz: 400 NM | Flugzeit: 2,5 Stunden

Island

Fläche:	103.125 km²
Einwohner:	317.593 = 3,1 je km²
Hauptstadt:	Reykjavík
Amtssprache:	Isländisch
Währung:	Isländische Krone

USA
Kanada
Grönland
Island
Großbritannien
Deutschland

Das Land aus Feuer und Eis:

Wir erreichen Island

Heute geht es weiter nach Osten in Richtung Reykjavik. Wir werden rund zwei Stunden über dem Meer fliegen. Die Sicht ist nicht sehr gut, der Himmel recht wolkenverhangen und alles grau in grau. Zudem sind wir immer noch so weit nördlich, dass es auch am Tag nicht mehr wirklich hell wird.

Wir steigen aus Sicherheitsgründen auf über 20.000 Fuß. Bald schon tauchen am Horizont die ersten Landausläufer von Island auf. Wir bereiten uns für die Landung in Reykjavik vor. Der Wind bläst ziemlich kräftig aus nordöstlicher Richtung, doch zum Glück ist es immerhin trocken.

Reykjavik ist die nördlichste Hauptstadt der Welt. Seit einigen Jahren haben die Stadt und ganz Island die Herzen der Urlauber erobert. Zum einen mag das mit dem günstigen Wechselkurs zusammenhängen, zum anderen auch mit der Urtümlichkeit der Landschaft, ihren brodelnden Geysiren, den Urelementen von Feuer und Eis.

Mehr als heiße Luft:
Besuch bei den Geysiren

Reykjavík ist mit 118.000 Einwohnern die größte Stadt Islands. Wir wohnen direkt im Zentrum in der Nähe der Universität. Unser Tag startet mit einer Fahrt durch die Stadt mit dem weltweit höchsten Autoaufkommen pro Kopf über die inzwischen bis zu sechsspurigen Stadtautobahnen. Dafür gibt es keinen Bahnhof – auf ganz Island existieren keine Eisenbahnen.

Nach zwei Stunden verlassen wir die Stadt, denn wir wollen uns die Geysire anschauen. Diese heißes Wasser speienden Naturphänomene sind einer der Gründe, warum Island keine Energieprobleme hat. Die Isländer nutzen einfach die Wärme des vulkanischen Systems mit den vielen Heißwasserquellen für die Versorgung der Haushalte und der Gewerbebetriebe. Selbst Gehwege werden damit im Winter beheizt, quasi eisfrei gehalten.

„Ich glaube, dass am Ende des Lebens nur eine Frage wirklich zählt: Habe ich versucht, dazu beizutragen, dass die Welt ein bisschen besser wird? Man schläft einfach ruhiger, wenn man diese Frage mit „ja" beantworten kann." (Peter Gabriel)

Wir fahren zur Mutter aller Geysire, zum Stori Geysir. Diese älteste bekannte Heißwasserquelle gab allen anderen Geysiren der Welt ihren Namen (gjósa = ausbrechen). Im Intervall von 5-10 Minuten wurde bis 1915 eine bis zu 60 Meter hohe Eruptionssäule aus 127 Grad heißem Wasser erzeugt. Heute ist der Stori Geysir nur noch gelegentlich aktiv und erzeugt eine etwa zehn Meter hohe Fontäne.

Ich kann gut verstehen, warum Island auch als das Land der Trolle und Elfen gilt. Die Gegend sieht mit ihren Wasserdämpfen über sumpfgrünen Wiesen, den Erdspalten und vielen Quellen so unwirklich und geheimnisvoll aus, dass man sich gleich märchenhafte Geschichten dazu ausdenken könnte.

Unser Abendessen ist typisch für Island: Es gibt jede Menge Fisch. Arnim wäre ein Steak lieber, aber er passt sich ja immer gerne den Landesgegebenheiten an. Es wird früh dunkel. Das Sonnenlicht verschwindet im Westen hinter dem Horizont bereits gegen 16 Uhr. Nur geringfügig vom nördlichen Polarkreis entfernt, erhält Reykjavík an den kürzesten Tagen des Jahres nur vier Stunden fahles Sonnenlicht. Im Sommer sind die Nächte dafür taghell.

Reykjavík (BIRK) - 64° 9′ 0″ N, 21° 56′ 0″ W | Vágar (EKVG) - 62° 4′ 46″ N, 7° 15′ 34″ W | Edinburgh (EGPH) - 55° 57′ N. 3° 13′ W | Distanz: 740 NM | Flugzeit: 4 Stunden

Großbritannien

Fläche:	242.910 km²
Einwohner:	61.414.000 = 253 je km²
Hauptstadt:	London
Amtssprache:	Englisch
Währung:	Pfund Sterling

USA
Kanada
Grönland
Island
Großbritannien
Deutschland

Männer in Röcken:
Wir sind in Schottland

Unser heutiges Tagesziel bringt uns nach Edinburgh, in die Hauptstadt Schottlands. Doch dazwischen legen wir noch einen sehr außergewöhnlichen Zwischenstopp ein: auf der Färöer Insel Vágar. Wir landen auf dem Flughafen dieser kleinen Inselgruppe mitten im Nordatlantik. An der einzigen einigermaßen flachen Stelle wurde eine relativ kurze Landebahn errichtet. Der Anflug führt durch eine Bucht, die auf der einen Seite von hohen Hügeln und auf der anderen Seite von schroffen Klippen begrenzt wird.

Die Einwohner der Inseln sehen sich selbst als Nachfahren der Wikinger. Trotz ihrer Zugehörigkeit zu Dänemark sind sie nicht Mitglied der Europäischen Union. Nach kurzem Aufenthalt auf Vágar reisen wir weiter Richtung Schottland. Der Flug bringt uns immer näher gen Heimat! Am späten Nachmittag landen wir wie geplant in Edinburgh.

Ein kurzer Bummel durch die Stadt, die sehr mittelalterlich geprägt ist und durch einige Männer im Schottenrock an alte Traditionen erinnert. Dann genießen wir das letzte Abendessen in einem der besten Restaurants der Stadt. Arnim, Andreas und ich lassen die vergangenen zehn Monate Revue passieren. Viele Erlebnisse und Erinnerungen kommen auf. Bei einigen Geschichten werde ich ganz sentimental, vor allen Dingen wenn ich an die vielen Menschen denke, die Freunde wurden.

Nun kommt unsere letzte Nacht vor der Landung in Deutschland. Wehmut stellt sich ein, aber auch Freude, wieder in der Heimat zu sein. Die Landung ist für 14 Uhr Ortszeit geplant.

Edinburgh (EGPH) - 55° 57′ N, 3° 13′ 0″ W | Siegerlandflughafen - (EDGS) – 50° 42′ 27.57″ N, 8° 4′ 58.69″ E | Distanz: 550 NM | Flugzeit: 3 Stunden

Gemischte Gefühle:

Der letzte Flug der Weltumrundung

Ich habe heute Nacht schlecht geschlafen und viel geträumt. Die Weltumrundung, meinen Lebenstraum beenden wir heute nach zehn Monaten mit der Landung auf meinem Heimatflughafen Siegerland.

„Träume nicht Dein Leben, lebe Deinen Traum.“ (Redewendung)

Frühmorgens verlassen wir Edinburgh. Zum letzten Mal auf dieser großartigen Reise starte ich die Triebwerke der 30 Jahre alten Piper Cheyenne. Arnim und ich nehmen uns vor dem Start nochmals in den Arm. Wir können uns beide eine Träne nicht verkneifen.

Ungefähr drei Stunden wird unser letzter Flug dauern. Über 100 Familienmitglieder, Weggefährten, Freunde und Bekannte werden uns erwarten. Wir verlassen Großbritannien und fliegen weit auf die Nordsee hinaus. In 9.000 Fuß Höhe geht es über den Kanal. Den europäischen Kontinent erreichen wir an der Küstenlinie Hollands, das Lieblingszielgebiet meines Vaters. Ich denke an ihn. Gleich sind wir zu Hause. Dann der Moment, auf den ich mich freute und doch ein wenig Angst davor hatte: der erste Funkkontakt mit Gordon Reuter und Volker Petri auf dem Turm des Siegerlandflughafens. Wir sind im Anflug. Wir drehen eine Ehrenrunde über den Platz. Ich sehe von oben die vielen Autos unserer Gäste.

Dann die Landung: „Willkommen zu Hause“. Einer der schönsten Funksprüche überhaupt. Wir sind daheim.

Über 105.000 Flugkilometer, 77 Länder, Tausende Umarmungen von Menschen, die uns unterwegs begegnet sind, tausende Erinnerungen. Fünf Schulprojekte weltweit haben wir unterstützt und weitere werden folgen. Mein Lebenstraum hat sich erfüllt. Ich bin nur noch dankbar. Habe Tränen in den Augen. Arnim auch. Nach dem Ausstieg aus dem Flugzeug umarmen wir als Erstes unsere Frauen und Kinder! So viele sind zur Landung gekommen: Familie, Freunde und Bekannte. Es ist Zeit, Danke zu sagen und durchzuatmen. Hinter mir liegen die wahrlich einzigartigsten zehn Monate meines Lebens. Ich habe die unterschiedlichsten Menschen kennengelernt, habe Einblicke in vollkommen fremde Kulturen und Lebensbedingungen gewonnen und konnte die pure Schönheit der Natur und unserer Erde entdecken. Doch mehr noch als diese Eindrücke nehme ich die Emotionen der Menschen aller Länder mit: Von Herzlichkeit und Offenheit über Trauer und Leid bis hin zum Glücklichsein in grenzenloser Lebensfreude.

Unsere Erde ist wunderschön und die Herzen der Menschen sind ihr kostbarstes Gut.

Mein Lebenstraum ist in Erfüllung gegangen. Ich werde auch künftig die Stiftungsarbeit von FLY & HELP vorantreiben und arbeite bereits heute an weiteren, neuen Projekten.

Deutschland

Fläche: 357.112 km²
Einwohner: 82110000 = 230 je km²
Hauptstadt: Berlin
Amtssprache: deutsch
Währung: Euro

USA
Kanada
Grönland
Island
Großbritannien
Deutschland

105.000 Flugkilometer gemeinsam bewältigt

Glücklich, wieder in der Heimat zu sein

Danksagung

Mein Dank gilt meiner Familie, besonders meiner Frau Annedorle, die mir zu jederzeit eine wichtige Begleiterin, Ratgeberin und Befürworterin ist. Sie hielt mir den Rücken frei und widmete sich der Stiftungsarbeit mit großem Einsatz. Meine Töchter Silanca und Jessina haben mich immer in meinem Vorhaben und auch während der zehn Monate unterstützt. Jessina war zudem mit ihren Spanisch-Kenntnissen eine großartige Dolmetscherin während der Südamerika-Etappe.

Ich danke meinem Wegbegleiter Arnim Stief und seiner Frau Marissa, mit deren Hilfe wir eine perfekte Route gefunden und sämtliche Genehmigungen, Behördengänge und vieles Weitere bewältigen konnten. Es gab keinen Moment im Flieger, den wir beide, lieber Arnim, nicht gemeinsam gemeistert haben. Zudem entpuppte sich mein Co-Pilot als begnadeter Fotograf und aufopfernder Krankenpfleger.

Mein Dank gilt den vielen Partnern und Sponsoren, die dazu beigetragen haben, die ersten Hilfsprojekte der FLY & HELP-Stiftung mit Spendengeldern zu unterstützen. Erwähnen möchte ich besonders Fuhrländer AG, Griesson de Beukelaer GmbH & Co. KG, Kameha Grand Bonn, Medion AG, Praktiker Deutschland, Engel & Völkers Cape Coral, Jeppesen und N-TV.

Des Weiteren waren uns dank der vielen sehr hilfsbereiten Incoming-Agenturen und Hotels auf all unseren Stationen immer eine sichere Unterkunft und persönliche Anlaufstellen rund um die Welt gewiss. Vor allem danke ich Berge & Meer, Hilton International und der Weiss-Druck GmbH & Co. KG.

Ein nicht ständiger, aber treuer Begleiter während der Weltumrundung war auch Andreas Meißner. Wir haben uns bereits vor dem Start kennengelernt und mit ihm konnte ich die Idee einer TV-Reportage über diese Weltumrundung perfekt umsetzen. Vielen Dank für die tollen und einzigartigen Aufnahmen.

Ich danke den Vereinsmitgliedern der „Hilfe für Ruanda aus Hachenburg", des „Kinderheim und Dorfambulanz Südindien e.V", des „Kinderhilfe Indonesien e.V.", der „Life in Christ Academy" in Ghana und dem „Verein zur Förderung der Straßenkinder von Maceió e.V. Kirchengemeinde Halstenbek" sowie „Menino e.V." für ihren unermüdlichen, engagierten Einsatz für die Kleinsten der Gesellschaft und ihre großartige Gastfreundschaft. Darüber hinaus gilt der Dank den unzähligen Personen, die uns während der Weltumrundung spontan geholfen oder zu sich eingeladen haben.

Glossar

VFR (Visual Flight Rules) Fliegen nach Sichtflugregeln. Das Flugzeug wird nach Außenreferenzen geflogen - vergleichbar beim Autofahren. Dafür sind an Bord des Flugzeugs vergleichsweise nur wenige Fluginstrumente erforderlich. Zwingend vorgeschrieben sind hierfür eine Geschwindigkeitsanzeige, ein Höhenmesser und ein magnetischer Kompass im Flugzeug.

IFR (Instrument Flight Rules) Fliegen nach Instrumentenflugregeln. Im Gegensatz zum Fliegen unter VFR wird das Flugzeug ohne eine optische Referenz nach draußen gesteuert. Dabei sind vor allem zwei Dinge zu berücksichtigen. Zum einen muss das Flugzeug in seiner Fluglage gesteuert werden, weshalb unter anderem ein sogenannter künstlicher Horizont im Flugzeug installiert sein muss. Zum anderen müssen an Bord geeignete Instrumente eingebaut sein, die es erlauben, sich örtlich zu orientieren. Heutzutage wird für diese Navigation vor allem GPS herangezogen, die sogenannte Satellitennavigation.

VMC (Visual Meteorological Conditions) Wetterbedingungen für Sichtflug. Damit der Pilot in der Lage ist, ein Flugzeug VFR zu fliegen, müssen geeignete Wetterbedingungen vorliegen. Diese Wetterbedingungen sind vor allem über Mindestwerte für die sogenannte Flugsicht nach vorne aus dem Flugzeug und den zu Wolken zu haltenden Abständen definiert.

IMC (Instrument Meteorological Conditions) Wetterbedingungen für den Instrumentenflug. Dies sind die Wetterverhältnisse, die unterhalb der für Fliegen nach VMC notwendigen Wetterminima liegen. Um bei IMC fliegen zu dürfen, muss der Pilot durch Schulung und Ablegen von Prüfungen die entsprechende Qualifikation erworben und nachgewiesen haben. Zusätzlich muss das Flugzeug mit einer Vielzahl von zusätzlichen Instrumenten ausgerüstet und von den zuständigen Behörden für den Flug nach Instrumenten zugelassen sein.

ILS (Instrument Landing System) Instrumenten-Landesystem. Hierbei erfolgt der Landeanflug auf eine Landebahn ausschließlich nach Referenz der an Bord des Flugzeugs befindlichen Instrumente. Am Boden und vor der Landebahn befinden sich verschiedene Sender, die es dem Piloten ermöglichen, seine Höhe und Position präzise zu ermitteln und damit einen stabilen Anflug ohne eine optische Referenz zur Außenwelt durchzuführen. Damit kann auch bei sehr schlechten Sichtverhältnissen oder niedrigen Wolken ein sicherer Anflug auf einen Flughafen durchgeführt werden.

DA (Decision Altitude) Entscheidungshöhe. Beim Anflug über ein ILS-Verfahren kann der Pilot den Flug nur bis zu der für diesen Anflug angegebenen Mindesthöhe fortsetzen. Wenn diese Entscheidungshöhe erreicht ist, muss der Pilot den restlichen Teil des Anflugs bis zur abschließenden Landung wieder nach optischen Außenreferenzen vornehmen können. Einfach ausgedrückt, er muss die Landebahn aus seinem Cockpit-Fenster sehen können. Kann er die Landebahn bei dieser Höhe nicht sehen, muss der Anflug umgehend abgebrochen werden und ein Durchstartmanöver eingeleitet werden. Diesen Vorgang nennt man in der Fliegersprache auch Missed Approach bzw. einen Fehlanflug, weil der Anflug nicht zur vorgesehenen Landung geführt hat.

MA (Missed Approach) Fehlanflug. Ergibt sich vor allem bei einem Anflug nach Instrumenten auf eine Landebahn, wenn nicht an der vorgegebenen Stelle die Landebahn in Sicht ist. Dieser Missed Approach kann aber zum Beispiel durch plötzlich auf der Landebahn auftauchende Hindernisse ausgelöst werden, wie zum Beispiel Rehe oder andere Tiere. Beim Missed Approach bricht der Pilot den Landeanflug ab, gibt Gas und steigt wieder, um danach erneut anzufliegen.

GO AROUND (Durchstartmanöver). Anstatt als Abschluss des Landeanflugs auf der Landebahn aufzusetzen, bricht der Pilot den Anflug ab, gibt Gas und steigt auf eine sichere Höhe. Danach kann er entweder einen weiteren Anflug zur Landung durchführen oder einen anderen Flughafen anfliegen.

NM **(Nautische Meile)** Maßeinheit für eine Distanz. Eine Nautische Meile entspricht 1,852 Kilometer.

Knots **(Knoten)** Maßeinheit für Geschwindigkeit. Ein Knoten entspricht einer zurückgelegten Strecke pro Stunde von 1,852 Kilometern.

Feet **(Fuß)** Maßeinheit für eine Distanz. Ein Fuß entspricht einer Distanz von 0,3048 Metern. 1.000 Fuß wären entsprechend ca. 305 Meter.

Luftdruck Bei der uns umgebenden Luft handelt es sich um ein Gasgemisch. Dieses Gasgemisch verursacht einen Druck. Von den Wetternachrichten kennt man auch die Begriffe Hoch- und Tiefdruckgebiet. Je höher man steigt, umso geringer wird der Luftdruck. Das betrifft zum Beispiel Piloten und auch Bergsteiger. Höhenmesser zeigen dem Piloten die aktuelle Höhe anhand des Luftdrucks an.

Platzrunde Ist das für alle Flugplätze vorgesehene Verfahren, wie ein Abflug oder Anflug durchgeführt wird. Die einzelnen Flugabschnitte um den Flugplatz sind klar definiert und international gültig. Dabei gibt es upwind, crosswind, downwind, base und final. Auf Deutsch heißen diese Segmente entsprechend Abflug, Querabflug, Gegenanflug, Queranflug und Endanflug. Wenn sich ein Pilot unter Angabe dieser Begriffe im Funk meldet, weiß sofort jeder andere im Funk, wo sich das Flugzeug befindet. Als Gegenanflug (downwind) bezeichnet man den Übergang vom Streckenflug in den Platzverkehr. Man befindet sich parallel zur Landebahn und fliegt in die Gegenrichtung. Im Queranflug (base) werden Höhe und Geschwindigkeit reduziert und das Fahrwerk ausgefahren. Im Endanflug (final) ist das Flugzeug auf die Landebahn ausgerichtet und so weit stabilisiert, dass es bis zum Aufsetzen nur noch kleiner Korrekturen bedarf.

Flightplan **(Flugplan)** Für den Flugplan gibt es keine fest vorgeschriebene Form. Unter bestimmten Umständen ist es aber vorgeschrieben, für den vorgesehenen Flug einen Flugplan bei den zuständigen Behörden aufzugeben. Das betrifft zum Beispiel fast alle grenzüberschreitenden Flüge, die von einem Land in ein anderes Land führen. Die Form des Flugplans und die darin zu machenden Angaben sind international einheitlich geregelt.

Overfly / Landing Permission **(Überflug- und Landegenehmigung)** Um im Luftraum eines anderen Landes zu fliegen, bedarf es in den meisten Fällen einer speziellen Genehmigung. Dies trifft sowohl für Überflüge über diese Länder als auch für Landungen in diesen Ländern zu. Die Anträge für diese Genehmigungen müssen oft lange im Voraus gestellt werden. Hier ist oftmals viel Geduld gefragt. Manchmal hilft nur die Einschaltung von Kontakten im Ausland. Der ganze Vorgang ist mit Kosten verbunden.

Radio Communication **(Funkkontakt über das Flugfunkgerät)** Der Pilot hält über das an Bord befindliche Funkgerät Kontakt zu anderen Piloten und zu den Bodenfunkstellen. Die Bodenfunkstellen werden von den Controllern bzw. Fluglotsen betreut.

Controller **(Fluglotse)** Ist der am Boden agierende Kollege des Piloten, der die Flugzeuge koordiniert und staffelt.

Handling Agent Unternehmen, das sich um die Koordination und Organisation für das Flugzeug und dessen Besatzung bzw. Passagiere vor allem am Boden kümmert. Dazu gehören zum Beispiel die Vorbereitung der Landeformulare, der General Declaration, die Abwicklung der Flugzeugbetankung etc.

GD **(General Declaration)** Formular für die Anmeldung der Personen an Bord des Flugzeuges bei der Aus- oder Einreise in einem Land.

Impressum

Originalausgabe im Eigenverlag erschienen
5. Auflage März 2020

Text: Reiner Meutsch
Fotos: Arnim Stief und Reiner Meutsch
Redaktion: Annedorle Meutsch, Anke Blacha, Ingo Bertram, Kathrin Balzer (Straub & Linardatos GmbH, Hamburg)
Art Direktion und Layout: Marlene Herr (Straub & Linardatos GmbH, Hamburg)
Reinzeichnung: Chris Lea Steindel (Straub & Linardatos GmbH, Hamburg)
Druck und Bindearbeiten: Langebartels & Jürgens Druckereigesellschaft mbH, Hamburg
Printed in Germany

ISBN 978-3-00-032383-6

ROUTE WELTUMRUNDUNG

Anchorage
Vancouver
San Francisco
Toronto
New York
New Orleans
Fort Myers
Acapulco
Dominica
Reykjavik
Cusco
Maceio
Buenos Aires